Kristof Magnusson
DAS WAR ICH NICHT

Roman

Verlag Antje Kunstmann

Für meine Großmutter
Maria Katharina Schwark, geb. Dreiser (1915–2008)

»It was greatness in a way, small as it was.«
THEODORE DREISER, *Sister Carrie*

JASPER

»Guten Morgen, Sir. Wie geht es Ihnen?«

»Gut«, sagte ich. Was sogar der Wahrheit entsprach. Es ging mir gut, obwohl ich die ganze Nacht mit den Kollegen durch irgendwelche Londoner Bars gezogen war. Das erzählte ich der Stewardess natürlich nicht. So genau wollte sie es nicht wissen. Dabei hätte ich eigentlich gern jemandem erzählt, was in den letzten Tagen passiert war. Hätte gern erzählt, dass ich erfolgreich eine Software-Schulung absolviert hatte und nun unser Order-Management-System *Equinox* komplett beherrschte. Die Schlüsselqualifikation, um bei uns im Händlersaal aufzusteigen. Hätte gern erzählt, dass nun für mich die Zeit gekommen war, um karrieretechnisch die Handbremse zu lösen.

Die *Equinox*-Schulung war bis gestern Abend gegangen. Mein Teamleiter hatte mir einen Tag Urlaub gegeben, damit ich noch mit den Londoner Kollegen einen trinken konnte oder, wie er sich ausdrückte, »mit den Jungs ein paar Guinness kippen«. Wahrscheinlich, weil ich in den knapp zwei Jahren in seiner Unit nicht ein einziges Mal Urlaub genommen hatte. Misstraue jedem Händler, der seine Bücher nie allein lässt, sagt man. Dabei hätte ich kaum etwas Verbotenes tun können. Stand als Junior Trader viel zu weit unten in der Hierarchie. Ich nahm keinen Urlaub, weil auf der Arbeit die Zeit so schnell verging. Weil ich vergaß, daran zu denken, was mich abends erwarten würde. Oder eben nicht.

Also ›kippte‹ ich mit den Jungs ein paar Guinness. Sie redeten über Handys, Heimkinos und Sportwagen, denen sie das

Recht auf einen komplizierten Charakter zubilligten. Im Gegensatz zu Frauen. Ich interessierte mich zwar auch für Handys und Frauen, wusste aber nicht, was ich dazu sagen sollte. Hörte eh kaum zu. Konnte an nichts anderes denken als an *Equinox*, wäre am liebsten jetzt schon im Händlersaal gewesen und hätte mein Wissen angewendet.

Stattdessen saß ich in dieser Londoner Kneipe und trank viel zu kaltes Bier. Und musste mir auch noch Gerede über englischen Fußball anhören. Ich fragte die anderen, was sie davon hielten, dass Felix Magath jetzt Trainer von Schalke wurde. Alle kannten nur Bayern. Natürlich wusste ich, dass es sinnvoll war, wenn man mit den Kollegen einen trinken ging, Networking und so. War auch Arbeit, aber nicht so produktiv, dass man damit eine ganze Nacht verdaddeln sollte. Warum trank man nicht zwei Bier, hakte dabei diese Tottenhams und Arsenals, Audi TTs, Range Rovers und Kolleginnen ab, und dann gute Nacht?

Endlich machte die Kneipe zu. Ich ging ins Hotel und hatte den Fahrstuhlknopf schon gedrückt, da fasste Vikram, der in Bombay geborene Arsenal-Fan, mich am Ärmel und zog mich in die Hotelbar, wo sie alle saßen. »Wir trinken Jägermeister, Mann«, hatte er gesagt, als könnte ich als Deutscher da nicht Nein sagen. Also trank ich. Sorgte für betretenes Schweigen, als ich sagte, dass ich kein Auto hatte. Um drei tat ich so, als müsste ich aufs Klo, ging auf mein Zimmer, kotzte, duschte, trank zwei Liter Wasser, nahm zwei Magnesiumtabletten, drei Paracetamol, eine Pantozol, packte, nahm ein Taxi nach Heathrow und stieg um 5:03 in dieses Flugzeug zurück nach Chicago.

Die Stewardess nahm mir die Jacke ab und hängte sie auf einen Bügel, an dem sie meine Bordkarte festmachte wie eine Garderobennummer. Dann kam sie mit einem Glas Champagner. Ich musste mich zusammenreißen, damit niemand merkte, wie sehr ich mich darüber freute, in der Business-Class zu sitzen. Schließlich war dieser Flug kein Geschenk von Rutherford &

Gold, sondern eine notwendige Ausgabe. Sie hielten mich jetzt für einen Leistungsträger und mussten mich gut behandeln. Schließlich konnte ich jederzeit zu Dresdner Kleinwort gehen oder zur UBS. So musste ich es sehen. Dieser breite Sessel war der Lohn für meine Fünfzehn-Stunden-Tage. Dieses Kissen aus Memory-Schaumstoff, das sich meine Kopfform merkte, das war offenbar mein Marktwert. Ich hatte gar keine Lust auf Champagner. Schon von dem Geruch wurde mir schlecht. Ich stellte das Glas ab und sah aus dem Fenster. Es war noch dunkel. Blinkende Lichter, Menschen mit Ohrenschützern, die durch Schneeregen liefen. Mein Gesicht spiegelte sich in der Fensterscheibe. Ich. In der Business-Class. Dann nahm ich doch einen Schluck.

Ab jetzt würden sie mich in der Bank in Chicago ernst nehmen. Ich war nicht mehr der Anfänger, den die Kollegen Kaffee holen schickten, auch wenn sie gar keinen Kaffee wollten. Diese Schulung bewies, dass Rutherford & Gold an mich glaubte. Nun wurde alles besser. Beruflich. Gab bestimmt auch eine Zeit für das Privatleben. Frau. Kind. Später. Ich war erst 31. Zwischen 30 und 40 muss man brennen.

Ich schlief ziemlich lange, dann ließ ich mir eine Spielkonsole bringen und schloss sie an den Bildschirm vor mir an. Obwohl das Unterhaltungsprogramm alle möglichen neuen Spiele anbot, entschied ich mich für Tetris. Wie damals, mit fünfzehn, in der computertechnischen Steinzeit. In unserem Hobbykeller in Bochum, wo ich mit meinen Freunden so lange spielte, bis ich beim Einschlafen rotierende Blöcke sah. Damals hatte ich Freunde. Jetzt ist die Karriere dran. Man kann nicht ewig jung sein. Und wenn ich nun bald Erfolg habe, gehe ich bestimmt auch mal mit den Kollegen in Chicago nach Feierabend ein Bier trinken. Dann gehöre ich dazu.

Plötzlich Druck auf meinen Ohren. War das schon der Sinkflug? Ich hatte doch gerade Level 15 erreicht. Musste es bis Level 18 schaffen. Steine prasselten auf mich ein, ich ließ sie zur Seite gleiten, rotieren. Alle erreichten den Platz, den ich für sie vorgesehen hatte. Level 16. Meine Daumen schossen auf dem Joypad hin und her, rechts, drehen, drehen, rechts, drehen, links, ich musste schneller sein, noch schneller, da wurde der Monitor plötzlich blau. Himmel mit ein paar Wolken. Das Logo von American Airlines erschien, dann machte eine Stewardess die üblichen Ansagen vor der Landung. Ich hämmerte auf sämtliche Knöpfe des Joypads, um das Spiel wieder in Gang zu bringen, doch auf dem Monitor stand nur: *Bitte achten Sie auf die Ansage.*

Unter mir die Vorortsiedlungen von Chicago. Große Häuser, Grundstücke, die immer kleiner wurden, je näher wir der Stadt kamen. Vor einem Einkaufszentrum zeichnete ein Fischgrätmuster Parkplätze vor. Alle Konsumenten schliefen noch. Europa war wieder sechs Zeitzonen weit weg, dort, wo es hingehörte, in der Vergangenheit.

Auf dem Bildschirm vor mir blinkte ein Flugzeug über der Karte von Nordamerika, verbleibende Flugzeit: 0:11 Minuten. Nach meiner Uhr hätten es 14 sein sollen. Die nächsten drei Minuten zeigte der Bildschirm an, dass elf Minuten verblieben. Doch was soll's, ich war eh einen Tag zu früh zurück in Chicago. Eigentlich sollte ich erst morgen wieder zur Arbeit gehen, in die Zentrale von Rutherford & Gold an der LaSalle Street, Händlersaal, Desk 3, Futures und Optionen, an meinen Platz in der 29. Reihe mit den vier Monitoren, zwei unten, zwei oben und darüber ein weißes Schild: Jasper Ludemann; das mit dem ü hatten sie nicht hingekriegt, auf ganz normalem Papier. In eine Plastikhalterung geschoben und jederzeit austauschbar.

In Chicago machte ich meinen BlackBerry wieder an, und eine Erinnerungsnachricht poppte auf: *Heute: Todestag Papi.* Ich klickte sie weg. Sentimentalitäten konnte ich mir jetzt nicht leisten. Mein Gepäck schickte ich per Kurier in meine Wohnung und nahm die blaue Linie der Hochbahn Richtung *Loop*, wie sie hier das Zentrum nannten. Die werden Augen machen: Gestern noch Schulung in London, Networking-Trinken die ganze Nacht, in der Business-Class geschlafen und am nächsten Morgen wieder am Start. Damit bewies ich ein für alle Mal: Es war kein Fehler, dass sie mich vor zwei Jahren aus dem Back-Office in den Händlersaal geholt hatten. Nach vorne. An die Front.

Für meinen Mitarbeiterausweis hatte ich eine Plastikhülle gekauft. Es war 9:33, als ich ihn an den Sensor legte und sich die Speed-Gates öffneten. Im Fahrstuhl behielt ich ihn gleich in der Hand. Hielt ihn oben an den zweiten Sensor am Eingang zur Drehtür. Das grüne Signal blinkte, ich stellte mich auf die vorgezeichneten Fußumrisse am Boden und wartete auf die halbe Rotation, mit der die Drehtür mich in den Händlersaal brachte. 40 Reihen, ein Organismus aus 600 Menschen, 1.200 Telefonen und Tausenden von Bildschirmen. Bald kam Fixed Income in Sicht, dahinter lag unser Desk, den ich so fest im Blick hatte, dass ich fast mit einer Frau zusammenstieß. Wollte ihr eine Entschuldigung hinterherrufen, da war sie schon bei den japanischen Staatsanleihen verschwunden. Ich war zu langsam! Ich dachte doch, ich hätte ihn endlich abgestellt, diesen schlendernden Back-Office-Gang.

Mein Teamleiter Alex stand neben unserem Trainee, dem schüchternen Jeff, und rückte mit einer seiner riesigen Hände die randlose Brille zurecht. Er sprach sehr schnell, wobei sich nur sein Mund zu bewegen schien, der Rest seines Gesichts wirkte wie immer seltsam gelähmt. Meinen Platz erkannte ich an der Schalke-Fahne, die ich zwischen die beiden oberen Monitore gesteckt hatte, zwischen den Reuters-Monitor und den Bloomberg-Monitor. Dann merkte ich, dass Alex nicht bei Jeff stand, sondern direkt an meinem Platz. Er sah jemandem über die Schulter. Der an meinem Computer saß. War das etwa nicht mein Platz? Hatte ich mich in der Reihe geirrt? Nein, die königsblaue Schalke-Fahne war ja da. Ich hielt auf sie zu, nahm mir vor, ruhig, aber doch überrascht Guten Morgen zu sagen. Da drehte der Typ an meinem Computer sich um. Ganz langsam, als hätte er auf einem meiner Monitore etwas entdeckt. Erst hatte ich nur seinen Hinterkopf gesehen, nun sah ich seine Nase, seine Brille, sein Kinn, das er hob, um Alex anzusehen, meinen Teamleiter, der darauf bestanden hatte, dass ich mir diesen Tag freinahm. Als ich sah, dass der Typ eine Krawatte trug, krampfte mein Magen sich zusammen, und ich dachte nur ein einziges Wort: gefeuert. Niemand im Händlersaal trug eine Krawatte. Das war jemand von der Verwaltung. Einer von denen, die uns kontrollierten. Ich war gefeuert. Wusste zwar nicht warum, doch es war eindeutig. Der Krawattenmann richtete meinen Computer für den Neuen ein. Er zeigte auf einen der Monitore. Schüttelte den Kopf.

Nun war ich es, der schneller ging als alle anderen. Richtung Drehtür, Richtung raus.

MEIKE

Jetzt musste ich mich nur noch daran gewöhnen, dass es hier richtig schön war. Ich musste mich daran gewöhnen, dass diese Haustür meine Haustür war, und dahinter kein nach Putzmittel riechender Hausflur, keine Kinderwagen, kein von weggeschmissener Werbepost überquellender Plastikeimer, sondern nur meine blauen Schuhe auf den braunen Natursteinfliesen im Vorflur. Dies war ich in meinem neuen Leben.

Ich hängte meine Jacke zum Trocknen an die Türklinke und betrat mein neues Wohnzimmer, durch dessen Fenster sich mir ein Blick auf das bot, was das örtliche Fremdenverkehrsamt euphorisch *Reizklima* nannte: ein von heftigem Wind getriebener Regen, der auf eine grüne Wiese fiel. Vorgestern waren darauf noch Schafe gewesen.

Ich ging an der Stereoanlage vorbei und drückte ohne hinzusehen auf den Knopf, von dem ich wusste, dass *Power* darauf stand; in der Küche schaltete ich den Wasserkocher an, ohne ihn vorher anzuheben. Ich wusste, dass sich darin von heute Morgen noch genug Wasser für eine Tasse Kaffee befand – so war das, wenn man plötzlich alleine wohnte. Ich öffnete die Dose, an der ich mir schon manchen Fingernagel abgebrochen hatte und tat zwei gehäufte Löffel löslichen Kaffee in die Tasse. Die Anlage klapperte mit den CDs in ihrem Dreifachwechsler, der Wasserkocher machte *bing*, ich goss das heiße Wasser in die Tasse, rührte um, nahm die Milchpackung aus dem Kühlschrank und schüttelte sie heftig, bis der darin verbliebene Rest zu Schaum geworden war, Milchschaum, den ich in die Kaffeetasse schüttete.

Das sah fast aus wie in einem Café. In Hamburg, in meinem früheren Leben. Doch ich hatte mich nun hierfür entschieden.

Ich stellte Tasse und Aschenbecher auf die mit Büchern gefüllte Umzugskiste, die mir als Wohnzimmertisch diente, lief zur Anlage, drückte die Wiedergabetaste und setzte mich genau in dem Moment auf das Sofa, in dem Wagners *Tannhäuser* mit verschnupft klingenden Blechbläsern begann. Dann sah ich hinaus und dachte darüber nach, wie mechanisch dieser Ablauf geworden war, obwohl ich erst seit vier Tagen hier wohnte.

Langsam drangen die Farben des Sonnenuntergangs durch das Wolkengrau. Orange, Dunkelblau und Rot. Das war nun wirklich schön. Sofa, Kaffee und Abendlicht – so sollten meine Freunde aus Hamburg mich sehen, während sie in stickigen, überfüllten U-Bahnen auf dem Weg in ihre Wohnungen waren, mit ihren kleinen Küchen, wo die einzige Abendröte aus dem Toaster kam. So sollte Arthur mich sehen.

Als ich mir gerade eine Zigarette anzünden wollte, fiel mir der Kachelofen ein. Ich hatte seit Stunden kein Holz nachgelegt, musste aber auf jeden Fall vermeiden, dass er ausging, da ich nicht richtig zugehört hatte, als der Vorbesitzer mir erklärte, wie man ihn anfeuert. Ich ging hin, öffnete die gusseiserne Klappe und kniff die Augen zusammen, als mir eine Rauchwolke entgegenschlug. Dann griff ich in den Korb neben dem Ofen und stellte fest, dass das klein gehackte Brennholz, das ich zusammen mit dem Haus übernommen hatte, endgültig aufgebraucht war. Es gab noch jede Menge Holz, doch das lagerte in großen Scheiten hinter dem Haus, unter einer LKW-Plane, auf die der Regen pladderte.

Natürlich gab es in meinem Haus auch eine richtige Heizung, eine ganz fortschrittliche sogar: eine mit Erdwärme aus eigenem Bohrloch betriebene Fußbodenheizung, die der Vorbesitzer selbst eingebaut hatte. Dann war er plötzlich ausgezogen und ließ neben der Heizung, die aus irgendeinem Grund nie funktioniert hatte, drei neu eingebaute Isolierfenster mit Löchern in den Fugen und ein zu drei Vierteln mit Schwammwischtechnik ockerfarben bemaltes Wohnzimmer zurück. Warum er ausgezogen war, hatte er mir nicht gesagt, obwohl er sonst eher viel redete. Ich nahm an, dass seine Frau ihn verlassen hatte, enerviert von dieser dilettantischen Hobbyheimwerkerei.

Also blieb mir nur der Kachelofen, der eigentlich nur aus Stylinggründen die letzte Renovierung überlebt hatte, aber das Haus leidlich warm hielt. »So ein Kachelofen macht natürlich eine viel schönere Wärme«, hatte mein Vorbesitzer gesagt, was einer seiner blöderen Sprüche gewesen war, denn Wärme war eine Strahlung mit einer gewissen Energie, und es war völlig egal, ob in diesem Kachelofen nun eine Heizspirale steckte oder dort Holz verbrannte oder eben, wie im Moment, nicht mehr verbrannte.

Ich griff die Axt, die im Flur an der Wand lehnte, zog die nasse Jacke wieder an, verließ das Haus, sah kurz, und nicht zum ersten Mal an diesem Tag, in den Briefkasten und ging dann um das Haus herum. Als ich die Lkw-Plane anfasste, um eines der großen Buchenholzscheite hervorzuholen, fiel mir ein, dass fast alle meiner Hamburger Freunde eine Umhängetasche aus diesem Material hatten, Arthur hatte sogar zwei. Ich hob die Plane vorsichtig an, damit das Wasser zur Seite abfloss, und fasste den verspäteten Neujahrsvorsatz, ab jetzt rechtzeitig und bei trockenem Wetter Holz zu hacken. Denn so viel erinnerte ich von den Ratschlägen meines Vorbesitzers: Bei Regen Holz zu hacken, war nicht gut. Was hatte er noch gesagt? Ich wusste es nicht mehr, legte eines der Scheite auf den Hauklotz und holte aus.

Das Gewicht der Axt überraschte mich und zog meine Arme weiter nach hinten als geplant, woraufhin meine Kapuze vom Kopf rutschte und Regen in meinen Nacken fiel. Durch diesen Kälteschauer zur Eile getrieben, ließ ich die Axt nach vorne fallen, als mir einfiel, zu spät einfiel, was mein Vorbesitzer noch gesagt hatte: Ich müsste mich breitbeinig hinstellen, damit die Axt, sollte sie den Hauklotz verfehlen, nicht mein Bein spaltete. Ich rutschte mit den Beinen auf dem matschigen Boden auseinander und versuchte gleichzeitig, die Axt in ihrem Fall zu bremsen. Zu spät. Die Axt sauste hinab, ich versuchte eine hilflose Drehung zur Seite, die Axt verfehlte das Scheit, meine Beine rutschten, rutschten, ich fiel, schloss die Augen und wartete auf irgendeinen Schmerz. Als ich die Augen wieder öffnete, lag ich im Matsch, und die Axt steckte in dem Hauklotz fest. Instinktiv sah ich mich um – hatte mich jemand bei dieser peinlichen Aktion beobachtet? Doch da war natürlich niemand. Noch nicht einmal das Haus eines Nachbarn. Nur Wiesen und Reizklima.

Zumindest das Badezimmer war gemütlich warm zu bekommen, man musste nur eine Viertelstunde heiß duschen, möglichst noch länger. Am Morgen nach meinem missglückten Holzhackversuch war das umso wichtiger, denn in der Nacht war der Ofen endgültig ausgegangen.

Der Briefkasten war leer. Wer hätte auch etwas einwerfen sollen, seit ich gestern vor dem Schlafengehen das letzte Mal nachgesehen hatte? Ich überprüfte, ob meine Visitenkarte noch über dem Briefkasten klebte, wo ich sie in Ermangelung eines Türschildes befestigt hatte: *Meike Urbanski lit. Übersetzerin* und darunter meine alte Hamburger Adresse, die ich durchgestrichen hatte.

Der Briefkasten war eines von diesen amerikanischen Modellen, die aussahen wie übergroße Weißbrotlaibe. Das passte zu dem Vorbesitzer meines Hauses, seinem Traum vom autarken Siedlerleben in der nordfriesischen Prärie, mit eigener Erdwärme. Bestimmt hatte seine Frau das lächerlich gefunden, jede Frau musste das lächerlich finden, diesen Briefkasten aus dem nächstbesten Baumarkt, der doch so etwas sagen sollte wie:

Hier ist Amerika, das Land der Selbstverwirklichung, *land of the free*, verkörpert durch eine schmutzigweiße Röhre mit einer roten Blechfahne, die der Postbote hochstellen konnte, nachdem er etwas hineingetan hatte; die nach unten zeigte, seit ich eingezogen war.

Ich musste Holz hacken. Holz bedeutete Wärme, und ohne Wärme konnte ich das alles gleich vergessen mit meinem neuen Leben. Ich sah mich im Wohnzimmer um. Die von meinem Vorbesitzer mit dem Schwamm aufgetragene Ockerfarbe gab dem Raum etwas von einer uterusartigen Wohlfühlhöhle, was schlecht dazu passte, dass ich vor lauter Kälte inzwischen meinen Atem sehen konnte.

Da ich nicht noch einmal *Tannhäuser* hören wollte, suchte ich nach der Umzugskiste mit den CDs, und nachdem ich sie nicht auf Anhieb fand, wurde mir bald klar, wo sie war: im Flur unserer Hamburger Wohnung, unter der Gastherme, rechts von Arthurs Schuhen, dort, wo meine Schuhe gestanden hatten. Was für ein Umzugsklassiker! Alles war gut gelaufen, nur das Wichtigste hatte ich vergessen, sodass meine Musikauswahl nun auf das beschränkt war, was sich im Dreifach-CD-Wechsler meiner Anlage befand: Zweimal *Tannhäuser* und einmal Rufus Wainwright, der die Worte *alcoholic homosexual* so singen konnte, dass ich gerne beides gewesen wäre.

Arthur und ich hatten als Paar immer gut funktioniert. Wir lebten jene Art Leben, das Stoff für Fernsehserien war, hatten genug Geld, interessante Freunde, eine interessante Arbeit. Zehn Jahre war es her, dass wir uns in der Haushaltswarenabteilung von Karstadt kennengelernt hatten. Arthur hatte mich gefragt, ob ich eher eine Waschmaschine kaufen würde, die man von oben befüllte, oder eine, die die Luke ganz normal vorne hatte, einen »klassischen Frontloader«, wie es der Verkäufer ausdrückte, der sich in unser Gespräch einklinkte und uns natürlich für ein Paar hielt. Na gut, hatte ich gedacht, wenn es den Karstadtverkäufer überzeugt … Damit war Schritt eins gemacht. Es folgte Schritt zwei: gemeinsame Pärchenfreunde, Schritt drei: zusammenziehen und Schritt vier: über Kinder nachdenken. Dann tat ich Schritt fünf und zog aus.

Da ich unsere gemeinsamen Pärchenfreunde nicht um Hilfe fragen wollte, erledigte ich den Umzug allein, heimlich und morgens um vier. Das war die Zeit, zu der ich bestimmt niemanden auf der Straße traf, denn die Jahre der langen Kneipennächte waren vorbei für Gösta und Regine, Sabine und Lars. Es war, als hätte ich schon bei der Auswahl meiner Möbel darauf geachtet, dass sie weder besonders sperrig noch schwer waren: Das Bett gehörte Arthur, doch ich besaß ein Schlafsofa, ein Designerstück aus gepresstem Styropor, das weniger als 25 Kilo wog und sich mühelos die Treppen hinuntertragen ließ. Die Beine meines Schreibtisches hatte ich bereits am Vorabend abgeschraubt, und der Rest kam in Umzugskisten. Nach kaum einer Stunde war alles in dem Renault-Rapid-Transporter verstaut, den ich mir vor einigen Wochen gekauft hatte. Ich nahm mir sogar die Zeit, Arthurs Möbel zu verrücken und die Bücher in den Regalen umzustellen, sodass ihm meine Abwesenheit vielleicht nicht sofort auffallen würde, wenn er von seiner Ausstellungseröffnung in München zurückkam.

Es war noch nicht sechs Uhr, als ich die Türen zur Ladefläche meines Transporters endgültig schloss. Beim Abbiegen von der Belleblliancestraße auf die ausgestorbene Fruchtallee blinkte ich nicht und bremste kaum. Als ich wenig später auf die A 23 fuhr und in Richtung Husum/Heide Gas gab, war ich mir sicher, dass ich diese Stadt nie wiedersehen würde.

Zehn Jahre hatte ich hier gewohnt, im Schanzenviertel, war ganz klassisch zum Studieren hierhergezogen und hatte dann miterlebt, wie alles langsam sauberer wurde, ruhebedürftiger, kurz: *bürgerlicher*; wenngleich sich in den ersten Jahren niemand traute, das so zu nennen, bis dann alle plötzlich dauernd dieses Wort benutzten, wie um sich zu beweisen, dass das nichts Schlimmes sei.

Auf die Rehabilitierung des Wortes *bürgerlich* folgte Nachwuchs. Eines der mit uns befreundeten Paare, Gösta und Regine, hatte vor einigen Jahren mit einem Hund angefangen, den sie Leander nannten, woraufhin Lars und Sabine mit einem Kind konterten, das sie Friedrich nannten. Als Lars und Sabine dann ein zweites Kind bekamen, von dem ich mir nie merken konnte, ob es Sophia-Marie oder Maria-Sophie hieß, blieb Gösta und Regine nichts anderes übrig, als mit dem kleinen Maximilian, wenn schon nicht gleichzuziehen, so doch einen Anschlusstreffer zu erzielen.

Mit den Kindern, dem Hund und den mit ihnen unternommenen Landausflügen griff eine Begeisterung für Produkte *aus der Region* um sich. Das Alte Land zum Beispiel, aus dem man mit Äpfeln oder Kirschen wiederkehrte, die allein deswegen besser schmeckten, weil man das Alte Land fast sehen konnte, wenn man an der Elbe flussabwärts blickte und sich vorstellte, dass da hinter der Airbuswerft Dinge auf Bäumen wuchsen. Einen Hund wollten wir trotzdem nie. Ich hatte Angst vor Hunden, Arthur Angst um seine Gemälde, die er »Arbeiten« nannte. Seit einigen Jahren malte Arthur nur noch monochrom.

Warum ich zehn Jahre hier gelebt und mich dann heimlich aus dem Staub gemacht hatte, mag schwer zu erklären sein – unüblich ist es hingegen nicht. Menschen tun so was. Viele. Jeden Tag. Worüber ich mir Gedanken machte, war vielmehr die Frage, warum es ausgerechnet jetzt passiert war, und einer der Gründe war sicherlich der Heilige Abend, den wir im letzten Jahr bei Regine und Gösta verbracht hatten, zusammen mit Sabine und Lars. Seit Regine und Gösta den kleinen Maximilian hatten, waren sie sehr traditionsbewusst geworden. Sie hatten uns aus dem Wohnzimmer ausgesperrt, in das wir erst hineindurften, nachdem Gösta die echten Kerzen an dem Baum entzündet und eine Glocke geläutet hatte. Dabei war ihre Wohnung für solche Zugangsbeschränkungen eigentlich zu klein, sodass wir uns mit den immer unruhiger werdenden Friedrich, Maximilian und Maria-Sophie in der Küche drängelten und Gebäck aßen, das schmeckte wie anderes Gebäck auch, aber nach irgendwelchen speziellen Oma-Rezepten gebacken war. Hund Leander lag so apathisch unter dem Küchentisch, dass ich mir vorstellte, sie hätten ihm etwas Beruhigendes ins Futter getan – und mir dasselbe wünschte. Noch enger wurde es dadurch, dass Gösta sich einen Weinkühlschrank mit stoßgedämpften Regalen und fünf individuell regelbaren Klimazonen gekauft hatte. Gerade als ich fragen wollte, ob wenigstens ich in das Weihnachtszimmer hinein- oder eigentlich nur hindurchdürfte, um auf dem Balkon eine Zigarette zu rauchen, bimmelte es. Gösta las die Weihnachtsgeschichte, schien nicht zu wissen, wo er aufhören sollte und las viel zu lang, bis er verwirrt an der Stelle abbrach, wo der alte Simeon das Jesuskind im Tempel von Jerusalem auf die Arme nimmt, während ich auf die Balkontür starrte. Dann wurden die Geschenke verteilt, und Gösta bekam etwas von Regine.

»Oh, eine Salzmühle, ist die etwa mit …«

»… mit Peugeot-Mahlwerk, Edelstahl. Alle anderen taugen ja nichts«, sagte Regine. Das Wort Peugeot-Mahlwerk löste bei Sabine und Lars emphatisches Nicken aus, ich hingegen wunderte mich darüber, wie klein die Salzmühle war, wo Gösta doch in den letzten Jahren, wenn er für uns gekocht hatte, nach dem Servieren für jeden aus einer Mühle von der Größe und dem Aussehen einer Gartenschach-Figur Pfeffer auf den Teller geknarzt hatte. Ich überlegte, ob er ab jetzt zwei Mal die abendliche Tischgesellschaft umrunden würde, ein Mal mit Pfeffer, ein Mal mit Salz, und musste dabei so abwesend ausgesehen haben, dass

Regine einen Versuch unternahm, mich in das Gespräch einzu-
binden, indem sie sagte:

»Da kann Gösta sein Himalaja-Salz reinfüllen.«

»Himalaja-Salz?«

»Salz ist nicht gleich Salz, da gibt es große Unterschiede. Unser normales Salz ist doch total industriell verunreinigt.«

»Und Himalaja-Salz?«

»Das ist Ur-Salz. Das kommt direkt aus der Natur.«

»Und in der Natur ist alles immer so sauber?«

»Im Himalaja gibt es keine Umweltgifte. Deswegen löst das
keine Allergien aus. Bei den Kindern. Und außerdem schmeckt
es besser, deswegen braucht man weniger davon.«

»Salz besteht zu 98 % aus Natriumchlorid, egal, ob es aus
dem Himalaja oder aus Bad Reichenhall kommt. Und das
schmeckt immer gleich«, sagte ich, denn ich wusste das, ich
hatte das recherchiert für eine meiner letzten Übersetzungen.

»Dann ist das halt mein subjektiver Geschmack«, sagte Regine in einer Weise lächelnd, als wüsste sie, dass ich darauf
nichts antworten konnte. Gegen Geschmack, hier sogar subjek-
tiven Geschmack, gefühlten Geschmack sozusagen, kam niemand an.

»Was ist Himalaja?«, fragte Friedrich und konnte nicht ahnen,
wie dankbar ich ihm dafür war, dass er dieses Gespräch auf den
gedanklichen Horizont eines Dreijährigen zurückholte. Regine
erklärte ihm engagiert nickend, dass das Berge seien, Hi-ma-la-
ja, gaanz weit weg und soooo hoch, hmhmm!, während ich auf
den Balkon ging und gleich zwei Zigaretten rauchte.

Es überraschte mich, dass Lars, als er zu mir herauskam, um
noch eine Flasche Sekt zu holen, von meiner Zigarette ziehen
wollte.

»Warum hat Gösta den Sekt nicht in seinem Weinkühlschrank kalt gestellt?«, fragte ich.

»Ich glaub, der ist voll«, sagte Lars.

»Alle fünf Klimazonen?«

»Alle fünf individuell regelbaren Klimazonen«, sagte er und zog noch einmal. »Wein-Klima-Schrank übrigens, nicht Wein-Kühl-Schrank, schließlich muss nicht jeder Wein gekühlt werden.« Dann zog er ein drittes Mal und ging wieder hinein, bevor ich in der Halbdunkelheit erkennen konnte, ob er bei dem letzten Satz gegrinst hatte oder nicht.

Als ich wieder hineingegangen war, hatte Regine gerade ihre »Ich mag den Winter, weil man im Sommer wegen der ganzen Straßencafés nirgendwo durchkommt«-Suada begonnen. Ich erinnerte mich daran, dass ich im letzten Sommer im *Café unter den Linden* beobachtet hatte, wie Regine mit ihrem dreirädrigen Rennkinderwagen die Reihen der Cafétische und Stühle sprengte wie ein Streitwagen des Pharao eine Kompanie feindlicher Soldaten. Ich sagte, dass ich den Winter mochte, weil ich bis neun schlafen könne, ohne vom Licht geweckt zu werden, und Regine sagte: »Das würde ich auch gern mal wieder, aber das ist mit dem kleinen Süßen halt nicht drin.«

»Ich kann mir eben selbst einteilen, wann ich arbeite, was ist daran so schlimm?«, sagte ich, denn mich ärgerte der mitleidige Ton in ihrer Stimme.

»So hab ich das doch gar nicht gemeint. Im Gegenteil, ich wünschte mir manchmal, ich wäre so literaturverrückt wie du.«

»So verrückt bin ich nun auch wieder nicht.«

»Ich hab das ja auch nicht so gemeint, habe ich doch gerade schon gesagt«, sagte Regine dann. »Ich bewundere das.«

An diesem Weihnachtsabend hatte ich zum ersten Mal das Gefühl, dass ich von diesen Menschen nicht einfach nur genervt war. Ich hatte Heimweh, obwohl ich seit zehn Jahren hier zu Hause war, Heimweh nach einem Ort, von dem ich nicht wusste, wo er war.

Natürlich hatten unsere Pärchenfreunde schon lange mit dem Gedanken gespielt, aufs Land zu ziehen. Besonders seit der Geburt von Sophia-Marie redete Sabine dauernd davon, einen alten Bauernhof zu kaufen, und so kam es auch heute wieder. Während sich die dritte Flasche Rotwein in der Dekantierkaraffe auf Zimmertemperatur schwappte, stimmten ihr alle wortreich zu, sogar Arthur: »Ja, ein Haus auf dem Land.«

Genau dort befand ich mich jetzt: auf dem Land, in der Region, aus der die Produkte *aus der Region* kamen. Dabei hätte es für mich gar nicht so ländlich sein müssen. Ein Supermarkt und ein Bahnhof in Laufweite wären schön gewesen – eine etwas exklusivere Einsamkeit, ruhig und trotzdem nicht am Arsch der Welt. Aber das konnte ich mir nicht leisten; ich schreibe die Bestseller schließlich nicht, ich übersetze sie nur. Und zurzeit nicht einmal das, da ich auf das neue Manuskript meines Autors wartete: Henry LaMarck. Eigentlich hätte es schon vor Wochen kommen müssen, doch nun wäre es wirklich jeden Tag so weit, wie mir sein deutscher Lektor Thorsten Fricke versichert hatte.

Ich ging abermals zum Briefkasten, die Fahne war unten, aber ich sah trotzdem hinein und überlegte, was Arthur und die anderen wohl denken würden, wenn sie das hier sehen könnten: die Straße, von der ich nicht wusste, wohin sie führte, jenseits der Straße den alten Deich, diesseits mein Haus, das in den Vierzigerjahren errichtete Nebengebäude eines alten Bauernhofs, der dann abgebrannt war. Den Briefkasten, die Tür, das Schlafzimmerfenster und das Gitter an der Hauswand, das der Vorbesitzer angebracht hatte, damit Efeu daran emporwachsen möge, wahrscheinlich in der Hoffnung, das Erscheinungsbild des Hauses von verwahrlost in Richtung verwunschen zu wandeln.

Ich ging um das Haus herum, an dem ungehackten Holz vorbei und dem Reisebus mit der Aufschrift *modern reisen ... bus reisen*, den der Vorbesitzer für Gäste hatte ausbauen wollen, ihn aber letztendlich nur mit fast leeren Farbeimern, leeren Blumentöpfen, Dämmpapperesten und Dachziegeln vollgerümpelt hatte.

Vielleicht sollten meine Freunde das erst sehen, nachdem ich mich hier an alles gewöhnt hatte, nachdem ich mich eingerichtet und mit der Übersetzung von Henry LaMarcks neuem Roman angefangen hatte. Arthur. Gösta und Regine, Sabine und Lars. Aber dann würden sie überrascht feststellen, dass ausgerechnet ich ihren Traum wahr gemacht hatte, den Traum vom Wohnen auf dem Land, hinterm Deich. Der Deich lag zwar aufgrund von Landgewinnungsmaßnahmen seit Jahrhunderten nicht mehr am Meer, die Küste war zwei Kilometer weit weg, hinter einem richtigen Deich, aber trotzdem: Es war gut, dass ich hier war. Schön war es auch. Irgendwie.

HENRY

Ich sollte mich wirklich schämen. Schämen solltest du dich, Henry LaMarck! Auf jeder anderen Party wäre es im Rahmen des gesellschaftlich Akzeptierten gewesen, sich sang- und klanglos davonzustehlen, doch auf der Party zu meinem eigenen sechzigsten Geburtstag war es das sicher nicht.

Meine Verlegerin Gracy Welsh hatte mich zu *Parker Publishing* gebeten, angeblich um mir die Umschlagentwürfe für die Taschenbuchausgabe meines letzten Romans, *Windeseile*, zu zeigen. Als ich jedoch das Großraumbüro im 24. Stock betrat, standen plötzlich jede Menge Leute um mich herum und riefen: »Überraschung!« Viele hatten sich mit Hütchen dekoriert, mit ganz ironisch hässlichen Hütchen natürlich, da ich bei *Parker Publishing* für meinen Humor bekannt war. Humor – Schmumor, ich war sechzig geworden, was war daran witzig?

Als sich der Überraschungslärm nicht legen wollte, schnippte Gracy mit dem Zeigefinger an ihren mit Sekt gefüllten Plastikbecher, begrüßte und beglückwünschte mich und sagte dann das, von dem sie dachte, das ich es ohnehin längst wusste:

»Henrys Geburtstag wäre ja an sich schon eine tolle Sache, aber das ist erst der Anfang: Henry ist nämlich mit *Windeseile* einer der Finalisten um den diesjährigen Pulitzerpreis. Ist das nicht fantastisch?«

Alle schienen zu jubeln, das sah ich ihren Gesichtern an, denn ich hörte nichts, und spürte auch nichts, außer diesem Herzrasen, das mich seit einiger Zeit immer wieder befiel und in meinem ganzen Körper wiederzuhallen schien, aufdringlich und schnell. Oh Gott. Ich war für den Pulitzerpreis nominiert, den ich vor etlichen Jahren schon einmal für meinen Roman *Unterm Ahorn* bekommen hatte. Damals war das eine echte Auszeichnung gewesen, doch jetzt schoss mir nur ein Gedanke durch den Kopf: Sie wollen dir schnell noch mal den Pulitzerpreis geben, bevor sie dich aufs literarische Abstellgleis schieben. Ein zweiter Pulitzerpreis, das war, als bekäme ich den Ehrenoscar für mein Lebenswerk. Danach konnte man nur noch eine künstlerisch relevante Sache tun: sterben.

Ich schüttelte Hände und hangelte mich von einer Umarmung in die nächste wie ein ertrinkender Orang-Utan. Viele sagten, sie freuten sich auf mein neues Buch, meinen Roman über die Terroranschläge des 11. September. So hatte ich es nämlich angekündigt oder besser, so war es mir rausgerutscht, als ich vor ungefähr einem Jahr anlässlich des Erscheinens von *Windeseile* bei Stephen Fry in der BBC zu Gast gewesen war, zusammen mit Elton John, der fast so witzig und geistreich reden konnte wie Stephen Fry selbst, was dazu geführt hatte, dass ich mich immer kleiner und langweiliger fühlte. Dann hatte ich es irgendwann gesagt: »Roman. 11. September.« Ich fand das witzig in dem Moment, und Elton John beeindrucken wollte ich auch, sodass ich sogar noch einen draufsetzte und behauptete, es sei ein groß angelegtes Projekt, an dem ich praktisch seit dem 12. September 2001 heimlich arbeiten würde. Nun hatte ich den Salat, alle erwarteten keinen Roman von mir, sondern einen Jahrhundertroman. Geschrieben hatte ich seitdem keine Zeile, doch *Parker Publishing* hatte bereits ein Marketingkonzept und eine Absatzprognose, in der das Wort »Million« vorkam.

Meine Verlegerin Gracy Welsh schien extra für diese Überraschungsparty zum Friseur gegangen zu sein – ihre blonden Haare, die wie immer die Form eines einbetonierten Baisers hatten, wirkten heute besonders unverwüstlich. Ich stellte mir vor, wie sie in ihrem schwarzen Mercedes-Cabriolet den Lake Shore

Drive entlangbrauste und kein einziges Haar auch nur ins Zittern kam.

Sie trug ein schlichtes rotes Kleid, vor dessen Hintergrund ihre Comme-des-Garçons-Handtasche mit nicht weniger als acht Tragriemen besonders hervorstach. Sie würde mich fragen, wann das Manuskript käme. Alle anderen würden sich zurückhalten, schließlich war es normal, dass ich meine Manuskripte erst in letzter Minute in praktisch druckreifem Zustand abgab. Doch Gracy sah ich an, dass sie wissen wollte, was los war. Sie wartete nur auf den richtigen Moment, um mich zu fragen.

Wäre ich bloß nicht hergekommen, ich Hirsch! Doch dann hätte sie erst recht geahnt, dass es ein Problem gab.

»Geburtstag haben und einen zweiten Pulitzerpreis bekommen, da weiß man ja gar nicht, was schöner ist«, sagte einer der Ironische-Hütchen-Träger. Alle erwarteten eine humorvolle Antwort von mir, doch mir fiel nichts Besseres ein als:

»Ich habe nichts gegen einen Alterspreis.«

»Aber Mr. LaMarck, Sie sind doch noch nicht *alt*«, sagte da eine Frau.

»Ich habe ihr gesagt, sie soll das sagen«, sagte der Hütchenträger und lachte laut, schien dann jedoch etwas unsicher zu werden, weil ich nicht einmal lächelte, und fügte hinzu. »Wie sechzig sehen Sie wirklich nicht aus.«

So war es, alle schätzten alle jünger als sie waren, dachte ich und sagte zu ihm, der höchstens vierzig sein konnte:

»Sie auch nicht.«

Nun lachten alle. Da bemerkte ich, dass Gracy auf mich zukam. Quer durch den Raum, Schreibtische und Gäste umschiffend, direkt auf mich zu. Das war's. Aber sie blieb stehen, öffnete ihre Comme-des-Garçons-Handtasche, nahm ein sehr flaches Handy heraus und sah erst auf die Anzeige, bevor sie den Anruf annahm. War es Hugh Hansen, der Verlagsleiter, der sie fragte, ob sie schon mit mir gesprochen hatte? Ich sah den Hütchenträger an und sagte: »Ich muss mal für kleine Pulitzerpreisträger.«

Wieder Gelächter. Ich verschwand in Richtung Toilette, machte aber vor dem Aufzug halt und drückte auf den Pfeil, der nach unten zeigte.

Nach wenigen Sekunden kam ein Fahrstuhl, ich betrat ihn und konnte nicht anders, als mein Spiegelbild in der Rückwand der Kabine zu betrachten. Der Mantel mit dem grauen Pelzkragen, der senfgelbe Helmut-Lang-Anzug, die grauen Ledermokassins, die sorgfältig durcheinandergebrachten schwarzen Haare: Hier stand ein berühmter Mann, der nicht alt sein wollte. Oder ein alter Mann, der nicht mehr berühmt sein wollte?

Eine knappe Stunde später stand ich in der Bar des *Estana Hotel & Spa* und hoffte, dass hier niemand nach mir suchen würde. Zwei japanische Geschäftsleute saßen an einem der Tische, über einen Laptop und eine Schale mit Wasabinüsschen gebeugt. Von denen ging keine Gefahr aus. Ansonsten waren keine Gäste hier, nur der Barmann machte mir Sorgen. Ich spürte, dass er mich beobachtete, obwohl er sich alle Mühe gab, mich das nicht spüren zu lassen. Ich sah ihm an, dass er schon lange in einem Luxushotel arbeitete und die Art von persönlichkeitsspaltender Schulung durchlaufen hatte, in der ihm zwei widersprüchliche Dinge antrainiert worden waren: Diskretion und Aufmerksamkeit. Er hatte gelernt, so zu tun, als höre er nicht, was die Menschen an seiner Bar miteinander sprachen, und war doch zur Stelle, wenn jemand den Satz »Ich glaub, ich trink noch was« fallen ließ. Er gab vor, mit der Reinigung der Kaffeemaschine beschäftigt zu sein, und doch war ich mir sicher, dass er sich fragte, was der elegant gekleidete Herr dort hinten machte. Dieser elegant gekleidete Herr, ich, schlurfte in Ledermokassins über einen Veloursteppich quer durch den Raum, schlurfte vom Eingang bis zur Bar, dann wieder zum Eingang und wieder zur Bar zurück, ohne die Füße auch nur ein Mal anzuheben.

Ich hielt meine Kreditkarte in der Hand, meine blöde Platinkarte und drückte die Finger auf den Magnetstreifen. Dann stellte ich mich an die Bar und legte die Hand mit der Kreditkarte auf den Tresen. Der Schlag der elektrischen Entladung ließ meinen Körper zusammenzucken. Ich gab ein klitzekleines Stöhnen von mir.

»Kann ich Ihnen helfen, Sir?«, fragte der Barkeeper, doch ich schüttelte nur den Kopf und verließ die Bar.

In einem meiner Romane gab es so eine Szene. Die Kreditkarte eines korrupten Staatsanwalts wird dadurch unbrauchbar, dass der Schlag, den er nach dem Beschreiten eines Veloursteppichs bekommt, seinen Magnetstreifen entlädt. Ich hatte das einfach so geschrieben, ohne es ausprobiert zu haben. Gütiger Gott, es musste einfach funktioniert haben – Kreditkartenlesegeräte funkten dauernd irgendwelche Daten an ihre Zentrale; wer Kreditkarten benutzte, konnte gefunden werden. Doch ich würde mich nicht finden lassen. Auf dem Weg vom Verlag hierher war ich bei der Bank gewesen und hatte 10.000 Dollar abgehoben.

Ich durchquerte die Hotelhalle in Richtung Rezeption. Auf dem Tresen stand eine Obstschale, in der nur grüne Äpfel lagen, was zum minimalistischen Einrichtungskonzept passte, dem Sichtbeton, den Holzpaneelen, den eckigen Vasen mit blattlosen Stöckern und dem anderen Zen-Schrott, der in der Hotelhalle herumstand.

»Willkommen im *Estana Hotel & Spa*, was kann ich für Sie tun?«

»Ein Zimmer, bitte.«

»Haben Sie reserviert?«

»Haben Sie eine Suite?«

»Wir haben noch eine Juniorsuite. Für wie viele Nächte?«

»Zwei, nein, acht.«

»Da wäre unsere aktuelle Rate 590 Dollar pro Nacht, plus 45 für das Frühstück.« Ich nickte. »Tragen Sie bitte Ihren Namen hier ein. Und dann bräuchte ich noch Ihre ...«

»... Kreditkarte, ja natürlich«, sagte ich und schnippte sie beiläufig auf den Tresen. Der Rezeptionist hatte ein sehr schönes Gesicht, war wahrscheinlich halb Chinese, halb Europäer, eine Mischung, die ich schon immer charmant gefunden hatte. Ich sah ihn gerade lang genug an, um mich der Richtigkeit meines Geschmacksurteils zu vergewissern, und sah dann wieder auf das Anmeldeformular. Während er die Kreditkarte durch das Lesegerät schob, trug ich mich ein und machte mich bei dem Geburtsdatum um elf Jahre jünger.

»Haben Sie eine andere Kreditkarte?«

»Leider nicht. Ich muss sie zerkratzt haben, immer dieser blöde Sand in der Brieftasche«, sagte ich und ärgerte mich über diese sowohl unnötige als auch unbeholfene Erklärung.

»Ich würde im Voraus zahlen. Bar«, sagte ich dann, woraufhin die Unsicherheit, die für einen Moment im Lächeln des Rezeptionisten aufgetaucht war, wieder verschwand.

»Soll Ihnen jemand mit dem Gepäck helfen, Mr. Santos?«

Graham Santos. Unter diesem Namen hatte ich mich angemeldet. Dass auf meiner Kreditkarte ein anderer Name stand, hatte er entweder nicht mitbekommen oder er ignorierte es ebenso diskret, wie der Barkeeper mich ignoriert hatte.

»Danke. Geben Sie mir einfach eine Zahnbürste.«

Nachdem ich die Suite betreten und das *Bitte-nicht-stören*-Schild hinausgehängt hatte, ging es mir besser. Aus dem Fenster des Wohnzimmers sah ich den See, auf den sich der Abend gelegt hatte, die Luft so dunstig und schwer, dass ich kaum glauben konnte, man könne sie atmen. Auch die beiden Türme der Marina City konnte ich sehen. Im höheren lag meine Wohnung, doch dort würden sie mich finden. Der Verlag würde nach meinem neuen Roman fragen. Journalisten würden fragen, wie es für mich sei, zum zweiten Mal für den Pulitzerpreis nominiert zu sein, wie es für mich sei, sechzig Jahre alt zu sein – *alt* zu sein. Bei CNN stand ich auf der Liste der Prominenten, für die es einen vorproduzierten Nachruf gab. Wenn ich jetzt noch einmal den Pulitzerpreis bekäme, rückte ich bestimmt in die Liste der Prominenten auf, bei deren Tod das Programm unterbrochen wurde. Die *breaking-news*-Liste. So berühmt war ich geworden.

Ich ließ mich auf das Bett meiner Juniorsuite fallen, und das Herzrasen ließ endlich nach.

JASPER

Einmal pro Woche schickte die Personalabteilung eine Mail mit den neuen Mitarbeitern rum: Fotos, Mailadresse, Ausbildung, Funktion und Durchwahl. Hieß sie willkommen, ich glaube sogar, herzlich. Wenn jemand nicht mehr da war, erfuhr ich das erst, wenn ich eine Durchwahl wählte und jemand anders am Apparat war.

In wenigen Tagen würde wahrscheinlich auch an meiner Durchwahl jemand anders sitzen. Doch wenigstens musste ich mir nicht die Demütigung geben, ahnungslos da aufzutauchen und gefeuert zu werden. Ich war gewarnt. Es gab schlimmere Arten, von seiner Kündigung zu erfahren: Ich hatte mal von einem Kollegen gehört, der am Wochenende von seinem Black-Berry eine Mail von seiner privaten an seine Arbeitsadresse schickte und von einer automatischen Rückantwort mitgeteilt bekam, dass er nicht mehr für Rutherford & Gold arbeitete.

Zugegeben, so was war selten. Vielleicht sogar ein Gerücht. Aber auch der Normalfall war schlimm genug. Zum Beispiel bei meinem ehemaligen Chef aus dem Back-Office. Er wurde versetzt zu Fusionen und Übernahmen, es sah aus wie eine Beförderung, aber sicher war er sich nicht. Dafür, dass hier alles angeblich so rational war, gab es erstaunlich viel, wo man im Kaffeesatz lesen musste wie eine Wahrsagerin. Als ich einige Tage später mit meinem Ex-Chef im Fahrstuhl stand, sah er so schlecht aus, dass ich mich kaum traute, Hallo zu sagen. Schließlich erfuhr ich, was passiert war: Er hatte sein neues Büro vermessen, und es war zwei Quadratfuß kleiner als sein altes. Das waren ungefähr drei Seiten Papier. Und doch konnte er sich nicht damit abfinden, wurde schließlich sogar um 6:30 bei dem Versuch erwischt, sein altes Büro noch einmal nachzumessen. Einige Wochen später wurde er krank. Nie mehr gesehen. Obwohl sein neues Büro viel heller und zwei Etagen höher war, konnte ihm niemand den Glauben nehmen, degradiert worden zu sein.

Nun stand ich mitten am Vormittag im *Caribou Café*, wo ich mir sonst nur mittags schnell ein Sandwich und einen Kaffee Americano holte. Setzte mich zum ersten Mal an einen Tisch. Merkwürdig, dass es hier überhaupt Tische und Stühle gab, wo alle so in Eile waren. Sie fragten einen nicht mal, ob man den Kaffee hier trinken wollte. Ich glaube, die hatten nichts anderes als Einwegbecher zum Mitnehmen. Nach dem ersten Schluck spürte ich ein Stechen in meinem Magen, doch ich gab nicht auf, nahm einen zweiten und, ehe mein Magen darauf reagieren konnte, einen dritten. Das würde ich nun wohl den ganzen Tag tun müssen. Kaffee trinken. Heute und an den vielen folgenden arbeitslosen Tagen auch.

Auf der anderen Seite: Die schickten mich doch nicht in der Business-Class zur Fortbildung nach London, um mich dann zu feuern. Das wäre absurd. Absurd, aber nach allem, was ich in den letzten fünf Jahren erlebt hatte, nicht unmöglich. Dies war Rutherford & Gold.

Nach zwei weiteren Americanos und einem Donut ging ich durch kalten Wind und Schneefall nach Hause. Noch nie hatte werktags so früh meine Freizeit angefangen, die sich in dieser Wohnung abspielte, die die Bank mir besorgt hatte, im 38. Stock eines Hochhauses mit Seeblick und uniformiertem Portier, der mir die Tür aufhielt.

Ich setzte mich auf mein Sofa. Um diese Zeit hier zu sein, fühlte sich so merkwürdig an, dass ich einen Moment einfach nur dasaß. Und zum ersten Mal seit Monaten die Kartons an der gegenüberliegenden Wohnzimmerwand bemerkte. Vier hellbraune Boxen mit weißen Aufklebern. Das Wort PREMMÖ in schwarzen Großbuchstaben. Daneben in einem Oval, wiederum in Großbuchstaben, die Aufschrift: IKEA. Bereits vor einem Jahr hatte ich mir dort einen Tisch gekauft, ihn aber nie aufgebaut. Ich wusste nicht, wo ich das in meine Work-Life-Balance einbauen sollte. Teil meiner Arbeit war das nicht, aber in meiner Freizeit wollte ich auch keine Möbel zusammenschrauben. So lag der Tisch immer noch originalverpackt da.

In meiner Freizeit schlief ich normalerweise, ging ins Fitnessstudio oder Essen einkaufen. Am ersten und dritten Sonnabend jeden Monats wurde meine Wäsche abgeholt und die saubere geliefert, am zweiten und vierten Wochenende telefonierte ich mit meiner Mutter. Ansonsten spielte ich Schach. Früher im Verein, in Bochum, Jugendbundesliga sogar. Jetzt über *ChessBase*, von meinem Sofa aus, den Computer auf dem Schoß.

Ich holte ein Küchenmesser. Dies war der perfekte Moment – wann war ich sonst um diese Zeit zu Hause, in diesem Vakuum zwischen Work und Life? Ich durchstach das Klebeband und riss die Kartons auf. *Premmö*. IKEA schien die Punkte auf dem ö auch in den USA für nötig zu halten. Ich breitete alles vor mir aus, die Metallfüße, die Bretter, die Klemmen, die zwei Sechskantschlüssel, stellte alle Schrauben senkrecht hin, die größten links, die kleinsten rechts. Las die Aufbauanleitung von vorn bis hinten durch, legte sie weg und begann. Eine Stunde später war *Premmö* fertig. Stand da wie ein Fremdkörper – kein Wunder, es war ja auch ein Schreibtisch, mitten in meinem Wohnzimmer.

Ich holte einen Klappstuhl aus der Küche und setzte mich. Loggte mich bei Facebook ein, dem Internet-Netzwerk, wo man Kontakte zu alten Freunden halten konnte. Oder neue finden. Hatte beides nicht funktioniert. Meine Tage glichen sich so sehr, dass ich nie wusste, was ich in mein Profil schreiben sollte: *Jetzt arbeite ich/jetzt bin ich zu Hause/jetzt gehe ich ins Bett?*

Ich hatte 93 Facebook-Freunde. Die, die ich davon persönlich kannte, hatte ich zum größten Teil seit Jahren nicht mehr gesehen. Kannte sie aus der Schule, vom Studium und vom Schach. Heute war in meinem Schachclub Spielabend. Auf der Facebook-Pinnwand des Clubs trudelten die Meldungen ein, wer alles kam. Alle kamen. Wie jede Woche. Dort könnte ich jetzt auch sein. Bier trinken. Erdnussflips essen. Blitzschach spielen. In meinem ersten Jahr hatten mich sogar zwei Freunde in Chicago besucht, Oliver und Max. Doch irgendwann war der Kontakt über eine solche Entfernung abgebrochen, das war ganz normal, und um neue Freunde kennenzulernen, fehlte mir die Zeit.

Nur vier meiner Kollegen von Rutherford & Gold hatten mich als Freund gespeichert. Der Einzige, der online war, war Jeff, unser schüchterner Trainee.

Jeff, Lust, heute Abend ein paar Biere zu kippen?, schrieb ich. Las es noch mal durch. Ersetzte *kippen* durch *trinken* und schickte die Nachricht ab. Wartete eine halbe Stunde. Keine Antwort. Dann loggte ich mich auf *ChessBase* ein. Die Startseite mit der Weltkarte erschien, rote Punkte zeigten, wo in aller Welt die Nutzer saßen. In Nordamerika gab es einige Punkte an Ost- und Westküste, aber nur einen im Landesinneren. Chicago. Ich.

Bald fand ich einen Gegner, der relativ stark spielte. Kurz nachdem es dunkel war, stand ich auf Gewinn. Ich ging auf den Balkon. Zählte, wie lange ich es dort aushielt, ohne zu zittern, barfuß und im T-Shirt. Normalerweise schaffte ich fünfzig Sekunden, manchmal siebzig. Vorhin hatten sie gesagt null Grad Fahrenheit. Minus 18 Grad Celsius. Ich rechnete das immer noch um. Neunundsechzig, siebzig, einundsiebzig, zweiundsiebzig. Ein Windzug ließ die Balkontür gegen den gummierten Rahmen schlagen, ein Mal. Ich fuhr herum. Eigentlich konnte es nicht sein, aber was, wenn durch den Aufprall der Schließmechanismus ausgelöst worden war und ich mich ausgesperrt hatte? Würden die Nachbarn mich hören, hinter ihren schallisolierten Fenstern? Oder auf der Straße? Niemals, bei dem Verkehr. Dies war der 38. Stock. Mit zwei Fingern drückte ich leicht gegen die Tür. Nichts. Ich wünschte, ich hätte meinen BlackBerry dabei. Nun zitterte ich. Hier war nichts, womit ich das Fensterglas hätte einschlagen können. Nur zwei Plastikstühle, mit gefrorenem Wasser in den Rillen der Sitzfläche. Und überhaupt, wen hätte ich anrufen können? Mir wäre nur der Notruf geblieben. Niemand würde mich vermissen. Außer auf der Arbeit.

Ich legte die flache Hand an die Balkontür, drückte mit meinem ganzen Gewicht dagegen. Sie öffnete sich.

Ich spielte nicht zu Ende. Klappte zum ersten Mal mitten in einer Partie den Laptop zu. Stellte den Wecker. Ich hatte beschlossen, morgen früh zur Arbeit zu gehen, als ob nichts wäre. Ich wollte es erleben. Wissen, was sie sich ausgedacht hatten, um mich zu feuern.

MEIKE

Da ich nicht kellnern konnte, hatte ich während des Studiums angefangen, Groschenromane zu übersetzen, die von Frauen handelten, die erst unglücklich waren und dann dem Werben von Baronen beziehungsweise Chefärzten nachgaben. Aufgrund des drastischen Vokabulars, mit dem dieses Nachgeben geschildert wurde, nannte ich sie Hausfrauenpornos.

Nach dem Examen hatte ich diesen Studentenjob zu meinem Beruf gemacht. Ich war gerade mit Arthur zusammengezogen, wir tranken morgens gemeinsam Kaffee im Bett, dann fuhr er in sein Atelier, ich übersetzte bis in den späten Nachmittag hinein und kochte uns Abendessen – verbrachte meine Tage zwischen Hausfrauenpornos und Hausfrauentätigkeiten. Immer wenn jemand fragte, was ich nach dieser, wie alle annahmen, Übergangslösung machen wollte, zuckte ich mit den Schultern.

Dann zogen auch Gösta und Regine zusammen und gaben eine Einweihungsparty, auf der ich Thorsten Fricke kennenlernte, der als Lektor beim *Farnsdorff Verlag* vor den Toren Hamburgs arbeitete. Leute, die sich viel mit Literatur beschäftigten, fragte ich gern, wer ihr Lieblingsschriftsteller sei. Es amüsierte mich, wie anscheinend niemand darauf antworten konnte, ohne mindestens fünf Namen zu nennen, doch Thorsten Fricke zögerte keine Sekunde und sagte:

»Henry LaMarck.«

»Habe ich mal gehört«, sagte ich.

»Aber nie was gelesen?«

»Nein.«

»Das sagen alle. Niemand in Deutschland liest Henry La-
Marck. Dabei ist er im Rest der Welt ein Star. Der verkauft Millionen und ist seit Jahren für den Nobelpreis im Gespräch.«

»Geht das beides zusammen?«

»Bei Henry LaMarck offensichtlich schon.« Dann gab er mir
ein Buch, das er aus irgendeinem Grund dabeihatte. »Wird dir
gefallen.«

Ich wollte eigentlich nur den Klappentext lesen, las dann den
letzten Satz, den ersten, den zweiten, den dritten, während Thorsten Fricke einem Kunstgeschichte-Studenten in die Küche folgte.
Regine hatte gerade mit Gösta, Sabine und Lars ihren ersten Salsa-
kurs gemacht, und sie fingen an zu tanzen; lateinamerikanisches
Lebensgefühl klingelte durch das Wohnzimmer, doch ich stand
da und las. Als immer mehr Partygäste anfingen zu tanzen, ging
ich in die Küche zu Thorsten Fricke, der dem Kunstgeschichte-
Studenten in die Augen sah und fragte: »Und wo bist du in Padua
abends so hingegangen?«, wollte nicht weiter stören, ging nach
Hause, ohne mich zu verabschieden, und las die ganze Nacht.

Das Buch hieß *Unterm Ahorn*. Es erzählt die Geschichte von
Graham Santos. Mitten im Winter sitzt er auf einer Bank, um
ihn herum fällt Schnee, doch er sitzt unter Palmen. Das klingt
surreal, klärt sich aber bald auf, denn er sitzt in einem Palmenhaus im Lincoln Park in Chicago. Dort erzählt dieser Graham
Santos, wie es dazu kam, dass er nie geboren wurde. Seine Eltern laufen durch den Roman, begegnen sich zwar, kommen
aber nie zusammen. Die Mutter ist in den Vater verliebt, geht
aber im entscheidenden Moment immer an ihm vorbei, schreibt
ihm, ignoriert seine Antworten, verabredet sich mit ihm in einem Café und versetzt ihn, weil sie sich lieber in sexuelle Abenteuer mit mexikanischen Wanderarbeitern und durchreisenden
Pressefotografen verstrickt – Abenteuer, wie sie im Prinzip auch
in den Groschenromanen vorkamen, die ich übersetzte, nur dass
sie bei Henry LaMarck viel, viel besser beschrieben waren. Statt

Kinder zu bekommen und sich in Langeweile niederzulassen, haben die Eltern so jede Menge Spaß, und man hat das Gefühl, dass auch Graham Santos es nicht besonders schade findet, nie auf diese Welt gekommen zu sein.

Erst als ich *Unterm Ahorn* zu Ende gelesen hatte, fragte ich mich, warum Thorsten Fricke es mir mit den Worten »Wird dir gefallen« gegeben hatte. Wirkte ich so, als sei auch ich Teil eines Lebens, von dem ich mir wünschte, es hätte nie stattgefunden?

Die Übersetzerin hieß Carla Tomsdorf. Ich hätte alles getan, um mit ihr tauschen zu können, zumal ich nach der Lektüre von *Unterm Ahorn* das Gefühl hatte, es läge an ihren Übersetzungen, dass Henry LaMarck in Deutschland so wenig Erfolg hatte. Ich besorgte mir alle seine Bücher – auf Englisch, als wollte ich die Existenz dieser Tomsdorf negieren, *Der Grad der Zerstörung, Junge Mädchen, Farenland* – und übersetzte weiter meine Hausfrauenpornos. Ein Jahr später passierte das Unglück, das zum großen Glück meines Lebens wurde: Carla Tomsdorf wurde beim Joggen von einem Lieferwagen überfahren, wie ich aus dem Rundbrief des Übersetzerverbands erfuhr – es hatte sich also doch gelohnt, in der Gewerkschaft zu sein. Sofort rief ich Thorsten Fricke an.

»Du willst Henry LaMarck übersetzen?«, fragte er in einem Ton, als hätte ich verkündet, ich wolle den Verlag kaufen.

»Ihr braucht doch jemanden, oder?«

»Du übersetzt Groschenromane.«

»Henry LaMarcks Texte sind ein raffiniertes Spiel mit Hochsprache und Umgangssprache«, sagte ich.

»Ich kann mal sehen, ob ich dir einen Auftrag für einen Krimi geben kann.«

»Aber ich habe alle seine Bücher gelesen. Im Original.«

»Dich kennt keiner. Das Risiko wäre zu …«

»Ende der Woche schicke ich dir 20 Seiten. Dann nimmst du mich oder eben nicht.«

Das Buch hieß *Howards Hotel* und war gerade in Amerika erschienen. Der Inhalt tut nichts zur Sache. Was zählte, war, dass ich nun ein Ziel im Leben hatte: Henry LaMarck endlich zu dem Ruhm zu verhelfen, den Deutschland ihm bisher vorenthalten hatte. Thorsten Fricke riskierte es, gab mir den Auftrag, und *Howards Hotel* wurde Henry LaMarcks erster Bestseller in Deutschland.

Seitdem war das erste Suchresultat, wenn ich meinen Namen bei Google eingab, nicht mehr www.stayfriends.de. *Brillant übersetzt von Meike Urbanski* stand da nun auf den Seiten renommierter Zeitungen. Ich war Übersetzerin geworden. Dabei hatte ich mit diesen Hausfrauenpornos nur angefangen, weil ich nicht kellnern konnte und mir nicht zu schade war, Dinge zu übersetzen wie: *Sie spürte seine pulsierende Pracht zwischen ihren zitternden Lippen.* Doch seit ich Henry LaMarck übersetzte, schien es mir, als hätte ich nie etwas anderes tun wollen. Wenn mein Hamburger Himmel komplett schwarz wurde, machte die Arbeit an seinen Büchern ihn zumindest wieder grau.

Nach dem Erfolg meiner ersten Übersetzung hatte der Verlag mich sogar *Unterm Ahorn* und andere frühe Romane von Henry LaMarck neu übersetzen lassen. Mit den Groschenromanen konnte ich aufhören.

Henry LaMarck hatte die National Medal of Arts bekommen, den National Book Award, den PEN/Faulkner Award, den PEN/Nabokov Award und den PEN/Saul Bellow Award. Und natürlich den Pulitzerpreis. Fast jedes Jahr lieferte er ein neues Buch, doch in diesem Jahr waren alle besonders gespannt, denn Henry LaMarck hatte sich eines großen Themas angenommen, des Terroranschlags auf das World Trade Center. Allen war klar: Er schrieb den ersten Jahrhundertroman des 21. Jahrhunderts. Seit langer Zeit hatte ich nicht mehr mit so viel Vorfreude den Briefkasten geöffnet wie in diesen Tagen, denn der *Farnsdorff Verlag* hatte mit Henrys amerikanischem Verlag *Parker Publi-*

shing vereinbart, dass ich das Manuskript sofort nach Fertigstellung bekäme, um unter strengster Vertraulichkeit mit der Übersetzung beginnen zu können, noch bevor das Buch in Amerika auf den Markt gekommen war. So ein Star war Henry LaMarck.

Paartherapeuten betonen oft, wie wichtig ein gemeinsames Hobby für die Beziehung sei. Eine Sportart, ein Garten oder Kinder; ein Hobby, das bleibt, wenn die Liebe gegangen ist. Auch Arthur und ich hatten etwas, das wir gern gemeinsam taten: Wir rauchten.

Dann war am ersten Januar nach jenem Weihnachtsfest das Nichtrauchergesetz in Kraft getreten. Arthur und ich hatten mit Gösta und Regine, Sabine und Lars im *Schneeweiß* gesessen, unserem damaligen Stammrestaurant, in dem man in einem minimalistisch eingerichteten, von indirektem Licht beleuchteten Raum deutsche Hausmannskost auf viereckigen Tellern servierte. Ich hatte am *Schneeweiß* gemocht, dass Regine und Sabine nichts dagegen tun konnten, wenn ich in ihrer Gegenwart rauchte. Nach dem Inkrafttreten des Nichtrauchergesetzes schien es mir, als sei das *Schneeweiß* renoviert worden. Alles wirkte merkwürdig klar, es roch nach nassem Hund, Parfüm und Rindsroulade, und mir wurde bewusst, dass ich diesen Laden eigentlich überhaupt nicht ausstehen konnte. Die Wirklichkeit war mir auf den Pelz gerückt. So radikal konnten sich Dinge also verändern, dachte ich, als ich rauchend vor der Tür des *Schneeweiß* stand, an diesem ersten Januar, an dem noch der Qualm der Silvesternacht hing. Durch das Fenster sah ich Arthur, der sich mit Gösta unterhielt und Zimtkaugummi kaute. An diesem Morgen hatte er das Rauchen aufgegeben. Wir hatten uns weiterhin nichts zu sagen, und ohne die gemeinsamen Zigaretten war aus dem Zusammen-schweigend-Rauchen ein Sich-Anschweigen geworden. Da war mir klar geworden, dass ich nicht mehr hinein wollte, in dieses Restaurant, in dieses Leben. Ich war draußen.

Als Arthur wenig später zu einer Ausstellungseröffnung nach München gefahren war, machte ich alles ganz automatisch, so wie es einem Mann gehen muss, der seine Frau regelmäßig mit Prostituierten betrügt, schaltete ohne nachzudenken – mit schlechtem Gewissen, aber ohne den leisesten Zweifel – den Computer an und sah mich im Internet nach bezugsfertigen Wohnungen um. Alles kam in Frage, nur eines nicht: hierbleiben. Nicht in dieser Stadt bei diesen Leuten, die nicht meine Freunde waren, sondern ich ihr Publikum, das ihnen bei ihrem gelungenen Leben zusah.

Dann fand ich dieses Haus, mit großem Grundstück und trotzdem sehr billig. Eigentlich wollte ich es nur mieten, doch der Vorbesitzer meinte, es sei kein Problem, wenn ich seine Hypothek bei der Hypothekenbank *HomeStar* übernahm. *HomeStar* sei eine moderne Bank aus England, nun auch in Deutschland präsent, die kaum Anforderungen an die Bonität ihrer Kunden stelle, »nicht so pingelig wie die Sparkassen«, hatte er gesagt. Die Küche würde er mir auch überlassen, den Fernseher mit Satellitenfernsehen und das Bett im Schlafzimmer. Ein Ehebett.

Wenige Tage später war ich eingezogen. Ich konnte zwar kaum etwas anzahlen, aber bald kam ja das Honorar für die Übersetzung von Henry LaMarcks neuem Roman.

Nun saß ich hier, trug zwei Jeans übereinander, drei Paar Socken und hatte eine Strickjacke über den Wollpullover gezogen, sodass ich aussah wie eine Figur aus *South Park*. Ich saß hier, auf dem Land, allein und mit einem Beruf, der etwas mit Büchern zu tun hatte, und erinnerte mich daran, wie Regine das genannt hatte: »literaturverrückt.«

Wippsäge hieß das Ding: ein rotes Gestell mit einem Sägeblatt in Pizzagröße, das sich, sobald ich den Hauptschalter umgelegt hatte, in Bewegung setzte, immer schneller wurde, schneller, bis ich das Gefühl bekam, es würde gleich aus der Verankerung und direkt in meine Brust geschleudert. Nachdem das nicht passiert war, fand ich die Wippsäge fast niedlich, wie sie da so eilig vor sich hinwirbelte. Ihr leises Sausen legte sich über die saudumme Stille. Ich konnte das. Egal, was sie dachten. Arthur. Gösta, Sabine, Regine, Lars. Ich legte ein Holzscheit auf die Lagerung, kippte sie nur ein wenig nach oben, und die Säge kreischte, Späne flogen. Lars, Sabine, Regine, Gösta. Arthur. Die Säge fraß sich in das Holz hinein, schnell und mühelos. Lärm, Lärm, Lärm! Im Nu hatte ich alles Holz zersägt und legte das erste Scheit auf den Hauklotz. Dann griff ich zur Axt, die viel leichter schien als beim letzten Mal. Am Schaft ein gelber Aufkleber: *Selbst ist der Mann. PraxisTest-Testsieger,* wollte sie gerade anheben, da sagte eine Stimme hinter mir:

»Ich wollte mal vorbeischauen.« Der Mann verstummte in dem Moment, als ich mich reflexartig zu ihm umgedreht hatte und ihn, die Axt in der Hand, ansah. Nach einer Weile fügte er hinzu:

»Was hast du eigentlich für Schuhe an?«

Mein Großstädterinnenblick schoss an mir herunter. Trug ich die falschen Turnschuhe?

»Ich würde echt nur mit Stahlkappe Holz hacken«, sagte er. »Wir sind übrigens Nachbarn.«

Ich sah auf seine Füße und überlegte, ob seine Bergstiefel Stahlkappen hatten. Er trug eine ziemlich normale Jeans, und unter seiner Allwetterjacke erkannte ich einen Wollpullover und einen Hemdkragen, und er schien nicht älter zu sein als ich. Ich sagte: »Meike«, und wunderte mich über den Klang meiner Stimme. Konnte es sein, dass ich seit Tagen kein Wort gesprochen hatte?

»Enno. Du bist neu hier.«

»Seit ein paar Tagen.«

»Ich bin Bauer«, sagte Enno, zeigte in Richtung meines Hauses oder, besser gesagt, darüber hinweg und sagte: »Da drüben. Und was …«, er überlegte einen Moment, hob das linke Bein und klopfte mit der Fußspitze einige Male auf den Rasen, bevor er fortfuhr: »… was führt dich hierher?«

»Ich arbeite hier.«

»Was arbeitest du denn?«

»Ich übersetze.«

»Bücher?«

»Ja, Bücher.«

»Hier?«

»Warum nicht? Ich kann arbeiten, wo ich will.«

»Ja, eben.«

»Ist doch schön hier«, sagte ich, wollte meinen Blick in die Ferne schweifen lassen, blieb aber an dem Reisebuswrack hängen. »Andere Leuten machen hier Urlaub.«

»Und mit dem Holzhacken, wie das geht, das weißt du?«

»Nein«, sagte ich.

»Es kommt darauf an, genau den Punkt zu treffen, den die Maserung vorsieht. Überleg dir vorher genau, wo du hintreffen willst.« Er zeigte auf eine Stelle, an der sich die Maserung verbreitete wie ein aufgestauter Fluss.

Ich nickte.

»Holz wird zerguckt, nicht zerhackt«, sagte Enno. Ich hob die Axt und legte mein ganzes Körpergewicht in diesen einen Schlag: eine Kerbe.

»Und sobald die Axt in dem Scheit feststeckt, drehst du sie um«, sagte er.

»Ich komme schon zurecht«, sagte ich.

»Na denn«, sagte er und hob die Hand so langsam, dass ich nicht wusste, ob es ein Winken zum Abschied sein sollte oder eher ein gleichgültiges Abwinken, als wollte er eigentlich sagen: »Na denn viel Glück.«

Ich konnte das. Ich schlug zu. Die Axt steckte in dem Scheit, ich drehte sie um, schlug mit der Hinterseite des Axtkopfes auf den Hauklotz, und das Holzscheit zerfiel, von seinem eigenen Gewicht gespalten.

Ich nahm das nächste, schlug zu, ein Mal, zwei Mal! Literaturverrückt hin oder her, ich kann Holz hacken. Arthur. Regine. Lars. Salzmühle. Treffer.

Alle sagen, dass alle nach Liebe suchen, aber das stimmt gar nicht. Einsamkeit ist eine echte Alternative, sie und die Liebe sind gleichberechtigt, wenn die Einsamkeit ihr nicht sogar überlegen ist. Auch das nächste Holzscheit hatte keine Chance. Arthur, Himalaja-Salz, Lars. Treffer. Ich konnte das. Hackte, hackte, spaltete, splitterte, schlug und schrie, bis es nur noch Kleinholz gab und ich im Wohnzimmer so erschöpft auf das Sofa sank, dass ich nicht einmal mehr an den Briefkasten dachte.

JASPER

Als die Speed-Gates sich am nächsten Morgen um 3:58 Uhr öffneten und hinter mir sofort wieder schlossen, hatte ich das Gefühl, in eine Falle getappt zu sein. Eigentlich wollte ich doch gar nicht hingehen, wollte mir die Demütigung ersparen.

Mein Arbeitstag begann bereits, wenn alle anderen noch schliefen, der Handel in Europa aber bereits lief. Unsere Kunden waren die Manager von Pensionskassen und Versicherungen und kamen größtenteils aus der Region Chicago und dem Mittleren Westen. Kleinstädter und Vorstadtbewohner, die amerikanischen Komfort gewohnt waren, Supermärkte und Tankstellen, die rund um die Uhr geöffnet hatten. Irgendwann war Rutherford & Gold eingefallen, dass es für das Marketing gut wäre, wenn man diesen Kunden sagen könnte, dass auch nachts in Chicago jemand aufpasste, was auf den europäischen Märkten passierte. Unsere konservative Kundschaft mochte diese Vorstellung, obwohl nie jemand anrief. Selbst wenn, hätten sie genauso schnell jemanden in London erreicht. Es war ein symbolischer Akt. In diesen turbulenten, hoch volatilen Zeiten an den Finanzmärkten waren wir nicht nur auf der ganzen Welt präsent, sondern auch in der Heimat für unsere Kunden da. Blabla.

Ich hatte mich freiwillig für diese Nachtschicht gemeldet. Fand es ganz okay, am Anfang des Tages allein zu sein. Ohne Kollegen. Da aus den USA niemand anrief, half ich den Londonern, ihre Orders abzuwickeln. Dort hatte der Handel schon begonnen, wenn hier noch alle schliefen. Ich war das Bindeglied zwischen den Kontinenten. Oder, bescheidener gesagt, der Nachtwächter von Rutherford & Gold.

Im Fahrstuhl war ich allein. Wie immer um diese Zeit. Ich betrachtete mich in der verspiegelten Seitenwand der Kabine. Haargel hatte ich immer dabei, da meine Locken erst auf der U-Bahnfahrt hierher richtig trockneten und dabei oft in Unordnung gerieten. Heute war alles okay. Ich öffnete meinen Mantel und überprüfte, ob die beiden obersten Hemdknöpfe offen waren, denn das war mein Look. »Ich will Erfolg«, sagte ich meinem Spiegelbild, ganz automatisch, wie immer.

Obwohl der Händlersaal um diese Zeit leer war, fühlte ich mich eingeengt. Drucker, Computer, Telefone, Monitore, hauptsächlich Monitore, Kopierer. Es war so eng, dass mir die Idee, jemanden zu degradieren, indem man ihm ein kleineres Büro gab, absurd vorkam. An meinem Platz hätte man nichts wegnehmen können, außer man hätte mein Bloomberg-Keybord von der Cancel- bis zur Steuerungstaste abgesägt und einen Streifen vom Mousepad abgeschnitten. Aber solche Dinge waren ohnehin zu subtil für uns. Umso gespannter war ich, wie sie mich feuern würden.

Ich fuhr den Computer hoch. Alles machte einen normalen Eindruck. Der Bildschirm unten rechts, auf dem ich die Berichte unserer Analysten, Ad-hoc-Meldungen und unser internes Chat-Protokoll hatte, wurde zwei Sekunden eher hell als die anderen. Wie immer. Unten links erschien unser Order-Management-System *Equinox*, auf den oberen Monitoren die Informationsdienste Bloomberg und Reuters. Dort konnte ich die Kennzahlen der Unternehmen einsehen, die unsere Kunden derzeit besonders nachfragten. Mitverfolgen, wie die Umsätze waren, welche Preisvorstellungen die anderen Händler hatten, die Verkaufswünsche unter dem Wort *ask*, daneben unter *bid* die Kaufgesuche. Steigende Kurse in Grün, fallende Kurse in Rot.

Ich gab der Maus einen Schubs nach links, nach rechts, nach oben, nach unten, der Pfeil bewegte sich von Monitor eins bis vier. Alles normal. Ich konnte kaum glauben, dass gestern jemand anders hier gesessen hatte.

Seit ich vor zwei Jahren aus dem Back-Office in den Händlersaal gekommen war, hatte ich Optionen gehandelt. Mit Optionen wetten unsere Kunden darauf, wie sich der Kurs einer Aktie entwickeln wird. Informiertes Glücksspiel, wenn man so will. Da Aktien an sich schon eine Wette auf die Zukunft eines Unternehmens sind, ist das, was ich tue, eigentlich eine Wette auf eine Wette. Ich bin ein Meta-Buchmacher. Das ist natürlich hochkomplex, aber irgendwie auch ganz einfach.

Angenommen, ein Autofahrer erwartet, dass der Benzinpreis in den nächsten Monaten steigt. Dann könnte er – gegen Gebühr – eine Kaufoption kaufen, die ihn dazu berechtigt, an einem bestimmten Termin in der Zukunft zu einem bereits heute festgelegten Preis zu tanken. Rechnet er hingegen damit, dass der Benzinpreis fällt, kann er eine Verkaufsoption kaufen. Damit verpflichtet sich ein sogenannter Stillhalter, ihm in Zukunft Benzin zu einem heute festgelegten Kurs abzukaufen. Hätte der Autofahrer eine Verkaufsoption mit dem Basiskurs 100 Cent, und der Benzinpreis fällt auf 50, könnte er zur Tanke fahren, für 50 Cent pro Liter tanken und dem Stillhalter das Benzin für 100 Cent weiterverkaufen. So kann man auch in einem negativen Marktumfeld Geld verdienen.

Solche Optionen gibt es nicht nur auf Aktien, sondern auch auf Indizes, Schweinehälften, Orangensaft, auf fast alles. Mehr muss man eigentlich gar nicht wissen. Zumindest wusste ich nicht mehr, als ich hier anfing.

Heute überwog die Farbe Grün. Die Märkte wollten nach oben. Das kleine rote Minus aus Asien löste sich auf, ohne dass es positive Nachrichten gab, einfach so.

Telefon. London.

»Hier ist Frank.«

»Hallo«, ich kannte die Stimme. Frank Foster von *Fellowship Fields,* einem kleinen Hedgefonds.

»Ich brauche einen Preis für 15.000 HST, Basiskurs 40, Märzfälligkeit Call.«

Ich gab es ein: 15.000 HST, Basis 40, 03 für Märzfälligkeit, C für Call, dann »Go«.

»Hab ich für 15,80.«

»Okay«, sagte Frank. »Machen wir.«

Call stand für Kaufoption, HST stand für *HomeStar,* eine Hypothekenbank, für die sich gerade viele interessierten. Frank wollte das Recht erwerben, bis zum Fälligkeitstermin am dritten Freitag im März 15.000 *HomeStar*-Aktien zum Kurs von 40 kaufen zu dürfen. Da *HomeStar* im Moment bei 55,03 notierte, war diese Option 15,03 wert, kostete aber 15,80 wegen des Aufgeldes, aber das war nicht so wichtig.

Angenommen, *HomeStar* steigt nun auf 70. Dann wäre die Kaufoption 30 wert. *Fellowship Fields* hätte seinen Einsatz verdoppelt, obwohl die Aktie nicht mal um ein Drittel gestiegen ist. Optionen vergrößern die Kraft des Geldes wie ein Hebel. Das macht Optionen so attraktiv. Und gefährlich. Denn wo größere Gewinne winken, drohen größere Verluste. Mich betraf das nicht, da ich nur die Aufträge von Kunden ausführte. Nur wenige Trader waren autorisiert, mit dem Kapital der Bank zu spekulieren. Ich hingegen wickelte nur die Kaufs- und Verkaufswünsche von unseren kleinsten institutionellen Anlegern ab. War ein kleiner Fisch. Einfacher Indianer, nur eine Feder am Kopfschmuck.

»Tschüss«, sagte Frank.

»Ja«, sagte ich. Er wollte auflegen, da fügte ich hinzu: »Bis zum nächsten Mal.«

»Äh, okay.«

»Schönen Tag noch«, sagte ich, doch er war weg. Zum Glück. Eine peinlich lange Verabschiedung dafür, dass wir täglich mehrfach telefonierten. Er konnte nicht wissen, dass ich in ein paar Stunden nicht mehr hier sitzen würde. Und wenn er es wüsste, wäre es ihm egal gewesen.

Meine Aufgabe war es nun, Franks Auftrag möglichst schnell abzuwickeln, damit ich alles zu dem Preis bekam, den ich ihm versprochen hatte. Kann man sich vielleicht so vorstellen wie in der Gastronomie: Frank hat ein Restaurant, ich bin sein Lieferant. Frank bestellt dreihundert Austern, ich garantiere ihm einen Preis, fahre zum Großmarkt und muss dann zusehen, dass ich sie auch bekomme. Das tat ich nun, fand 10.000 Kontrakte hier, 5.000 da und hatte die ganze Order schließlich zu einem durchschnittlichen Preis von 15,78 abgewickelt, für zwei Cent weniger als der Kunde bereit war zu zahlen, also mit einem kleinen Gewinn für Rutherford & Gold. Von dem ich einen noch sehr viel kleineren Anteil ein Mal jährlich als Bonus ausgeschüttet bekam.

Ein guter Trader brachte seiner Bank Millionengewinne und bekam einen hohen Bonus. Das war bei den geringen Volumina, die ich abwickeln durfte, nicht drin. Umso wichtiger war es, viele Geschäfte zu machen, eins nach dem anderen. So schnell wie möglich.

Ich beeilte mich, das Geschäft in *Equinox* einzubuchen und mit ein paar Klicks auf das Konto des Kunden zu routen. Telefon. Ich nahm ab, sprach, kaufte, legte auf und buchte die nächste Transaktion in *Equinox* ein. Nahm ab, sprach, verkaufte, legte auf, buchte ein.

Ein Kunde kaufte gleichzeitig Kauf- und Verkaufsoptionen auf dieselbe Aktie. Das mag absurd klingen, kommt aber oft vor. Viele verfolgen eine solche Strategie. Long Straddle heißt das und bedeutet wörtlich übersetzt Grätsche. Spagat wäre eigentlich richtiger. Schließlich spekuliert man mit einem Long Straddle gleichzeitig darauf, dass eine bestimmte Aktie steigt und fällt.

Es gibt Finanzmathematiker, die nichts anderes tun, als auszurechnen, wie man mit einer solchen Strategie Gewinne macht. Viel Geld verdient man zwar nicht, aber dafür gibt es bei dieser Strategie auch fast kein Risiko. Wenn eine Aktie einbricht oder total steigt, hat man ja entweder mit der Verkaufs- oder der Kaufoption einen Gewinn.

Als ich aufgelegt hatte, klingelte das Telefon sofort wieder.

Finanzwerte waren angesagt. Besonders Hypothekenbanken wie *HomeStar,* die es geschafft hatten, Leuten einen Immobilienkredit zu vermitteln, die sich, genau genommen, nicht mal eine Waschmaschine leisten konnten. Das schien riskant, war es aber nicht, da *HomeStar* diese Kredite nicht lange behielt. Sie machten Wertpapiere mit Namen wie *High Grade Structured Enhanced Leverage Fund* daraus und verkauften sie an andere Banken, Hedgefonds oder Investoren weiter.

Eine geniale Idee: Auch Schulden von Leuten, die sie vielleicht gar nicht zurückzahlen konnten, waren auf einmal etwas wert. Im Internet kursierten Geschichten von einem einarmigen mexikanischen Erdbeerpflücker, der 300.000 Dollar zum Kauf einer 250-Quadratmeter-Vorstadtvilla bekommen hatte. So war das in Amerika – jeder bekam seine Chance.

Solange die Hauspreise stiegen, ging das gut. Und das werden sie auch in Zukunft tun. Ein Grund dafür waren Leute wie ich: Singles. Je mehr Leute alleine wohnten, desto mehr Wohnungen brauchte man. Im Studium hatte ich eigentlich immer Freundinnen gehabt. Im Moment fehlte mir die Zeit dazu, trotzdem war meine Wohnung viel größer als mein Zimmer in der Bochumer Studenten-WG.

Ich war noch nicht einmal zum Wasserspender gegangen, da war es schon nach sechs, und die Kollegen tauchten auf. Suzanne und Nathan saßen bereits an ihren Plätzen, als ich sie bemerkte. Sie betreuten die großen Kunden, die nie zu mir durchgestellt wurden.

Suzanne und Nathan begrüßten mich nie. Es lag wohl daran, dass ich aus dem Back-Office kam. Ich war zwar schon zwei Jahre hier im Händlersaal, aber noch immer schienen sie nicht vergessen zu haben, dass ich mal einer von denen gewesen war, die kontrollierten, bemängelten und hinterherrechneten. So jemand war hier so beliebt wie ein Legebatterienbesitzer im Tierschutzverein.

Selbst unser schüchterner Trainee Jeff schlich an seinen Platz, ohne mich anzusehen. Ich fragte ihn nicht, warum er meine Bier-Anfrage auf Facebook ignoriert hatte.

Wenigstens unser Teamleiter Alex sagte etwas zu mir:

»Wie war London?«

»Sehr gut.«

»Guten Flug gehabt?«

»Ich war noch mit den Londoner Jungs im Pub, in der Hotelbar und bin dann direkt zum Flughafen ...«

»Na, ist doch super«, sagte Alex. Er konnte die größten Selbstverständlichkeiten behaupten und trotzdem glaubte man ihm nicht. Was an der Ausdruckslosigkeit seines Gesichts lag. Alex mochte das für ein Pokerface halten, doch mich erinnerte es an billige Zeichentrickfilme – nur die Lippen bewegten sich, der Rest des Gesichts, die Stirn, die Augen blieben starr.

Meine Kollegin Suzanne startete ihren Computer. Auf allen vier Monitoren erschien das Bild ihres Yorkshire-Terriers. Nathan und Jeff hatten Fotos von ihren Kindern an die Bildschirmränder geklebt, an Nathans Bildschirm war auch noch ein Foto seiner Frau.

Nun klingelte nicht nur mein Telefon, sondern auch die der anderen wie bei einem Musikstück, wenn nach und nach immer mehr Instrumente einsetzten. Zu den Kunden aus London kamen unsere Kunden aus New York, Chicago und dem Mittleren

Westen hinzu. Fix-Messages poppten auf dem Monitor mit unserem internen Chat-Protokoll auf. »Hast du einen Preis für dies, gibt es Nachfrage für das, kannst du die loswerden, das kaufen …?« Der Markt nahm die positiven Impulse aus Europa auf. Stimmen aus London riefen die Orders direkt über die Squawk-Box in den Raum. Auch wenn ich am Telefon war, achtete ich immer auf die Squawk-Box. So ein Lautsprechersystem ist schneller als alles andere, man hat ein Kaufgesuch schneller ausgesprochen als eingetippt, dort lauerten die Chancen, 100.000 Intel, Basis 60, Junifälligkeit, Call. Betraf mich nicht … was hatte der Kunde am Telefon gesagt? Put. Ja. Verkaufsoption. »Sekunde«, sagte ich und suchte mir die Daten zusammen, gab alles ein, ein Schwung mit dem Mauspfeil, ein Klick auf *Ausführen*. Squawk-Box. Jemand suchte einen Käufer für Citicorp-Kontrakte. Betraf mich auch nicht. Telefon. Weiter.

Erst als das Telefon für einen Moment nicht klingelte, dachte ich wieder daran, dass ich gleich gefeuert werde. So war es immer gewesen. Egal, was in meinem Kopf vorging: Solange das Telefon klingelte, die Aufträge kamen, tat ich alles, um für die Kunden den günstigsten Kurs zu finden und trotzdem etwas Geld für die Bank zu verdienen, und vergaß alles um mich herum.

Chris Neely kam um 6:32, wie immer später als die anderen. Er war der einzige Kollege, der mich begrüßte, obwohl ich mir jeden Morgen wünschte, er täte es nicht.

»Hey, St.-Pauli-Girl«, sagte er und schlug mir so kräftig zwischen die Schulterblätter, dass meine Arme nach hinten zuckten. *St. Pauli Girl* war ein Bier mit einer blonden bayrischen Zenzi auf dem Etikett. Es tat nichts zur Sache, dass ich nicht besonders feminin rüberkam. Dass er mir einen Spitznamen geben konnte, der überhaupt nicht zu mir passte, bewies nur noch mehr, wie überlegen er mir war. Und dass er nicht wusste, wofür St. Pauli stand und was die Girls auf St. Pauli taten, war ein schwacher Trost.

Niemand redete mit mir. Niemand warnte mich vor dem Krawattenmann. Stattdessen begann ein ganz normaler Tag. Kein Geschrei, keine wilden Gesten. Suzanne hatte ihr Headset aufgesetzt, die meisten benutzten weiterhin Telefonhörer. Nathan hatte gerade eine große Order aus der Squawk-Box angenommen, die rechte Hand ruhig auf seiner Maus, tippte er auf die grünen, gelben, roten Tasten der Bloomberg-Tastatur. Die Spannung war enorm, gerade weil es so ruhig war und trotzdem alles so schnell gehen musste. Die Leuchtanzeigebänder, die um alle vier Seiten des Händlersaals herumliefen, hatten sich in Bewegung gesetzt, orange leuchtende Ziffern, eine ewige Zahlenautobahn. In der ersten Zeile Kurse von Indizes, Währungen und Rohstoffen. In der zweiten Zeile Aktien, sehr viel schneller, und auf dem dritten Band, ganz langsam: die Uhrzeiten von Tokio, Los Angeles, Chicago, New York, London, Frankfurt. Das war die einzige Zeile, die mich interessierte, weil ich so nie nachdenken musste, zu welcher Zeit ich wo jemanden erreichen konnte. Die für mich wichtigen Kurse hatte ich ohnehin vor mir.

Als ich gerade mit einem Kollegen in New York telefonierte, hörte ich Chris fluchen. Lauter als normal.

»Hey, Girl. Was ist mit *Equinox* los?«

»Nichts.«

»Wie, nix? Ich komme nicht ins System.«

»Ich bin drin«, sagte ich.

»Schön für dich.« Das war Neelys Art, mich zu bitten, ihm zu helfen. Alle wussten, dass ich mit Computern umgehen konnte. Natürlich sollte ich ihm helfen. Er war unser Star. Betreute nicht nur die größten Kunden, sondern war auch der Einzige an unserem Desk, der für Prop-Trading autorisiert war. Also mit dem Kapital der Bank spekulieren durfte. Doch da ich eh so gut wie gefeuert war, genoss ich es, ihm die Standard-Ratlos-Antwort des gleichgültigen Kollegen zu geben:

»Mach erstmal einen Neustart.«

Neely lag mehr in seinem Stuhl, als dass er saß, sein Becken so weit unter den Tisch gerutscht, dass seine Schultern fast auf der Höhe der Schreibtischplatte waren. Ich sah ihn eine Weile an, doch er ignorierte mich. Dann sah ich den Sicherheitsmann. Obwohl er noch weit weg war, ahnte ich, dass er zu mir kam. Das schwarze Hemd fiel mir als Erstes auf, dann das Sprechteil des Funkgerätes an seinem Schultergurt, die Schusswaffe am Gürtel.

Natürlich. So feuerten sie mich. So unsubtil, wie es nur geht. Alex war dem Sicherheitsmann entgegengegangen. Nickte ihm zu. Wies mit einer knappen Geste seiner großen Hand in meine Richtung. Sie kamen. Plötzlich wusste ich, was ich tun werde. Ich werde mich wehren. Ihnen endlich sagen, was ich von ihnen hielt. Von Chris mit seinen Scheißsprüchen, Alex mit seinem Möchtegern-Pokerface. Die sollten sich bloß nichts darauf einbilden, dass sie so gut funktionierten hier. Sie standen doch alle unter dem gleichen Druck wie ich. Irgendwann werden auch sie weg sein. Aussortiert. Genau das werde ich ihnen sagen. Direkt ins Gesicht.

Als sie unsere Reihe erreicht hatten, verlangsamte der Sicherheitsmann das Tempo, wusste nicht, wo er hin sollte. Er ließ Alex vorgehen. Sie kamen. Auf mich zu. Ich rutschte auf meinem Stuhl nach vorn, ganz nah an die Monitore ran. Alex und den Sicherheitsmann hinter mir. Dann Alex' Stimme, in einem Ton, dass alle sich umdrehten:

»Wir müssen ein paar Veränderungen in der Abteilung vornehmen und haben uns leider entschlossen, dass wir die Zusammenarbeit nicht mehr fortsetzen wollen. Hier ist ein Brief, in dem alles Weitere steht. Du hast eine halbe Stunde, um deine Sachen zu packen. Dann wird dieser Herr dich aus dem Gebäude begleiten.«

Ich schwieg. Vergaß zu atmen. Und sagte dann sehr leise: »Okay.«

Starrte auf den *Equinox*-Bildschirm.

»Das meint ihr nicht ernst, Jungs«, sagte da jemand links von mir. Chris.

Ich drehte mich um, doch weder Alex noch der Sicherheitsmann sahen mich an. Dann sah ich, wie Chris Neely sich in eine halbwegs sitzende Position hocharbeitete.

»Aus gegebenem Anlass«, sagte Alex. »Das müssen wir hier ja nicht vor allen ausbreiten.«

Chris zischte etwas, das ich nicht verstand, und begann wortlos seine Sachen zu packen. Er brauchte nur zwei Minuten. Verabschiedete sich von einigen Kollegen und ging. Ich sah ihm hinterher. Er versuchte, den lockeren Gang eines Basketballspielers zu imitieren, der für einige Minuten vom Platz gestellt worden war.

Wenig später klingelte mein Telefon. Auf der Anzeige sah ich, dass es niemand aus New York oder London war, sondern jemand von hier.

»Jasper, Futures und Optionen«, sagte ich.

»Brauchst gar nicht so zu grinsen, St.-Pauli-Girl. Du bist nicht hier, weil du gut bist, sondern weil du ihnen ewig dankbar sein wirst, dass sie dich damals aus dem Back-Office rausgeholt haben. Du wirst nie einer von uns, da kannst du noch so viele Nachtschichten machen.«

Ich drehte mich um und sah Chris an einem Telefon stehen, an einem leeren Platz sechs Reihen hinter mir.

»Chris, Mann, das tut mir echt leid. Wirklich. Weißt du, wer der Mann gestern an meinem Platz war?«, fragte ich. Er legte auf.

Dann war Chris Neely weg. Ich war noch da.

HENRY

Was war das? Ich hatte im Halbschlaf meine Wange berührt und sie dann, sofort hellwach, mit hektischen Fingern abgetastet – verkrustetes Zeugs bedeckte meine Haut. Hatte ich mich verletzt? War eine Ader geplatzt? Ich suchte nach dem Lichtschalter neben dem Bett, erwischte den, der sämtliche Zimmerbeleuchtung zugleich anschaltete, und es wurde so hell, als wollte mich jemand aus meiner Juniorsuite beamen. Ich taumelte ins Badezimmer, erwartete eine verheerende Wunde, getrocknetes Blut, und so ähnlich sah es auch aus, nur mit Stückchen von Papier und Alufolie mitten in meinem Gesicht: Ich war auf dem Betthupferl eingeschlafen, einem Schokoladentäfelchen, das das Zimmermädchen auf mein Kopfkissen gelegt hatte.

Ich ließ mir ein Bad ein. Angewidert stellte ich fest, dass auf dem Waschtisch eine Duschhaube lag, dann legte ich mich ins Wasser und wartete darauf, dass es meinen mit viel Aufwand in Form gehaltenen Körper komplett bedeckte. Alles um mich herum war weiß, die Handtücher, die Wände, die Fliesen. Plötzlich wurde mir klar, warum ich Hotels nicht mochte. Sie erinnerten mich an Pflegeheime. Ich wusch mein Gesicht und blieb solange mit dem Kopf unter Wasser, wie ich konnte. Hörte meinem Herzschlag zu, der so schnell war, als wäre ich gerade mit einem Gummiseil an den Füßen von einer Brücke gesprungen.

War da ein Geräusch an der Tür? Natürlich nicht, ich hatte den Kopf unter Wasser gehabt. Doch da war es noch mal. Die Verlagsidioten hatten mich gefunden. Ich schoss aus dem Wasser, warf mir, ohne mich abzutrocknen, den Bademantel über, schlich tropfend zur Tür und riss sie auf. Leise Ambientmusik auf dem Gang, sonst nichts. Niemand. Nur das *Bitte-nicht-stören*-Schild war heruntergefallen. Ich hängte es wieder an die Klinke und schloss die Tür.

Dann wollte ich in die Badelatschen schlüpfen, doch auch das erwies sich als schwierig, da man sich eine Frotteekordel zwischen die ersten beiden Zehen zwängen musste, um die Latschen am Fuß zu halten. Was denken die eigentlich, wer hier wohnt? Paarhufer, die Duschhauben benutzen, anstatt sich die Haare zu waschen und sich unmittelbar vor dem Schlafengehen mit Süßigkeiten vollstopfen?

Ich zwängte mich trotzdem in die Schlappen. Dann klingelte mein iPhone. Während ich es aus der Manteltasche zog, ahnte ich bereits, wer es war: Der Verlag musste schon verrückt sein vor Sorge um mich, doch so leicht würde ich es ihnen nicht machen. Ich hatte bereits den Finger auf dem Ausschaltknopf, da sah ich, welcher Name auf der Anzeige blinkte, nahm ab und sagte:

»Hallo, Enrique.«

»Henry, wie geht's denn so?«, sagte eine Stimme, die mir schon immer etwas zu tief und seriös für solche Freundlichkeiten erschienen war.

»Gut«, sagte ich, ohne zu überlegen. »Fantastisch.«

»Und dein Termin heute? Du hast mich doch nicht etwa vergessen?«

»Oh, der … das ist ja jetzt.«

Normalerweise lag ich um diese Zeit bei Enrique auf der Massageliege und absolvierte ein auf mich zugeschnittenes Anti-Aging-Programm, das physiotherapeutische und kosmetische Elemente kombinierte: Rückenmassage und eine Gesichtsmaske mit antioxidierendem Granatapfel-Extrakt. Seit einem Jahr machte ich das jeden Tag, nun hatte ich es zum ersten Mal vergessen. Sofort vermisste ich es, wie Enrique leise mit mir sprach, mir von seiner Chinchillahündin erzählte oder von seinen Reisen in die Wüste von New Mexico. Wenn er etwas über meinen Rücken sagte und dabei einen medizinischen Fachausdruck benutzen musste, seufzte er jedes Mal, als erinnere ihn das an eine Anatomieprüfung: »Du hast da eine Verspannung im, hmm ... Trapezius.«

»Tut mir leid, ich kann nicht, ich arbeite. Schreibe.«

»Oh. Okay. Dann verlegen wir das einfach.«

»Ja«, sagte ich, schaltete das Telefon aus und ging in den Wohnbereich, wo ich mir einen Kaffee machte und ewig nach den Löffeln suchte, bevor ich ihn wie ein desorientierter Zausel mit dem kleinen Finger umrührte.

Hinter dem Fenster lag meine verschneite Heimatstadt. Bald würde Gracy Welsh alles in Bewegung setzen, um mich zu finden: Sie würde vor meinem Haus auftauchen, von dem Portier erfahren, dass ich seit gestern nicht nach Hause gekommen war, meine Nachbarn mit Fragen löchern und mit ihrem Handy ein Heer von nach mir suchenden Praktikanten und Assistentinnen durch die Stadt scheuchen. Bei wem ich mich versteckt haben könnte, würde sie überlegen, doch ihr würde niemand einfallen.

Es gab keinen Schulfreund aus der Zeit, bevor ich ein weltberühmter Autor geworden war, meine Eltern waren tot, Geschwister hatte ich nicht, und dass ich auch nur überlegt haben könnte, mich bei Andrew zu verstecken, hielt sie sicherlich für genauso ausgeschlossen wie ich. Sie hatte ihn ja oft genug erlebt, in unseren gemeinsamen Jahren, 1988 bis 1993.

Dass Andrew mich betrog, hatte mich weniger gestört als die Tatsache, wie berechenbar es für mich war, wann und mit wem es geschah. Es war so weit gekommen, dass ich, wenn wir auf eine Party kamen, nach einem Blick durch den Raum wusste, an wen er sich im Laufe des Abends ranmachen würde. Es waren immer Typen mit breiten Schultern und einer Affinität zu französischer Literatur. Wenn Andrew dann betrunken war, hatte fast jeder breitschultrige Mensch eine Chance, auch wenn er noch nie eine Zeile von Proust gelesen hatte.

Irgendwann bekam Andrew einen Uni-Job in einer Stadt, in die es von Chicago aus keine direkten Flüge gab. Wir telefonierten weniger. Riefen uns nur an, wenn wir wussten, dass wir nur den Anrufbeantworter des anderen erreichten.

Ich nahm meine Brieftasche und griff in das Fach hinter dem mit dem ganzen Geld. Ich nahm den roten Briefumschlag heraus, den ich, ein Mal in der Mitte gefaltet, immer bei mir trug. Schon oft hatte ich beschlossen, ihn wegzuschmeißen – wie albern war das auch, mit einem roten Couvert durch die Gegend zu laufen, auf das ich in Großbuchstaben NOTFALL geschrieben hatte.

Aber ich hatte ihn behalten und überlegte nun zum ersten Mal, ihn zu öffnen. Aber war das schon der Notfall? Was, wenn es noch schlimmer kam?

Ich ließ mir vom Zimmerkellner einen Obstsalat bringen, nahm die *Chicago Tribune*, die der Kellner auf das Tablett gelegt hatte und folgte meiner Zeitungsroutine: erst die Bilder im Sportteil ansehen, dann den Wirtschaftsteil wegschmeißen, dann – dann war da dieses Foto, das ich bewegungslos, fassungslos anstarrte. Es zeigte einen erschöpften jungen Mann in weißem Hemd, der mit müden Augen in die Ferne blickte, bis in meine Juniorsuite, auf das Sofa, auf dem ich saß; er schien mich so direkt anzusehen, dass ich mir durch die Haare fuhr und den Kragen meines Bademantels richtete. Hinter ihm zeichnete sich unscharf etwas ab: die nach unten weisende Kurve eines Aktienkurses.

MEIKE

Der Supermarkt war ein riesiger Klotz mit Fahnen davor, auf einer grünen Wiese, an der zwei Landstraßen in einem Kreisverkehr aufeinandertrafen. Wenige Dinge haben auf mich eine ähnlich beruhigende Wirkung wie ein Kreisverkehr im ländlichen Raum, mit der obligatorischen Skulptur aus dem Kunst-im-öffentlichen-Raum-Etat in der Mitte: zwei in Bronze gegossene Bauern, die Kohl ernteten oder, wie ich nach der fünften oder sechsten Umrundung dachte, wohl doch eher Rüben.

Ich kaufte Fisch, um für etwas Lokalkolorit zu sorgen, obwohl der Fisch tiefgekühlt war und aus dem Atlantik kam. Dazu kaufte ich Kohl, weil der fast nichts kostete und mein Geld durch Umzug und Hauskauf aufgebraucht war. Ich war pleite, blank, abgebrannt. Manchmal denke ich viel in Synonymen – eine Berufskrankheit der Übersetzerin, die auf der Suche nach dem passenden Wort alle Möglichkeiten durchspielt. So brachte ich mich in Stimmung für Henry LaMarcks neuen Roman.

Auf der Fahrt zurück nach Tetenstedt erinnerten mich meine schmerzenden Schultern jedes Mal, wenn ich schaltete, an das Holz, das ich gehackt hatte. Ich kann hier leben. Entlang der Landstraße boten Bauern auf handgeschriebenen Schildern Kartoffeln, Kohl und andere Produkte *aus der Region* an. Auf einem Schild stand: *Deichlamm/Honig/Wurst aus eigener Schlachtung.*

Ich fuhr durch das Dorf, passierte das Ortsausgangsschild, das unter dem durchgestrichenen Tetenstedt eigentlich den Namen der nächstfolgenden Ortschaft zeigen müsste, doch hier war nur ein gelbes Nichts. Eine halbe Zigarette später kam mein Haus. Ich stieg aus und horchte dem Laut hinterher, den die zuschlagende Autotür machte.

Die rote Briefkastenfahne war oben. Stand unbewegt im Wind wie ein Signal, das mir sagte, dass mein neues Leben beginnen konnte, und ich öffnete die weiße Klappe vorsichtig wie die Tür eines Backofens, nachdem die Schaltuhr geklingelt hatte und die Tiefkühllasagne nach fünfzig Minuten endlich fertig war.

Es war ein Prospekt, auf dem nicht einmal meine Adresse stand, nur ein Aufkleber mit dem Satz: *Ihr persönliches Angebot. Entdecken Sie eine neue Welt von Wellness – ganz bequem und von zu Hause!* Darunter das Bild einer schlanken Frau, zurückgelehnt in einem Massagesessel namens MediTouch. Mit geschlossenen Augen lag sie da, ein Badehandtuch um den Körper, ein anderes um den Kopf geschlungen. Ganz entspannt, ganz unabhängig.

Positiv ausgedrückt: Auch die Werbung war hier anders als in der Stadt, wo dafür geworben wurde, dass Dinge gebracht wurden, wie Sushi, oder abgeholt, wie kaputte Fernseher. Aber war anders wirklich besser?

Egal, dann kam das Manuskript eben später. Ich kochte gleich eine ganze Kanne Kaffee, um sie auf den inzwischen glühend heißen Kachelofen zu stellen und dort warm zu halten. Ich konnte warten, ich hatte ja Holz.

Mit Thorsten Fricke hatte ich ausgemacht, dass der Verlag mir das Honorar im Voraus überweisen würde, sobald ich mit der Arbeit begonnen hatte. Dann werde ich den ganzen Tag mit Henry LaMarck verbringen, nach zehn, zwölf, vierzehn Stunden in der perfekten Welt seiner Sprache einschlafen und eben dort wieder aufwachen.

Mein Mobiltelefon klingelte, zum ersten Mal in meinem Haus.

Ich wollte schon rangehen, als ich auf der Anzeige eine Hamburger Nummer sah. Arthur konnte es eigentlich nicht sein, denn dessen Nummer hatte ich gespeichert und seinen Namen durch *Nicht rangehen* ersetzt, dennoch duckte ich mich, während ich auf den Knopf mit dem grünen Hörer drückte.

»Hallo Meike«, sagte Thorsten Fricke. »Hast du meine Mails nicht gelesen? Natürlich hast du das nicht. Sonst hättest du mich längst angerufen.«

»Ich habe noch kein Internet hier.«

»Die brauchen ja ewig, um einen Internetanschluss freizuschalten bei dir da in Friesisch Sibirien.«

»Sibirien! Es ist schön hier.«

»Man zieht doch nicht einfach so aufs Land, ohne Familie.«

»Vielleicht kaufe ich mir ja ein Pferd!«, sagte ich.

»Gibt es da keine Internetcafés?«

»Nein.«

»Nicht mal einen Telefonshop für die ausländischen Erntehelfer? Oder wer auch immer da euren Spargel …«

»Kohl.«

»Kohl«, sagte er, dann schwieg er. Wahrscheinlich versuchte er sich in seinem Büro beim *Farnsdorff Verlag* vorzustellen, wie es hier aussah. »Also, was ich dir geschrieben hatte«, sagte er dann und seine Stimme klang nun so, als hätte er sich diese Worte im Voraus zurechtgelegt. »Es gibt ein Problem mit dem neuen Buch. Henry hat nicht geliefert.«

»Nicht geliefert?«

»Es gibt kein Manuskript. Er ist, na ja, er scheint verschwunden zu sein.«

»Verschwunden.«

»*Parker* hat eine Überraschungsparty zu seinem Sechzigsten gemacht. Und er ist weggelaufen.«

»Henry LaMarck läuft doch nicht einfach so weg.«

»Auf jeden Fall ist er seitdem nicht mehr in seiner Wohnung aufgetaucht.«

Ich nahm den Roman *Windeseile* aus der Umzugskiste, auf die ich groß *LaMarck* geschrieben hatte, und sah mir das Autorenfoto an. Frontal fotografiert blickte Henry LaMarck durch eine schwarze Hornbrille in die Welt und forderte sie mit seriösem Autorenblick auf, seine Bücher zu lesen. Dieser Mann lief nicht weg.

»Sucht jemand vom Verlag nach ihm?«

»Um Gottes willen!«

»Was?«

»Sie suchen natürlich nicht. Eigentlich hätte ich das noch nicht mal dir erzählen dürfen. Wenn die Öffentlichkeit das erfährt, ist hier Land unter. Niemand gibt einem Verschwundenen einen Pulitzerpreis.«

»Vielleicht ist er überfallen worden. Oder im Krankenhaus.«

»Nun entspann dich mal. Er braucht einfach länger mit dem Buch, das ist alles. Sobald er fertig ist, taucht er bestimmt wieder auf.«

»Könnt ihr mir trotzdem schon den Vorschuss zahlen?«

»Solange wir kein Manuskript von ihm haben? Nein.«

»Aber ich muss …«, ich dachte an die erste Rate für den Kredit, die fällig war, »… wirklich nicht?«

»Wenn es in der nächsten Woche nicht kommt, müssen wir es ein halbes Jahr schieben. Oder ein Jahr.«

Ich legte auf, schaltete den Wasserkocher ein und öffnete den Kühlschrank. Der Tiefkühlfisch fing langsam an zu tauen – ich hatte vergessen, dass der Kühlschrank kein Gefrierfach hatte. Die Wischfärbung an den Wohnzimmerwänden war zu einem sich langsam beschleunigenden Mahlstrom geworden, sodass ich mich ans Fenster stellte, ohne Getränk, ohne Musik. Draußen waren wieder Schafe auf der Wiese, genau genommen ein Schaf.

JASPER

In der Lobby meines Apartmenthauses drückte ich den Knopf mit dem Pfeil nach oben. Während ich auf den Fahrstuhl wartete, dachte ich, wie schade es war, dass mein Vater nicht mehr lebte. Sonst hätte ich ihn anrufen und ihm von Chris Neelys Entlassung erzählen können. Davon, dass nun der Weg frei war. Für mich. Es würde ihn freuen, was sein Sohn für eine Karriere hinlegte. Sein Sohn, der keine Probleme hatte, sondern nur Herausforderungen – der nicht einsam war, sondern auf das Wesentliche konzentriert.

Ich hatte nicht immer davon geträumt, Trader zu werden. Hatte mich eigentlich nie für Banken oder Börse interessiert, nicht während meiner Kindheit und Jugend in Bochum und auch nicht während des Studiums. Meine Mutter arbeitete als Sozius in der Kanzlei Meyer, Lüdemann und Meyer, ich ging zum Kindergarten, zur Schule, zum Schach, studierte Mathe an der potthässlichen Ruhr-Uni. Das war die Vergangenheit. Nach dem Studium bekam ich einen Job im Frankfurter Büro von Rutherford & Gold. Es hätte auch ein anderer Job sein können, aber bei mir war es nun mal dieser. Bald danach kam ich in die Zentrale nach Chicago. Ins Back-Office, wo wir die Händler kontrollierten und auch irgendwie belächelten: die Händler, die »Jungs auf der Hühnerstange«, die schwitzend die Finanzmärkte voranruderten, sich mit Junkfood vollstopften und im Bezug auf Freizeit niemals Ausdrücke verwendeten wie »die Seele baumeln lassen«, sondern eher so was wie »Eierschaukeln«.

Die Arbeit im Back-Office hatte mich nie wirklich interessiert. Sitzungen in mit Kunst behängten Konferenzzimmern, Salat und Rückengymnastik in der Mittagspause mochten nett sein, eins waren sie auf jeden Fall: langweilig. Kein Vergleich mit dem intensiven Leben im Händlersaal, wo jede Sekunde zählte. Händler waren die Rockstars einer jeden Bank. Ich bewarb mich um einen Job als Rockstar. Wurde abgelehnt, bewarb mich noch mal. Wurde wieder abgelehnt, bewarb mich noch mal und endlich, nach drei Jahren im Back-Office, hatte es geklappt. Seitdem kannte ich keine Langeweile mehr.

Ich setzte mich an *Premmö*, spielte eine Stunde Schach. Dann schenkte ich mir einen Whiskey ein und ging auf den Balkon. Diesmal hatte ich meinen BlackBerry zur Sicherheit dabei.

Ich erinnerte mich an den Moment, als Alex mit dem Sicherheitsmann an mir vorbeigegangen war. Chris. Ich hatte ihn immer beneidet. Er war richtig angekommen, in dieser Bank, in diesem Leben, und wusste, was er in seiner Freizeit tun konnte: feiern. Mit Kunden ausgehen. Nun musste jemand seinen Platz einnehmen. Ich ließ die Eiswürfel in meinem Whiskeyglas rotieren. Dann nahm ich einen großen Schluck.

MEIKE

Da saß ich nun in meinem neuen Leben. Der Ofen heizte so sehr, dass ich alle Fenster hatte öffnen müssen, und meine Kleidung roch, als sei ich an einem Osterfeuer eingeschlafen.

Dabei hatte ich mir alles so schön vorgestellt, mein Leben mit Henry LaMarcks Lebenswerk, das gleichzeitig mein Lebenswerk war. Doch nun war ich auf dem Weg, eine Einsiedlerin zu werden, die sich irgendwie mit Büchern beschäftigte, und, was das Schlimmste war, meine Freunde hatten es geahnt. Regine, die mich als »literaturverrückt« bezeichnet und damit eigentlich »verrückt« gemeint hatte.

Bis Anfang dreißig ist es einfach, normal zu sein. Alle Probleme kann man unter postadoleszenten Überspanntheiten verbuchen und sich bei jeder Krise damit beruhigen, dass irgendwann alles anders sein wird. Besser. Dann kommt das Alter, in dem einem jugendliche Verzweiflung nicht mehr steht. Wer unter dreißig ist und viel trinkt, ist ein Partytyp, jenseits der dreißig ist man Alkoholiker; aus sympathisch verplant wird schnell verlebt. Jenseits der dreißig entscheidet sich, ob der Mensch, der man geworden ist, für die restlichen fünfzig Jahre taugt.

Meine Freunde hatten beruflich und privat ihren Platz gefunden, an einem ordentlich gedeckten Esstisch mit aus dem Abruzzen-Urlaub mitgebrachten Bio-Linsen, Wein-Kenner-Attitüde und Schokolade, die man nicht kauen durfte. Sie hatten mir mit ihren gelingenden Biografien vor der Nase herumgelebt und ganz selbstverständlich so getan, als sei ich eine von ihnen; dabei war ich einfach nur dabei. Nach Hamburg gab es kein Zurück. Und in der anderen Richtung kam nur noch das Meer.

Mein Blick fiel auf das blaue Bild, das Arthur mir zu meinem dreißigsten Geburtstag geschenkt hatte. Es lehnte an einer der Umzugskisten. Auch wenn ich es schäbig gefunden hätte, das Bild zurückzulassen – aufhängen wollte ich es deswegen noch lange nicht. Es gehörte zu Arthurs monochromen Arbeiten: *panorama/vexir blau.o.* Ganz monochrom war es natürlich nicht. Verschiedene Blautöne mischten sich in dem Bild, es gab Teile, die so tiefblau waren wie die Wetterkarte im Fernsehen im Winter, durch die sich Linien in einem helleren Blau zogen, das mich an die Schrift über meiner ersten Hamburger Lieblingskneipe erinnerte, dem *Blauen Peter.*

Vor nicht allzu langer Zeit hatte Arthur eine Ausstellung mit seiner *panorama/vexir*-Serie gehabt und alle Arbeiten verkauft.

Seit einer Stunde gab es nicht einmal mehr Wind. Bleierne Stille im ganzen Haus. Ich hörte, wie das Blut in den Adern rauschte, hörte mein Herz, das noch fünfzig Jahre so weitermachen würde, und überlegte, ob Henry LaMarck in diesem Moment genauso verwirrt durch Chicago irrte. Sich nicht nach Hause traute. Ich konnte nicht glauben, dass er den Roman nicht fertig geschrieben hatte. Er hatte ihn abgeschlossen, fertig geschrieben, vollendet. Dann war er völlig erschöpft bei *Parker Publishing* angekommen und was machten die? Eine Überraschungsparty! Hätte ich denen auch sagen können, dass Henry LaMarck da einen Schock bekommt. Und jetzt suchten sie nicht einmal nach ihm. Kein Wunder, dass er unter diesen Umständen das Manuskript zu seinem Jahrhundertroman nicht abgab.

Vielleicht wäre es gut, wenn eine Person sich mit ihm treffen würde, die nicht vom Verlag kam. Jemand, zu dem er keine enge persönliche Beziehung hatte, und der sein Werk dennoch gut kannte. Mit einer nicht angezündeten Zigarette lehnte ich mich zurück und sah aus dem Fenster. Ich war diese Person.

Eine halbe Stunde später war ich auf dem Weg nach Hamburg. Ich hatte gepackt: ein paar Sachen, meinen Pass und das Bild. Jetzt musste ich nur noch einen Kunsthändler finden, der Interesse an *panorama/vexir blau.o* hatte. Wenn Weggehen nicht funktioniert hatte, wird hoffentlich etwas anderes funktionieren: Weiter weg gehen. Nach Chicago.

HENRY

Als ich am nächsten Morgen in meinem Hotelbett aufwachte, pochte es in meiner Brust wieder viel zu schnell, doch jetzt empfand ich es nicht mehr als Herzrasen. Es war das Herzklopfen eines inspirierten Künstlers. Ich nahm den Wirtschaftsteil der *Chicago Tribune* zur Hand und riss am Bildrand entlang das Zeitungspapier ein, auf eine fast zärtliche Weise langsam, um auch nicht eine seiner zerrauften Locken abzureißen, ohne die Hand vor seinem Mund, die seine Gesichtszüge nach unten zog und seine blauen Augen müde wirken ließ, zu beschädigen.

In diesem Gesicht lag alles, wonach ich seit einem Jahr gesucht hatte. Ein verzweifelter Banker – was für ein perfektes Symbol der Welt, die am 11. September attackiert worden war! So musste ich meinen Jahrhundertroman schreiben: aus der Innensicht des Systems. Vielleicht tat ich mich ja so schwer, weil ich genau das nicht mehr beherrschte: die Perspektive des arbeitenden Menschen. Die einzige Perspektive, die ich noch kannte, war der Blick durch das Loch von Enriques Massageliege auf den Marmorfußboden des *Vital City Spa*.

Chicago war schon immer die Stadt, in der das Unmögliche gelingen konnte: Hier wurde der Wolkenkratzer erfunden, und als der Chicago River zu viele Abwässer in den Michigansee führte, hatte man einfach seine Fließrichtung geändert. Wäre doch gelacht, wenn es mir in dieser Stadt nicht gelingen sollte, diesen verzweifelten Business-Boy zu finden, obwohl ich nichts von ihm hatte, außer einem Foto aus der Zeitung, das ich nun in meiner Brieftasche aus meinem Hotelzimmer trug.

Ich schwebte über das erneut zu Boden gefallene *Bitte-nicht-stören*-Schild hinweg, nahm den Fahrstuhl, durchquerte die Lobby und fand das Hotel gar nicht mehr so schlimm. Zumindest war es nicht alt. Alte Gebäude deprimierten mich, weil sie mich, genau wie Antiquitätenläden, an tote Menschen erinnerten. Doch das *Estana* war neu, groß und anonym; in der Halle standen keine großväterlichen Sessel, und an der Rezeption arbeiteten frische, unverbrauchte Menschen.

Einen nostalgischen Ort gab es allerdings doch, an dem ich hing. Und genau dort zog es mich jetzt hin. In den Walnut Room im Kaufhaus Macy's. Ich hielt ihm die Treue, obwohl das nicht nur einer der nostalgischsten Orte der Stadt war, sondern darüber hinaus mit einer meiner glücklichsten Kindheitserinnerungen verbunden.

Von dem Werbeslogan *Give the lady what she wants* angezogen, hatte meine Mutter ihre ganze Freizeit bei Macy's verbracht, das damals noch Marshall Field's hieß, und da ich Einzelkind war und von einem Kindermädchen betreut wurde, verfügte sie über einiges an Freizeit.

Einmal im Jahr, am Sonnabend nach Thanksgiving, zog meine Mutter mir Blazer und Fliege an und nahm mich mit. Schon vor dem Kaufhaus, angesichts der Weihnachtsdekoration, an der ein Heer von Künstlern das ganze Jahr über gearbeitet hatte, konnte ich vor lauter Aufregung kaum noch atmen. Drinnen musste meine Mutter mich durch die Massen manövrieren, da ich fast die ganze Zeit den Kopf im Nacken hatte, an den Galerien emporsah und die Deckenmosaiken bestaunte. Meine Mutter kaufte Zigarren für meinen Vater, ich kaufte *Frango*-Minztäfelchen für meine Mutter, wobei die Papiertüten von Marshall Field's mir mindestens genauso wertvoll erschienen wie deren Inhalt. Dann aßen wir im Walnut Room die köstliche *Frango*-Minztorte. Meiner Mutter gelang es immer, einen Platz am Fenster zu bekommen, von dem ich, wenn meine Nase fast die Scheibe berührte, die Leuchtreklame des Theaters an der Ecke State Street/Monroe Street sehen konnte.

Ich wühlte mich auf der Michigan Avenue durch die Massen von Menschen mit gesenktem Blick, vorbei an den winterlichen Straßenbäumen, die ihre schwarzen Äste in den Himmel erhoben, als wollten sie ihre Blattlosigkeit beklagen, und doch deprimierte diese trostlose Szenerie mich nicht. Im Gegenteil, sie hob meine Laune derart, dass ich beschwingt Richtung Süden ging, ich hüpfte durch ein Meer von Tristesse.

Wieder und wieder sah ich mich um, ob mir jemand folgte, aber das schien nicht der Fall zu sein. Der Verlag hatte anscheinend keine Ahnung, wo ich war – ich sollte es ihnen etwas einfacher machen. Deswegen ging ich nun in den Walnut Room, denn da würden sie mich finden, und seit ich das Bild in der *Tribune* gesehen hatte, wünschte ich mir nichts sehnlicher als das. Zu gern würde ich Gracy das Foto von dem verzweifelten Business-Boy zeigen, diese wunderbare Inspiration, die dafür sorgen würde, dass ich bald wieder schreiben konnte. Ich *musste* das einfach mit jemandem teilen.

Ich bog in die Monroe Street ein und betrat das Kaufhaus, wie immer durch den Seiteneingang. Die Leute kauften hier seit über 100 Jahren ein, für amerikanische Verhältnisse also seit dem Pleistozän. Als Marshall Field's 2006 von der Kette Macy's gekauft und in Macy's on State Street umbenannt wurde, war das für viele geschichtsbewusste Chicagoer so, als würde das Kolosseum in Rom in *Fiat-Arena* umbenannt. Eine Allianz aus Kapitalismuskritikern und Denkmalschützern hatte protestiert und wollte mich breitschlagen, ihre Boykottaufrufe zu unterstützen, aber ich antwortete nur: »Habt euch nicht so, das ist ein Kaufhaus, mein Gott!« Die Tatsache, dass sich hier alles veränderte, machte es mir erst möglich, diesem erinnerungsbeladenen Ort treu zu bleiben.

Den Monroe-Street-Eingang benutzte ich, weil ich von hier nur die Handtaschenabteilung durchqueren musste und direkt in den Expressfahrstuhl steigen konnte, der mich mit einem altmodischen *bing bing bing bing bing bing* direkt in den siebten Stock brachte. Diesmal jedoch stieg ich beim dritten *bing* aus und kaufte mir bei Thomas Pink ein Business-Outfit, irgendwas sportlich Geschnittenes mit Nadelstreifen, und einen Boss-Mantel. Dann machte ich mich auf den Weg in den Walnut Room, gespannt, wer vom Verlag mich ansprechen würde, vielleicht gar Gracy selbst?

Doch ich sah keine Baiser-Frisur, keine Comme-des-Garçons-Handtasche. Aber einer der Menschen, die hier zwischen dem Brunnen und den aus den Ecken herauswedelnden Zimmerpalmen saßen, musste doch vom Verlag sein. Groß war die Auswahl nicht. Der Rentner, der Kaffee trank und die *New York Times* las, schied aus, und abgesehen von ihm war eigentlich nur noch eine Gruppe von Damen mit Haarfarben zwischen Weiß und Violett und großen, getönten Brillen hier, die in der Nähe des Brunnens unter der Rotunde saßen, Eistee tranken und durch die kostenlosen Informationsbroschüren von Macy's blätterten. Verlagsmitarbeiterinnen sahen anders aus.

»Guten … Morgen«, sagte die Kellnerin. Sie zögerte kurz, da sie mich seit 20 Jahren mit »Guten Tag« begrüßte; normalerweise kam ich ja erst um eins und kreuzte nicht, wie heute, bereits halb zehn hier auf. Um sie nicht weiter zu verwirren, bestellte ich dasselbe wie immer: eine Cola light und einen Salat mit Ziegenkäse. Das war das Gute hier, ich bestellte immer das Gleiche, und doch kam mir nie jemand mit einem »Wie immer?«. Als sie die Cola und den Salat brachte, lag wie immer ein getoastetes Bialy daneben, die Butter gerade weit genug davon weg, dass sie nicht schon in der Verpackung durch die Toasthitze schmolz.

»Hat jemand nach mir gefragt?«

»Nein.«

»Heute nicht?«

»Nein.«

»Haben Sie gestern gearbeitet?«

»Ja.«

»Da auch niemand?«

»Nein.«

»Und vorgestern?«

»Auch nicht, Sir.«

»Wie lange haben Sie denn vorgestern gearbeitet, Agneszka?«

»Den ganzen Tag.«

»Und es hat wirklich …«, ich beendete den Satz nicht, wandte mich meinem Salat zu und kam mir lächerlich vor, weil ich mir bereits ausgemalt hatte, wie Gracy Welsh – von einem ihrer Assistenten alarmiert – hierherbrauste, über die dicken Teppiche auf mich zuschritt und mild lächelte, sobald sie meinen Tisch erreicht hatte: »Henry, was machst du denn für Sachen?« Ich hatte es mir nicht nur ausgemalt, ich hatte mich darauf gefreut.

Doch auch als der Salat gegessen war und bereits eine zweite Cola vor mir stand, saß ich immer noch allein da. Suchte der Verlag nicht nach mir? Hatten sie mit leicht ironischem Lächeln von meiner »sensiblen Künstlerseele« gesprochen und beschlossen, mich aus Rücksicht auf eben diese in Ruhe zu lassen?

Ich schaltete mein iPhone wieder an und dachte an meinen alten Freund Steve Jobs. Auch er würde in diesem Jahr auf das signierte Exemplar meines neuesten Romans verzichten müssen, das ich ihm sonst jedes Jahr schickte, wofür ich eines dieser obskuren Apple-Produkte bekam, im letzten Jahr ein iPhone, randvoll mit überflüssigen Funktionen, Landkarten, Internet, Musik und so weiter. Nun machte ich Gebrauch davon, öffnete den Internet-Browser, suchte *Chicago Tribune Börsenhändler* und fand eine Menge Bilder. Ich stieß sogar auf ein Bilderrätsel, wo man raten sollte, ob es sich um Börsenhändler während eines Crashs handelte oder um Pornostars während des Orgasmus, doch den verzweifelten Business-Boy fand ich nicht.

Dann sah ich mir das Bild aus der Zeitung noch einmal genau an und konnte im Hintergrund den Ausschnitt eines Banners erkennen, auf dem ich einige Buchstaben entziffern konnte: *alue for tomorr.* »Value for tomorrow«, sagte das Internet, und dass das der Werbespruch von Rutherford & Gold war, der größten Bank hier in Chicago, mit Hauptsitz in der LaSalle Street. Meine Bank.

Mir wäre das nicht aufgefallen, wer merkt sich schon den Werbespruch seiner Bank?

Da vibrierte mein iPhone. Visual Voicemail teilte mir mit, dass ich drei Nachrichten hatte. Natürlich hatte ich das.

Piep.

»Hallo, Henry, na, wie geht's? Ich wollte fragen, ob du schon weißt, wann du wieder zum Anti-Aging kommen kannst. Du weißt ja, lange Pausen sind nicht gut. Wenn man einem das Alter erst mal ansieht, ist's zu spät.«

Piep.

»Hier ist Val. Ich wollte nur fragen, ob alles in Ordnung ist, Sie waren gar nicht da heute. Na ja, dann bis übermorgen.«

Im Hintergrund hörte ich die Beats der gut gelaunten House-Musik, zu der ich jeden Montag, Mittwoch und Freitag auf die Fitnessmatte stieg und mich, in Turnhose und T-Shirt, durch einen genau auf mich zugeschnittenen, von Val Swanthaler beaufsichtigten Workout kämpfte.

Piep.

»Hier ist noch mal Enrique …«, ich schaltete die Mailbox ab. Dann suchte ich nach der genauen Adresse des Hauptsitzes von Rutherford & Gold, zahlte und machte mich auf den Weg.

Als ich durch die Handtaschenabteilung zum Ausgang ging, bekam ich plötzlich das Gefühl, dass mir jemand folgte. Ich konnte in dem Gedränge hinter mir zwar keine bestimmte Person ausmachen, aber es schien mir, dass jedes Mal, wenn ich mich umdrehte, irgendwer da war, der auch schon hinter mir gewesen war, als ich mich das letzte Mal umgedreht hatte. Irgendwas war immer gleich, ein kleinster gemeinsamer Nenner.

Ich nahm die Rolltreppe ins Untergeschoss, duckte mich gerade so weit in den Schatten eines Ständers mit Skianzügen im Sonderangebot, dass ich weiterhin sichtbar war und schritt dann durch die Haushaltsgeräteabteilung, bog zwar plötzlich, aber nicht zu schnell zum Ausgang Richtung U-Bahn ab, so, dass es zwar aussah, als wollte ich mich verstecken, es aber doch einfach war, mir zu folgen. Was für ein Spaß! Jemand verfolgte mich, der Verlag hatte seine Emissäre ausschwärmen lassen.

Bald erreichte ich die LaSalle Street und bezog Stellung gegenüber dem Hochhaus von Rutherford & Gold. Wer immer dieses Gebäude entworfen hatte, hatte keinerlei Aufwand betrieben, um zu beschönigen, dass es sich um ein langweiliges Bürohochhaus handelte. Eine lieblos an das Stahlskelett geschraubte Glasfassade bedeckte die ungefähr 30-stöckige verspiegelte Front. Nur über der Drehtür, die immer mehr Bankmenschen in das Gebäude schaufelte, waren die Scheiben nicht verspiegelt, um die Sicht auf eine Art Atrium freizugeben, das durch den großzügigeren Umgang mit Raum versuchte, ein wenig sparsame Grandezza zu erzeugen.

Ich trug weder Schal noch Mütze. So einen Schnickschnack besaß ich gar nicht. In Chicago war es nicht kalt und erst recht nicht windig. Es war eine Verschwörung von New Yorker Journalisten, diese Stadt *the windy city* zu nennen. Es war hier nicht windiger als anderswo, und man nannte diese Erde ja auch nicht den windigen Planeten. Ich genoss das kühle Lüftchen, das hier wehte – es war einer der letzten Reste von Wirklichkeit gewesen, der noch in meine abgeschottete Welt vordrang.

Ab und zu lief ich auf der LaSalle Street auf und ab, ein bisschen Richtung Wacker Drive, dann ein paar Schrittchen zurück Richtung Lake Street, ohne das Bankhochhaus aus den Augen zu lassen. Es war gut, dass es Winter war. Im Sommer hätte ich die andere Straßenseite kaum sehen können, vor lauter Dahlien und Rosen in den Betonblumenkästen, die seit einigen Jahren im Interesse der Stadtverschönerung in der Mitte der Straße standen.

Als die Mittagszeit näherrückte, kehrte sich der Strom um. Die Drehtür schaufelte Banker auf die Straße, die ihre Mäntel zuknöpften, Aquascutum, Burberry, Boss, genau das, was ich mir gekauft hatte, nur dass es für sie keine Verkleidung war.

Direkt gegenüber blieb ich stehen und lauschte meinem klopfenden Herz. Ich hoffte, dass auch der verzweifelte Business-Boy in der Mittagspause sein Büro verließ und nicht am Schreibtisch ein Sandwich hinunterschlang. Dann schlug ich meinen Mantelkragen hoch und lehnte mich an eine Wand wie ein Privatdetektiv in einem *film noir*.

JASPER

Am nächsten Morgen passierte ich bereits um 3:43 die Speed-Gates. Eine Viertelstunde früher als sonst. Ich war aufgewacht, bevor der Wecker klingelte. In der U-Bahn hatte ich wie immer gestanden, damit Jackett und Hemd keine Falten bekamen, und an die Riesenchance gedacht, die Chris' Entlassung für mich bedeutete. Kein Wunder, dass ich bisher für Rutherford & Gold keine großen Gewinne erzielen konnte. Das Auftragsvolumen meiner Kunden war einfach zu klein. Chris hatte die Orders unserer größten Kunden abgewickelt. Nun musste jemand sie übernehmen.

Während ich durch die Reihen des leeren Händlersaals ging, kam mir eine Idee, wie ich da etwas nachhelfen konnte. Hinten schob eine schwarze Putzfrau im blauen Kittel einen Staubsauger durch die Reihen von U.S. Equity, der einzige Mensch, das einzige Geräusch. In meiner Reihe ging ich an meinem Platz vorbei, an Jeffs Platz vorbei, bis ich vor dem Platz stand, an dem Chris Neely bis gestern gearbeitet hatte. Jemand hatte die Tastatur geradegerückt, sodass sie mit der Tischkante abschloss, rechts daneben das Mousepad mit dem Logo von Rutherford & Gold, genau in dessen Mitte die Maus. Auf Chris' Telefonanlage wählte ich Menü/Anruf-Einstellungen/Rufumleitung und gab meine Telefonnummer ein. Die Anrufe für Chris kamen nun zu mir. Ich setzte mich an meinen Platz und aß ein Snickers. Dann begann die Arbeit. Telefon. London.

Langsam kamen die Kollegen. Suzanne, Nate und die anderen. Jeder sah mich an. Lächelte mich an! Ahnten sie, dass ich nun Erfolg haben würde? Ich glaubte es mir ja selbst kaum, aber vielleicht sah ich schon jetzt anders aus, guckte selbstbewusster auf den Bloomberg-Monitor, saß aufrechter da oder vielleicht weniger aufrecht? Kündigte sich so ein Karrieresprung an? Ich wusste es nicht, ich hatte noch nie einen gemacht.

Bald danach kam die Stimme von Alex aus der Squawk-Box: »Leute, heute gibt's Industrieproduktionsdaten aus Japan und neue Zahlen zum Verbrauchervertrauen. Überraschungen erwarten wir nicht, aber behaltet es im Auge.« Er machte eine Pause, ungewöhnlich lang dafür, dass er normalerweise sehr schnell sprach. »Wie ihr mitbekommen habt, ist Chris Neely nicht mehr bei uns.« Ich sah zur Seite, zu Alex' verglastem Büro am Ende unserer Reihe, von dem er uns immer im Blick hatte.

Ich spürte meinen Magen. Er tat nicht weh, ich spürte ihn einfach, als würde etwas von innen dagegendrücken, wie bei einer Turbulenz im Flugzeug. Ich hatte noch nie Probleme mit dem Magen gehabt. Aber das musste man wohl in Kauf nehmen, wenn man Karriere machte.

»In Neelys Account sind noch jede Menge Positionen, die wir zu euch transferieren müssen«, sagte Alex. »Der Sys-Admin schickt gleich eine Mail mit seinen Zugangsdaten rum.«

Anfangs hatte es mich gewundert, wie oft bei Rutherford & Gold Passwörter von Kollegen an das ganze Team verschickt wurden. Doch es musste sein. Wenn einer krank war oder im Urlaub, musste ja auch jemand weiterarbeiten. Als Ausgleich dafür hatte der Systemadministrator eingeführt, dass jeder einmal pro Woche sein Passwort ändern musste. Was das System auf der einen Seite sicherer machte, auf der anderen Seite dafür sorgte, dass nun alle noch sorgloser mit ihren Passwörtern umgingen: änderten sich ja eh dauernd.

Suzanne sah kurz zu mir herüber und lächelte wieder. Ich

lächelte zurück. Bald würde es losgehen mit den Anrufen von Chris' Kunden. Karrieresprung. Ich sah in die Schublade. Die 48er-Packung mit Snickers war noch fast voll. Ich stand auf. Nur noch kurz am Wasserspender meine Flasche füllen, dann war ich bereit.

Auch als ich den Gang in Richtung Drehtür runterging, kam es immer wieder vor, dass Kollegen aufsahen und mich anlächelten. Setzte ich entschlossener einen Schritt vor den anderen? Begleiteten die Arme meinen Gang exakter als sonst, als wüsste ich genau, wo ich hinwollte, generell, im Leben, und nicht nur gerade zum Wasserspender?

Kurz vor der Drehtür stand links der große, auf dem Kopf stehende Behälter aus blauem Plastik, aus dem ich mir täglich meine Flasche mit gekühltem Wasser füllte. Ich bückte mich, um sie unter den Hahn zu halten und drückte auf den wackeligen Hebel. Obwohl der Wasserspender leer aussah, füllte die Flasche sich, wenn auch langsamer als sonst. Während es dumpf in dem Plastikbehälter blubberte, sah ich an die Wand hinter dem Wasserspender, an die die Kollegen manchmal lustige Dinge hängten – einen *Dilbert*-Comic oder ein lustiges Bild aus der Zeitung, wie heute –, und ließ den Hebel so plötzlich los, dass er hart gegen das Plastikgehäuse schlug. Ein Foto aus der *Chicago Tribune* hing da. Meine Flasche kippte, in letzter Sekunde fing ich sie auf. Es war ein Foto von mir.

Mit leerem Blick und einer Hand vor dem Mund sah ich in die Ferne, ohne etwas Bestimmtes zu fixieren. Der Fotograf hatte sich genau so hingestellt, dass hinter mir einer der großen Monitore zu sehen war, auf dem der Chart von irgendeinem Indikator für irgendwas abschmierte.

Mir fiel ein, dass die Presseabteilung letzte Woche angekündigt hatte, dass Fotografen bei uns unterwegs waren. Ich hatte nichts weiter drauf gegeben. Es war ein ganz normaler Handelstag gewesen, ohne große Verluste. Ich war einfach müde gewesen. Deswegen hatte ich für einen Moment so dumm in die Gegend geglotzt, gleichgültig, als würde ich mir eine Fernsehwerbung ansehen. Doch mit dem abschmierenden Chart dahinter sah es so aus, als sei ich am Boden zerstört. Ich. Verzweifelt. Im Wirtschaftsteil der *Tribune*. Von Hand hatte jemand daruntergeschrieben: *Sogar ein guter Tag ist für mich ein schlechter Tag.*

Wieder spürte ich meinen Magen. Jetzt tat er weh. Als wäre jemand draufgetreten wie auf eine Getränkedose. Dann sah ich, wie unser Trainee Jeff auf mich zukam. Er grinste nicht. Stellte sich vor den Wasserspender, wollte sich gerade bücken, als er das Foto sah.

»Verschissene Fickschweine«, sagte er dann und begann, seine Wasserflasche zu füllen. Seit einiger Zeit versuchte er, sich als Proll zu profilieren. Seit seinem Einstieg hier hatte sich die Häufigkeit, mit der er Schimpfwörter benutzte, verdreifacht. Das Wort fuck musste er inzwischen als Substantiv, Verb und Adjektiv einsetzen, um es in den wenigen Sätzen, die er sprach, oft genug unterzubringen.

»Hast du meine Nachricht auf Facebook gelesen?«, fragte ich.

»Hast du da was geschrieben?«

»Ja.«

»Facebook ist scheiße«, sagte er und verfolgte den steigenden Pegel in seiner Wasserflasche, gebückt, um den blauen Hebel des Wasserspenders gedrückt zu halten.

»Du warst aber online«, sagte ich.

»Facebook ist scheiße«, wiederholte er, und ich nickte, obwohl er mich nicht ansah.

»Sag mal, weißt du, was das sollte mit dem …«, ich dachte an das Foto aus der *Tribune*, sagte dann aber »… mit Chris?«

»So eine verschissene Fickscheiße. Der Wichser hätte sich doch denken können, dass dieser Anruf ein Fake war.«

»Anruf?«

»Neely hat einen verschissenen Anruf von einem Head-hunter bekommen, der gefragt hat, ob er mit seinem Job zufrie-den ist.«

»Und was hat er gesagt?«, fragte ich.

»›Sehr zufrieden. Im Prinzip‹, hat er gesagt. Dann hat der Scheißheadhunter ihm seine beschissene Telefonnummer ge-geben, damit er ihn abends zurückrufen kann, falls er doch nicht so zufrieden ist. Und Neely hat zurückgerufen«, sagte Jeff. »Da-bei waren es Rutherford & Gold, die den Headhunter angeheu-ert haben. Um seine Loyalität zu testen.«

Seine Flasche lief über. Er trank einen Schluck, bevor er sie zuschraubte, und sagte dann, nachdem er sich schon auf den Rückweg zu seinem Platz gemacht hatte:

»Lass uns mal ein Bier trinken. Schreib mich einfach an.«

Ich folgte ihm. Ging so nah wie möglich hinter ihm, in der Hoffnung, dass mich niemand bemerkte. Jeff redete den ganzen Weg über nicht mit mir.

Die Freude darüber, dass ich meinen Job noch hatte, war ver-schwunden. Reiner Zufall war das gewesen. Hätte der Head-hunter mich angerufen, hätte ich mich natürlich mit ihm getrof-fen. Viel zu verlockend war die Chance auf einen Neubeginn in einer anderen Bank. Wo keiner wusste, dass hier niemand mit mir sprach. Wo ich vielleicht Freunde finden konnte. Denn ei-gentlich konnte ich das ja, früher hatte ich auch welche gehabt.

Endlich hatte ich meinen Platz erreicht. Telefon.

»Chris?«, sagte jemand.

»Chris Neely ist in einer Besprechung. Kann ich Ihnen helfen?«

»Ich brauche einen Kurs für 80.000 UBS Basis 40, Junifällig-keit. Call.«

Schon bevor ich UBS bei Bloomberg eingegeben hatte und der Kurs auf dem Bildschirm erschien, war mir klar, dass diese Order zu groß für mich war.

»Hab ich für 17,63«, sagte ich.

»Machen wir.«

»Okay«, sagte ich und suchte mir die 80.000 Kontrakte zusammen. Klickte auf Speichern. Das System durfte von mir eine Transaktion dieser Größe eigentlich gar nicht annehmen. Ich war angewiesen, Transaktionen im Volumen von mehr als einer Million an erfahrene Kollegen weiterzuleiten. Was passierte, wenn ich versuchte, ein solches Geschäft selbst auszuführen, hatte ich nie ausprobiert. Nun wusste ich es: nichts.

Das System führte es einfach aus. Während ich die Order zu dem Kunden routete, nahm ich mir ein Snickers, hatte gerade abgebissen, da klingelte das Telefon wieder. Schneller kauend ließ ich es einmal klingeln, zweimal, schluckte und nahm ab. Führte eine weitere Kundenorder aus. Auch sie war eigentlich zu groß für mich. Dann noch eine. Als das Telefon für kurze Zeit nicht klingelte, aß ich ein zweites Snickers. Mein Magen hatte Ruhe gegeben. Telefon.

»Jasper, hast du eine Minute?«

Es war Jeff. Seine Stimme klang anders als vorhin am Wasserspender. Viel leiser. Ich ahnte sofort, dass er einen Fehler gemacht hatte.

»Eine halbe«, sagte ich.

»Ich sollte 3.000 HST, Basis 55, Märzfälligkeit, Calls kaufen. Und habe sie stattdessen *verkauft*.«

Am liebsten hätte ich so etwas gesagt wie: »Das kriegen wir schon hin«, sagte aber:

»Tja.«

»Der Kunde hat am Anfang kaufen gesagt, aber man muss ja zuerst die anderen Daten eingeben und erst am Schluss auf Kaufen oder Verkaufen klicken und gestern war so viel los, da habe ich …«

»… gestern?«

»Ja.«

Er hatte ein Problem. In einer Nacht konnte viel passieren, die Erde konnte beben, ein Flugzeug in ein Hochhaus fliegen, ein Präsident konnte erschossen werden. Die Erlaubnis, Positionen über Nacht zu halten, hatten nur Leute wie Chris.

Ich konnte mir vorstellen, wie sauer der Kunde war. Er hatte auf das Steigen von *HomeStar* gewettet, sie waren gestiegen, doch er hatte die Kontrakte gar nicht bekommen. Jeff hingegen, hatte Kontrakte verkauft, die er nicht hatte. Leer verkauft.

»Du weißt, dass der Kunde das jetzt auf seiner Abrechnung sieht?«

»Er hat gerade angerufen.«

»Dich direkt?«

»Ja.«

»Wenn der Kunde dich angerufen hat und nicht Alex, könnte ich das wieder hinkriegen.«

»Das wär ...«

»... du stellst die Position glatt, die du gestern leer verkauft hast. Dann kaufst du die Calls, die du dem Kunden schuldest und rechnest sie ihm zu dem Kurs von gestern ab.«

»Aber das sind 12.000 Dollar Verlust.«

»So ungefähr. Deswegen routest du die Transaktionen zu mir.«

Jeff zögerte.

»Mach es. Jetzt«, sagte ich, überrascht davon, wie normal es sich anfühlte, in so einem bestimmenden Ton zu sprechen. Was ich da gesagt hatte, wurde mir erst klar, als ich Jeffs Transaktionen wenig später bei mir auf *Equinox* sah. Nun hatte ich seinen Verlust in meinen Büchern. Ich sah mir auf Bloomberg die Kennzahlen von HST an. Die relative Stärke, das Put-Call-Verhältnis, die hohen Umsätze, die die Aufwärtsbewegung trugen, die Markttechnik, alles wies darauf hin, dass *HomeStar* weiter steigen würde. Also kaufte ich 20.000 HST Calls in meinen Account. Wenn *HomeStar* noch um 2 % weiter stieg, hätte ich

Jeffs Verlust mehr als ausgeglichen. Für den Fall, dass *HomeStar* fallen sollte, gab ich eine automatische Verkaufsorder ein, die alles sofort glattstellte. Vom Risikoprofil her erschien mir das in Ordnung. Konnte gar nichts passieren. Abgesehen davon, dass ich so was ohne den Auftrag eines Kunden nicht machen durfte. Doch ich wusste, dass manche Kollegen das ab und zu taten.

Natürlich würde es auffallen, dass kein Kunde uns das Geld überwies, das ich für die Kaufoptionen ausgegeben hatte. Aber erst morgen. Und wie unwahrscheinlich es war, dass sich im Back-Office jemand sofort darum kümmerte, wusste niemand besser als ich. Zu gut erinnerte ich mich noch daran, wie viele automatische Warnungen dort jeden Tag auf unseren Monitoren geblinkt hatten – es blieb uns gar nichts anderes übrig, als erst mal alle zu ignorieren und uns nur mit den Fehlern zu beschäftigen, die nach einem Tag nicht korrigiert waren. Gerade bei so einem kleinen Fehlbetrag. Hier im Händlersaal wurde das Geld verdient, hier flossen die Energien hin. Das Back-Office hinkte immer hinterher.

Telefon. Ich handelte. Telefon. Am anderen Ende richtige Kunden. Ich hatte mir den Kurs von *HomeStar* als permanentes Fenster auf dem Bloomberg-Monitor anzeigen lassen. Es tat sich zwar nicht viel, aber ein kleines Plus von 0,2 % war immerhin da und hielt sich. Das war die richtige Richtung.

Eigentlich wollte ich heute kein Mittag machen, aber als ich ein weiteres Snickers aufriss, krampfte sich mein Magen schon bei dem Geruch zusammen. Also ging ich doch ins *Caribou*.

Auf dem Weg zur Drehtür fiel mein Blick wieder auf das Foto oberhalb des Wasserspenders. Ich riss es runter, zerknüllte es und warf es auf den Boden. Ob mich jemand dabei gesehen hatte, war mir egal.

MEIKE

Die nächste Nacht verbrachte ich im Flugzeug zwischen einer Frau, die sich erst anschnallen konnte, nachdem die Stewardess eine Gurtverlängerung gebracht hatte, und einem Mann, der immer wieder von seinem eigenen Schnarchen aufwachte.

Über zweitausend Euro hatte ich für *panorama/vexir blau.o* bekommen. Eigentlich gönnte ich Arthur nicht, dass Leute bereit waren, so viel Geld zu zahlen für dieses Gepinsel, das sich kaum von einer meiner mit Schwammwischtechnik bemalten Wohnzimmerwände unterschied. Auf der anderen Seite hätte ich ohne Arthurs Bild nie diese letzte Chance erhalten, mein neues Leben in den Griff zu bekommen, denn der kurzfristig gebuchte Flug kostete über tausend Euro.

Am Flughafen Chicago O'Hare stieg ich in die blaue Linie der Hochbahn und fuhr Richtung Stadt. Eine endlos scheinende Zeit ratterte der Zug auf dem Mittelstreifen einer Autobahn entlang, die auf beiden Seiten von Häusern gesäumt war, die so niedrig waren, dass ich auf ihren Dächern den Schnee sehen konnte, was nicht gerade einen sehr weltstädtischen Eindruck machte. Dann jedoch, an einer Station namens Montrose Avenue, ging es los. Plötzlich hatte die Autobahn fünf Spuren links, fünf Spuren rechts, Auto an Auto, eingefasst von Betonwänden, so hoch, dass ich aus dem Zug nicht sah, wo sie endeten. Ein Tunnel konnte es nicht sein, denn durch die Lichtkegel der Autoscheinwerfer fiel Schnee. Als die Bahn kurz darauf um eine Kurve bog und ich aus dem Fenster zum ersten Mal die erleuchteten Hochhäuser sah, fragte ich mich, wie um alles in der Welt ich Henry LaMarck hier finden sollte. Dann dachte ich an etwas anderes.

Ich hatte mich im Kloster *Zur siegreichen Jungfrau Maria* eingemietet, in dem Ursuliner-Nonnen eine Pension betrieben, die nicht so billig war, wie man meinen mochte, stellte meine Sachen ab und machte mich auf die Suche.

Wo ich hinmusste, wusste ich genau. Chicago war mir so vertraut, als wäre ich schon oft hier gewesen. Eigentlich war ich das ja auch. Henry LaMarcks Romane spielten allesamt in dieser Stadt; die Avenuen und Straßen, Wabash, Halsted, Dearborn, Michigan, die die Stadt von Nord nach Süd durchzogen, war ich oft im Geiste entlanggegangen, Henrys Helden auf dem Stadtplan mit dem Finger folgend, wobei ich manchmal sogar kleine Fehler fand: Menschen trafen sich an Straßenecken oder überquerten Brücken, die es nicht gab. Das konnte ich dann korrigieren.

Dermaßen kalt hatte ich mir die Stadt allerdings nicht vorgestellt. In den Romanen wirkte Chicago zwar groß, aber doch warm und gemütlich, der Lake Michigan war immer blau, genau wie der Himmel, als stünde Chicago dem Schicksal der Romanfiguren prinzipiell freundlich gegenüber, egal, wie übel das Leben ihnen mitspielte. Jetzt jedoch trieb ein scharfer Wind Schnee, Müll und Menschen durch die Straßen, hässliche graue Eichhörnchen kämpften sich von Baum zu Baum.

Ich hatte alle Romane von Henry LaMarck mitgenommen, in meiner Übersetzung, an denen ich nun schwer trug, während mir auf der Michigan Avenue der Schnee ins Gesicht stürmte. Ich hielt an einem Andenkenladen, kaufte mir eine Mütze und einen langen Schal, bedruckt mit dem Logo der *Chicago White Sox*, das war eine Baseballmannschaft hier, das Günstigste, was es gab. Ein paar Blocks weiter fiel mir ein, dass es unter mir eine zweite Michigan Avenue gab, eine Straße unter der eigentlichen Straße, an der die Lieferanteneingänge lagen. Hier waren in *Un-*

term Ahorn Graham Santos' Mutter und Vater einander entgegen- und dann aneinander vorbeigegangen, sie oben und er unten. Auch ich nahm nun die Treppe nach unten, schlitterte Verladerampen hinauf und hinunter, Autos neben mir, vor mir, hinter mir, über mir, aber wenigstens kein Schnee.

Ich wollte am offensichtlichsten aller Orte anfangen, dem Walnut Room. Henry LaMarck würde ich da nicht finden – wenn er ernsthaft verschwinden wollte, konnte er dort nicht sein, doch für mich war der Walnut Room der ideale Ausgangspunkt, um mich in seine Welt einzufühlen.

Wenig später stand ich im siebten Stock von Macy's on State Street. Wie Chicago hatte ich mir auch den Walnut Room unter dem Eindruck von Henry LaMarcks Romanen gemütlicher vorgestellt. Die von der Kassettendecke hängenden Kronleuchter, die dicken Teppiche zwischen den walnussholzgetäfelten Wänden waren zwar genau so, wie in seinen Büchern beschrieben, und doch konnte ich nicht vergessen, dass ich, um hierhin zu kommen, ein profanes, stinknormales Kaufhaus durchqueren musste, in dem Reisegruppen die Rolltreppen blockierten und ich von Parfümverkäuferinnen angesprüht wurde. Ich nahm an einem fast gänzlich von einer Zimmerpalme abgeschirmten Ecktisch Platz, denn ich wollte so weit weg wie möglich von den anderen Gästen sitzen, die hauptsächlich ältere Damen waren – keine Spur von den gut aussehenden Männern, die sich in Henry LaMarcks Romanen hier bei einem Stück *Frango*-Minztorte von ihren Beziehungskrisen, heimtückischen Krankheiten und gescheiterten Karrieren erholten.

Die in seinen Büchern so hochgelobte Minztorte schmeckte wie ein normaler Schokokuchen, den man mit *After-Eight*-Täfelchen verschalt hatte, doch ich aß sie trotzdem, trank dazu in kleinen Schlucken den heißen Kaffee, ließ mir mehrfach nachschenken, blätterte durch seine Romane und fertigte eine Liste mit den Orten an, die eine wichtige Rolle spielten:

Der Plattenladen *Reckless Records,* der Graceland-Friedhof, Lawrences Fisheries, die erste Adresse für frittierte Shrimps, in der Nähe einer verlassenen, stillgelegten, halb verfallenen Fabrik irgendwo am südlichen Arm des Chicago Rivers ...

Immer wieder las ich mich in den Büchern fest, und je mehr ich las, desto altehrwürdiger erschien mir auch der Walnut Room. Jedes Mal, wenn ich mich umsah, bewunderte ich, wie es Henry LaMarck gelungen war, dieser aufgepimpten Kaufhauskantine kraft seiner Sprache einen mondänen Glanz zu verleihen, stellte mir vor, wie er jeden Tag hierherkam, um sich von der Arbeit zu erholen und ... da war er!

Dieser Mann dort, der den Raum Richtung Ausgang durchquerte, sich durch eine asymmetrisch geschnittene Kurzhaarfrisur fuhr und den Kragen eines dunkelblauen Mantels richtete. Er betrachtete ein kleines Stück Papier in seiner Hand, und als er es vorsichtig faltete und in seiner Brieftasche verschwinden ließ, lächelte er.

Ich raffte meine Bücher zusammen, sprang auf und ließ ein paar Dollarnoten auf dem Tisch liegen ohne genau hinzusehen, welche. Kein Zweifel, das war Henry LaMarck. Ich folgte ihm zu den Fahrstühlen, wickelte mich dabei wieder in meinen Schal und setzte die Mütze auf. Der Fahrstuhl kam, die Türen glitten auf, er tat zwei Schritte nach vorn und drückte auf den Knopf mit der Eins. Ich hasse Fahrstühle, aber ich hatte keine andere Wahl. Ich folgte ihm, kurz bevor die Türen sich schlossen.

Ein Klingeln, dem Geräusch meines Wasserkochers nicht unähnlich, zählte die Stockwerke.

»Mr. LaMarck, ich bin es, Meike Urbanski. Sie kennen mich nicht, außer vielleicht meinen Namen, ich übersetze Sie.« Das hätte ich sagen können. Sagte aber nichts. Wandte mich ab und starrte auf ein Werbeplakat an der Wand, ohne wahrzunehmen, was darauf stand. Es war weder Freude noch Angst, die mich lähmte. Für solche Gefühle war ich viel zu verblüfft.

Er verließ den Fahrstuhl im Erdgeschoss und ging zielstrebig Richtung Handtaschenabteilung. Ich folgte ihm mit einigen Schritten Abstand, zu wenigen Schritten Abstand, wie ich plötzlich fand und blieb vor einer Handtasche stehen, ohne ihn aus dem Blick zu lassen. Da drehte er sich um. Ich starrte auf das lederne Etwas in meinen Händen.

»Kann ich Ihnen helfen«, fragte eine Verkäuferin.

»Wie viel kostet die?«, fragte ich, während Henry an mir vorbeilief.

»Das ist Eidechsenleder«, sagte die Verkäuferin. Ich zählte bis drei, dann folgte ich ihm, stellte mich auf die Rolltreppe, die ihn nach unten trug, versuchte, ihm nicht zu nahe zu kommen, ihn aber zwischen den Sonderangeboten, Mikrowellen und Entsaftern auch nicht zu verlieren. Jedes Mal, wenn er sich umdrehte, fiel mir auf, dass er genauso aussah wie auf den Autorenfotos. Es gab nicht die übliche Diskrepanz zwischen den attraktiven Menschen auf den Buchumschlägen und dem, wie die Autoren wirklich aussahen; meistens waren sie dicker und hatten schmalere Schultern, und fast immer waren sie kleiner. Henry LaMarck hingegen war groß. Die wenigen Falten in seinem Gesicht, die wenigen grauen Haare auf seinem sonst schwarzhaarigen Kopf, wirkten wie bewusst gesetzte Akzente. Nur seine Kleidung verwunderte mich. Von den Fotos kannte ich ihn in eng geschnittenen Hemden und Anzügen in sehr speziellen Farben. Heute war er so langweilig gekleidet, als arbeitete er bei einer Bank.

Wo war er jetzt? Da. Er verschwand in einem Gang, der offensichtlich vom Untergeschoss des Kaufhauses direkt zur U-Bahn führte. Schon war er so weit weg, dass ich daran zweifelte, ob das wirklich Henry LaMarck war, dieser Mann da vorne, der bereits den Bahnsteig erreicht hatte und diesen, behende die wartenden Menschen umschiffend, in Richtung eines Straßenausgangs überquerte. Ich rempelte Leute aus dem Weg, Richtung Ausgang. Treppe. Rauf. Er war es wirklich. Er sah sich um und ging die Straße entlang. Ich blieb vor einem Schaufenster stehen, ließ den Abstand zwischen uns wachsen, doch plötzlich war es zu viel. Voller Angst, ihn verloren zu haben, überholte ich zwei Frauen mit Laptoptaschen, und stellte dann fest, dass er stehen geblieben war. Einfach nur dastand. Vor einem Café.

Mir fiel nichts Besseres ein, als mich an eine Bushaltestelle schräg vor dem Café zu stellen und zu hoffen, dass er mich nicht bemerkte. Immer tiefer verkroch ich mich in meinem Schal, zog mir die Mütze ins Gesicht, obwohl der Schneefall langsam nachließ. Ich wusste nicht, was ich tun sollte, schaltete mein Handy an, stellte fest, dass es in den USA nicht funktionierte, und schaltete es wieder aus.

Fast eine Stunde stand er dort, an die Wand gelehnt, nur manchmal ging er ein paar Schritte auf und ab und sah sich dabei um. Eigentlich genug Zeit, dass ich mir hätte überlegen können, was ich tun sollte, doch ich dachte überhaupt nichts. Wartete. Das Café hieß *Caribou*.

Dann lief er plötzlich Richtung Fluss. Ich blieb ihm auf den Fersen, bekam jedes Mal einen Schreck, wenn er sich umdrehte, aber er drehte den Kopf nie weit genug, um mich sehen zu können. Er schien nicht das Geschehen hinter sich, sondern die andere Straßenseite zu beobachten. Dann blieb er stehen, machte kehrt und kam direkt auf mich zu.

Natürlich hatte er mich nicht erkannt, wie auch, schließlich war ja nicht mein Bild auf den deutschen Büchern, sondern seins. Trotz der Kälte trug er seinen langweiligen Geschäftsmännermantel offen, sodass ich darunter einen Nadelstreifenanzug, ein gestreiftes Hemd und eine Krawatte erkannte. Henry hasste Krawatten!

Dann stellte er sich wieder vor das Café, lehnte sich an die Wand und sah auf die andere Straßenseite, ganz so, als wartete er auf jemanden. Ich musste ihn ansprechen, doch nachdem ich mich anfänglich nicht getraut hatte, bekam ich nun das Gefühl, dass es ihn erschrecken könnte. Was er in der letzten Stunde getan hatte, wirkte schon etwas, wie soll ich sagen, verrückt? Ich blieb stehen, um zu begreifen, was ich da gedacht hatte: Vielleicht war es gar nicht ich, die Hilfe von Henry brauchte, sondern umgekehrt. Die Arbeit an seinem Jahrhundertroman musste ihn so mitgenommen haben, dass er nun desorientiert durch die Straßen lief. Doch ich würde ihm helfen, ich musste nur auf den richtigen Moment warten, um ihn anzusprechen, ohne ihn zu blamieren.

Ich stellte mich wieder an die Bushaltestelle. Bald fühlten meine Zehen sich an, als gehörten sie nicht mehr zu mir. Henry hingegen hatte noch nicht einmal den Mantel zugeknöpft. Ich hatte aufgehört zu zählen, wie oft er auf und ab gegangen war, da stand er plötzlich kerzengerade, drehte den Kopf zur Seite wie ein Hirsch, der ein verdächtiges Geräusch gehört hatte, lief mit kurzen, schnellen Schritten auf den Eingang des Cafés zu und war weg.

Nur Sekunden später riss ich die Cafétür auf. Jede Menge Menschen, doch von Henry LaMarck keine Spur. Ohne nachzudenken, lief ich eine Wendeltreppe links des Eingangs hinauf, die zu einer kleinen Galerie führte, auf der niemand war. Ich hastete die Treppe wieder hinunter. Zwei Theken gab es hier, an denen in langen Schlangen die Leute warteten, doch auch hier: kein Henry LaMarck. In Krimis musste man sonst was tun, um seine Verfolger abzuschütteln, in Wirklichkeit reichte es offenbar, ein Café zu betreten.

War er auf die Toilette gegangen? Ich starrte auf die beiden Türen mit der Aufschrift WC. Als ich sah, dass es neben der linken Toilettentür einen zweiten Ausgang gab, der zu einer Ladenpassage führte, hätte ich fast geschrien, eilte auf den Ausgang zu, sah ihn nicht, ging wieder zurück und stellte mich in die Nähe der Kaffeeausgabe, die WC-Türen im Blick.

Eine Frau rief: »Mittelgroßer Vanille-Frappuchino mit Süß-stoff und Halbfettsahne, entkoffeiniert.« Gösta, Sabine und die anderen Slow-Food-Anbeter wären gestorben, bei mir kamen die Wärme, der Geruch von Kaffee und das Fauchen der Milch-schaummaschine hingegen gut an.

»Kleiner Americano«, rief die Frau an der Getränkeausgabe. Ich brauchte dringend ein Heißgetränk, sah in meinen Taschen nach, wie viel Kleingeld ich dabeihatte, und stellte fest, dass es nur noch Kleingeld war. Dabei hatte ich doch neben ein paar Eindollarnoten einen Hunderter eingesteckt und den Rest in der Pension gelassen. Ich musste ihn im Walnut Room auf den Tisch geschmissen haben. Das fing ja gut an, dachte ich, dann fiel mir auf, dass ich mich ohnehin nicht in die Getränkeschlange hätte stellen können, weil ich von dort die WC-Türen nicht im Blick hatte.

»Kleiner Americano«, rief die Frau zum zweiten Mal, von der ich nicht wusste, ob man sie auch Barista nannte, obwohl sie nur die Getränke ausgab, aber ich musste das ja nicht übersetzen.

»Kleiner Americano«, rief die Frau und dehnte das zweite ›a‹ länger. Es kam mir merkwürdig vor, dass es an diesem hysteri-schen Ort jemanden gab, der nicht sofort auf sein Getränk zusprang. Seit einiger Zeit spielte ich in solchen Schnellcafés im-mer mit dem Gedanken, das Getränk eines wildfremden Men-schen zu klauen, und dachte an meinen Flug, der viel teurer ge-wesen war als erwartet.

»Kleiner Americaano!«

Ich hatte den Becher bereits in der Hand und den ersten Schluck genommen, als ich jemanden rufen hörte:

»Americano? Here!«, wobei das »here« eher klang wie ein deutsches »hier«. Es war ein Mann, der mir eben schon aufge-fallen war, weil er geistesabwesend in den Raum gestarrt und dabei innerhalb von Sekunden ein Sandwich und einen Donut in sich hineingestopft hatte.

»Hier«, rief er wieder, während er in Richtung Getränkeausgabe hastete. Irgendwie hatte ich das Gefühl, dass er hier nicht reinpasste. Schon allein, weil er kein Jackett trug, sondern nur eine schwarze Hose und ein weißes Hemd. Er erklärte der Frau hinter dem Tresen, dass er sie nicht gehört habe, sie antwortete etwas, sah kurz in meine Richtung und begann, ihm einen neuen Americano zu machen. Ich hatte nicht hören können, was sie gesagt hatte, doch nun sah er mich an:

»Did you just take my Americano?«

»Du meinst den, den keiner haben wollte?«, antwortete ich auf Deutsch.

»Aus Deutschland?«

»Aus Tetenstedt.«

»Ich bin aus Bochum.«

Ich schwieg, und wir standen da, uns gegenüber.

»Also, bei Bochum«, sagte er. »Dann sind wir ja Landsleute.« Ich nahm einen Schluck Kaffee, ohne die WC-Türen aus dem Auge zu lassen. Das war wohl der Grund, warum niemand das Getränk anderer Leute klaute: Es wurde mit peinlichem Anschweigen bestraft.

»Tetenstedt ist in Nordfriesland«, sagte ich.

»Den kannst du gerne haben, ich habe mir schon einen neuen bestellt«, sagte er. Ich sah ihn nur flüchtig an. Kurzhaarfrisur. Viel Gel.

»Nimmst du immer die Kaffees von anderen Leuten?«

»Ja, ich bin Kommunistin«, sagte ich.

»Echt?«

»Nein.«

»Ist ja auch egal. Wir sind hier nicht so. Obwohl ich bei einer Bank arbeite, bin ich eigentlich ganz …«

»… menschlich geblieben?«, fragte ich mit einer Ironie, die mir viel zu dick aufgetragen erschien. Doch er sagte:

»Ja.« Und lächelte.

Ich tat einen Schritt zur Seite. Er hatte sich so hingestellt, dass ich das WC für einen Moment aus dem Auge verloren hatte. Ich musste Ruhe bewahren. Henry konnte es unmöglich so schnell aus dem WC zum Ausgang geschafft haben. Und dieser Mensch vor mir würde bestimmt bald gehen. Für jemanden, der sich mittags Zeit nehmen konnte, sah er viel zu gestresst aus.

»Ich war in Gedanken, deswegen habe ich das nicht gehört, mit dem Americano. Habe gerade einen meiner Mitarbeiter gerettet. Seinen Fehler auf meine Kappe genommen, und jetzt weiß ich nicht, ob das richtig war. Mitleid kann man sich hier eigentlich nicht leisten ... Oh!« Er sprang zur Theke, so abrupt, als sei ihm auf der windigen LaSalle Street ein Geldschein heruntergefallen, und griff seinen Becher, bevor die Frau an der Getränkeausgabe auch nur »America« sagen konnte. Dann sprang er genauso hastig zurück, den Becher in der Hand, als sei auch ich im Begriff wegzuwehen, was ich eigentlich auch gern getan hätte.

»Ich bin Jasper.«

»Meike.«

»Hallo, Meike. Ich arbeite hier. Als Trader.«

»Börsenhändler?«

»Ja.«

»Ich bin Übersetzerin.«

»Gebrauchsanweisungen oder eher Reden?«

»Henry LaMarck, wenn dir das was sagt.«

»Schon mal gehört.«

»Aber noch nichts gelesen?«

»Doch, natürlich«, sagte er, überlegte lange und sagte dann: »Wie ist der denn so?«

»Sehr nett. Ein brillanter Autor. Ich habe alle seine Bücher übersetzt«, sagte ich hastig und wollte schon Richtung WC verschwinden, da griff er hektisch in seine Hosentasche:

»Muss mal kurz was checken.«

Er holte sein Handy heraus, sah auf die Anzeige, drückte mir seinen Kaffee in die Hand und tippte. Das war einer dieser Black-Berrys. »Neue Marktdaten«, sagte er. »Ich bin Europaspezialist. Finanzwerte. Muss im Blick behalten, was heute besonders gehandelt wird: HSBC, UBS, *HomeStar*, für den Fall, dass …«

HomeStar – der Name kam mir bekannt vor. Natürlich, das war die Bank, die mir für den Kauf meines Hauses in Tetenstedt einen Kredit gegeben hatte.

»Die würde ich nicht kaufen«, sagte ich.

»Wen?«

»*HomeStar*. Die geben Kredite an Leute, die sie nicht bezahlen können.«

»Das ist doch der Trick. Alle anderen haben ja schon welche.«

»Ich weiß nur, dass die sehr unvorsichtig sind.«

»Vorsicht braucht doch kein Mensch«, sagte er. So hatte ich sie mir immer vorgestellt, diese Superbanker, die ihrer Sache so sicher sind, dass sie sich für gar nichts schämen. Die Tür zum WC öffnete sich, jemand anders kam heraus.

»Ich bin von da drüben, Rutherford & Gold«, sagte er und steckte sein Handy wieder ein, dessen Anzeige durch den Stoff der Hose noch einige Sekunden leuchtete.

»So?«, sagte ich und wollte zu den WCs gehen. Keine Ahnung, was ich dort getan hätte, aber eines wusste ich: Ich wollte raus aus diesem Gespräch. Deutsche im Ausland sind das Schlimmste.

JASPER

»Mitleid kann man sich hier eigentlich nicht leisten.« Ich hatte das wirklich gesagt. Diese ganze Viertelstunde war wie eine einzige Ansammlung von misslungenen, durch die Schrottpresse zu hässlichen Würfeln gepressten Sätzen.

Was Unprofessionelleres, als ihr von Jeff zu erzählen, gab es wirklich nicht. Hoffentlich hatte sie mir nicht zugehört, immerhin hatte sie fast die ganze Zeit über mich hinweg in die Ferne geschaut, so wie ich auf dem Foto in der *Chicago Tribune*.

Sie gehörte hier nicht rein, das war klar. Auf den ersten Blick. Sie trug Jeans. Und unter dem Mantel eine Bluse – als hätte sie nur kurz raus gewollt, um Milch zu kaufen, und sich dann nach Chicago verlaufen. Daran änderten auch der Schal und die Mütze der *White Sox* nichts.

Wie gern hätte ich mich so cool verhalten wie der erfolgreiche Banker, der ich bald sein werde. Aber welcher wirklich erfolgreiche Typ lässt sich schon in der Mittagspause seinen Kaffee klauen? Welcher erfolgreiche Typ macht überhaupt Mittagspause?

Da standen wir nun. Ich hatte schon viel zu lange nichts mehr gesagt. Vielleicht sollte ich ihr erzählen, warum. Dass ich Angst hatte, noch mehr dummes Zeug zu reden. In der *Men's Health* hatte ich mal gelesen, dass Frauen Männer mit Selbstironie mögen, Beispiel: Hugh Grant. Ich glaube das nicht. Frauen mögen Hugh Grant ganz allgemein, aber das heißt nicht, dass Frauen Selbstironie auch außerhalb von Hugh Grant mögen, dachte ich und brachte immer noch kein Wort raus, als endlich

Rettung kam. Mein BlackBerry piepte. Ich nahm ihn raus, um zu sehen, wer mir eine Mail geschickt hatte. Spam. Wieder mal hatte ich in der Lotterie der Vereinten Nationen gewonnen. Eigentlich brauchte ich eh keinen BlackBerry. Ich war von vier bis sieben Uhr in der Bank, warum sollte ich da mobil erreichbar sein?

Sie stand einfach nur da. Versuchte, den heißen Kaffee möglichst schnell auszutrinken, und während ich ihr dabei zusah, fühlte ich mich so gut wie lange nicht mehr. In ihrem Blick lag so eine ruhige Kraft, dass mein Herz für einen Moment langsamer schlug. Mein Magen beschwerte sich nicht mal mehr über das Schinkenspeck-Sandwich und den Donut. Mit diesem gelassenen Blick saß sie sicher auch Verlegern und Agenten bei den knallharten Verhandlungsgesprächen gegenüber, die sie hierhergeführt hatten. Bald danach trank sie den letzten Schluck, bedankte sich nicht und ging Richtung Ausgang.

»Falls du noch ein bisschen hier bist, könnte ich dir die Stadt zeigen. Die Sehenswürdigkeiten«, rief ich ihr hinterher, obwohl kaum jemand als Stadtführer ungeeigneter wäre als ich. Ich war noch nicht mal auf dem Sears Tower gewesen. Hatte meinen Aufenthalt hier immer als rein beruflich angesehen.

Sie blieb stehen, drehte sich aber nur halb zu mir um.

»Ich habe keine Zeit«, sagte sie.

»Ich weiß. Viele Termine.«

»Ja.«

»Verhandlungsgespräche in der Verlagsbranche?«

Sie schwieg.

»Dann ruf ich dich morgen mal an«, sagte ich. »Wie ist deine Nummer?«

»Mein Handy funktioniert in Amerika nicht.«

»Wo wohnst du?«

»Im Kloster *Zur siegreichen Jungfrau Maria*.« Nun war es endgültig klar, sie wollte nichts mit mir zu tun haben. Auf der an-

98

deren Seite konnte ich mich nach all den blamablen Sätzen kaum noch mehr zum Affen machen. Also nahm ich meinen Black-Berry, steckte ihn in ihre Manteltasche, und bevor sie reagieren konnte, sagte ich Tschüss und verließ das Café. Schaffte es sogar, mich nicht nach ihr umzudrehen.

HENRY

Das Schloss verriegelte mit einem leisen Klick die WC-Tür, und ich kam mir vor wie der hysterischste Mensch der ganzen Stadt.

Ich hatte ihn gesehen, war ihm ins *Caribou* gefolgt, doch dann hatte ich mich nicht getraut, ihn anzusprechen und mich hier versteckt. Viel zu schockiert war ich davon, dass sich mein Wunsch so schnell erfüllt hatte, erschrocken von dieser Vorzugsbehandlung des Schicksals. Meine Inspiration war zum Greifen nahe gewesen, doch ich hatte nicht zugegriffen.

Ich schloss die Augen und kippte mit dem Körper so weit nach vorn, bis meine Stirn den kühlen, unverputzten Beton berührte. So stand ich da, wie lange, weiß ich nicht. Schließlich setzte ich durch eine unachtsame Bewegung den Händetrockner in Gang, dessen infernalisch lautes Fönen mir so etwas zu sagen schien wie blöööd.

Das WC war sehr geräumig, wahrscheinlich die Behindertentoilette, dachte ich; dann lief ich auf und ab, wie auf der LaSalle Street, vom Händetrockner zum hochgeklappten Wickeltisch, zum Händetrockner zurück und versuchte, nicht in den Spiegel über dem Waschbecken zu sehen.

Ich sehnte mich nach einer antioxidierenden Maske von Enrique, nach den freundlich gebrüllten Anweisungen von Val Swanthaler, »Kick, zwo, drei, vier und kick!«, hätte am liebsten gar nichts mehr von der Welt gesehen, nicht diese behindertengerechte Toilette und schon gar nicht den Aufkleber mit dem feisten Grinsebaby neben dem Wickeltisch.

Doch das Leben ist nun mal kein Wunschkonzert. Noch nicht mal eine Musikbox. Da draußen steht meine Inspiration. Warum freue ich mich nicht darüber, dass ich ihn so schnell gefunden habe? So musste ich es sehen, schließlich ging es hier um meinen Roman! Ich öffnete die Tür, in der Hoffnung, dass der verzweifelte Business-Boy noch da war. Doch er war weg.

Etwas später sah ich meinem Spiegelbild dabei zu, wie es dem Spiegelbild des *Estana-Hotel-&-Spa*-Stylisten sagte, er möge meine Haare färben. Tönen, wie man sagt. Alte Leute werden so vorsichtig mit Sprache, weil die Wirklichkeit immer schwerer auszuhalten ist. Als er mich fragte, welchen Farbton ich wollte, sagte ich in einem Anflug von Trotz oder vielleicht sogar Würde: »Grau.« Der Stylist lächelte.

»Das ist lustig.«

»Nein, das ist mein Ernst«, sagte ich. Er sah mich an wie jemand, der beim Kauen eines Kirschkuchenstücks plötzlich auf einen Kern gebissen hat. Ich schwieg. Es war ja alles gesagt. Als er mir schließlich, etwas irritiert herumdrucksend, eine Reihe von Farbtönen zeigte und ich mich für *victorian gray* entschieden hatte, sagte er:

»Ich kenne Sie von irgendwoher.«

»Und jetzt wissen Sie nicht, ob aus der Zeitung oder aus dem Fernsehen?«, antwortete ich.

»Sie sind«, sagte er, mein Spiegelbild anlächelnd. »Alec Baldwin. Oder?«

»Nein, ich bin nicht dick«, antwortete ich und schloss die Augen, bevor ich sehen konnte, ob er auch das wieder lustig fand. Das Erste, das vor meinem inneren Auge auftauchte, war ein Bild von Andrew. Es wunderte mich, dass ich überhaupt noch so genau wusste, wie er aussah; ich hatte mir seit Ewigkeiten kein Bild mehr von ihm angesehen, vor einigen Monaten erst hatte ich im Internet nach einem gesucht und keins gefunden. Stattdessen war ich auf eine Seite namens www.rate myprofessors.com gestoßen, hatte erfahren, dass er zurzeit an der Universität in Athens/Georgia Einführungskurse in französische Literatur gab und verfolgte seitdem mit, wie ihn Monat für Monat Studenten dafür rügten, dass er der unordentlichste Professor sei, den sie je hatten. Dort las ich, wie viele Seminararbeiten Andrew verspätet und mit Kaffeeflecken bzw. von einer Katze zerfetzt zurückgab, wenn er sie nicht gleich verschlampte. Andrew hatte also jetzt eine Katze – für mich ein sicheres Anzeichen, dass auch er Single war. Dann sagte der Stylist so etwas wie:

»So ...«

Ich öffnete die Augen. Sah in den Spiegel. Genoss den Grusel. Grau, die Farbe der Vergänglichkeit. Es passte zu mir, nun, wo selbst mein jugendlicher Liebhaber Professor geworden war. Grau ging ich durch die kathedralenhafte Eingangshalle, sah den Rezeptionisten, alle jung, Männer wie Frauen in figurbetonten Anzügen, dabei zu, wie sie Gäste eincheckten, Geschäftsleute, die wahrscheinlich im *Estana* abstiegen, weil das Hotel so aussah, als würden hier Künstler absteigen.

Zurück in meiner Juniorsuite stellte ich fest, dass das Zimmermädchen beim abendlichen Abdeckservice wieder ein Schokoladentäfelchen auf das Kopfkissen gelegt hatte, auf das ich gleich mein graues Haupt betten würde. Doch diesmal war ich gewarnt und fegte die Schokolade so energisch hinunter, dass sie bis in den Wohnbereich meiner Suite flog. Dann hörte ich meine Mailbox ab. Nichts.

Meine Inspiration war zum Greifen nah gewesen. Während die Stadt sich langsam in die Nacht verabschiedete, nahm ich einen Whiskey aus der Minibar und ein stilles Mineralwasser, das *heartsease* hieß und aus Wales kam, benannt nach *heartsease pansy*, dem wilden Stiefmütterchen, das die Kraft besaß, traurige

Herzen zu heilen. Nachdem ich ein paar Tropfen davon in den Whiskey getan und ihn mit einem Schluck ausgetrunken hatte, fühlte ich mich etwas besser.

JASPER

Der Fahrstuhl war so voll, dass ich normalerweise starr auf die Stockwerkanzeige geblickt hätte. Doch nun musste ich einfach in die verspiegelte Seitenwand schauen. Musste wissen, wie Meike mich eben gesehen hatte. Stellte beruhigt fest, dass meine Haare nicht zu unordentlich waren. Dann fiel mir auf, dass ich lächelte.

Wenig später öffneten sich die Fahrstuhltüren im 16. Stock. Die Welt der Telefone, Monitore und Lautsprecherstimmen hatte mich wieder. Sofort checkte ich auf Bloomberg den Kurs von *HomeStar*. 68,97. Ich kniff die Augen zu. Öffnete sie gleich wieder, da aktualisierte er sich: 69,09. Vor meiner Mittagspause waren es 59,03 gewesen. Plus 18 % in nicht mal einer Stunde. Ich sah auf die Analystennachrichten. Dort stand es gleich drei Mal, fett markiert und rot: ein Gerücht, dass ein Investor im großen Stil *HomeStar*-Aktien kaufte. Je weiter der Kurs stieg, desto mehr Anleger glaubten daran. Und kauften auch.

Schmerz bohrte sich durch meinen Magen, von unten, Richtung Speiseröhre. Jeder meiner Kaufoptionskontrakte war nun zehn Dollar mehr wert. Während ich im *Caribou* mit Meike redete, hatte ich 200.000 Dollar verdient. Mit einem einzigen Geschäft. Das wird auffallen. Ich rieb meine Magengegend mit der linken Hand, die rechte Hand auf der Maus, ließ den Pfeil von Monitor zu Monitor springen.

Telefon. Ich ging nicht ran.

Daran, dass auch ein *Gewinn* zu groß werden konnte, hatte ich nicht gedacht. Wie sollte ich das Alex erklären? Ich hatte ohne Erlaubnis mit dem Geld der Bank spekuliert. Alex müsste mich abmahnen, da war es egal, ob ich gewonnen oder verloren hatte.

Typisch: gerade angefangen, Karriere zu machen und schon alles wieder ruiniert. Ich musste handeln. Die Position glattstellen. Jetzt. Sofort. Zögerte. Telefon.

Ich öffnete Neelys Account. Heute war der letzte Tag, an dem wir mit dem alten Passwort reinkamen, das der Systemadministrator uns gegeben hatte. Um Mitternacht wurde der Account automatisch deaktiviert. Dann vom Back-Office gelöscht, allerdings wohl erst bei der nächsten Routineüberprüfung. Sie dachten ja, dass ab dem morgen beginnenden neuen Passwort-Turnus eh keiner mehr Zugriff hatte.

Theoretisch konnte ich einfach ein neues Passwort eingeben und den Account weiter nutzen. Und da Chris autorisiert war, mit dem Kapital der Bank zu handeln, würde mein Gewinn dort nicht so schnell auffallen.

Ich gab das alte Passwort ein, dann *Meike* als neues Passwort, wiederholte es, bestätigte: *Meike*. Enter. Dann markierte ich meine Gewinn-Position auf *Equinox*, suchte im Menü den Auftrag *Routen* und buchte sie rüber zu Chris. Verkaufte alles mit 223.000 Dollar Gewinn. Davon buchte ich 25.000 Dollar zu mir zurück, und der Verlust von Jeff war ausgeglichen. Es blieb sogar ein nettes unauffälliges Plus. Der Rest blieb bei Neely. Bis sich jemand fragte, warum da ein Gewinn rumlag, der nicht an einen Kunden gecleart worden war, würden ein, zwei Tage vergehen.

Ich hatte Zeit gewonnen. Aber nicht viel. Das Plus auf Chris Neelys Account musste weg. Ich las erneut die Analystenberichte. Alle verwiesen auf die guten Fundamentaldaten von *HomeStar*, das enorme Potenzial im Markt mit Sub-Prime-Krediten, sagten voraus, dass die Aktie weiter steigen würde. Um Geld zu verlieren, müsste ich also auf das Fallen von *HomeStar* wetten. Ich gab eine Order ein: 200.000 HST Verkaufsoptionen, Basiskurs 80. Wenn *HomeStar* nun wirklich weiter stieg, wäre der Gewinn bald wieder weg.

So musste ich es machen. Tat es aber nicht.

Der Pfeil der Maus zitterte über dem Symbol *Kaufen*. Ich klickte es nicht an. Eigentlich müsste ich etwas ganz anderes tun. Alles sofort zu mir zurückbuchen. Zu Alex gehen und ihm sagen, dass ich einen Fehler gemacht habe. Das mit dem Karrieresprung konnte ich dann zwar vergessen, aber wenigstens würde ich dafür nicht gefeuert. Wahrscheinlich nicht. Bis jetzt konnte ich alles als Fehler darstellen, doch wenn ich nun von einem fremden Account Optionen kaufte, war klar, dass ich absichtlich die Regeln brach. Ich klickte nicht auf *Kaufen*, minimierte das Fenster mit der Ordermaske, sodass es an den Boden des Bildschirms sprang, zog es wieder auf den ganzen Bildschirm, verkleinerte es und schob es hin und her, immer schneller. Alles flackerte wie nach zwölf Stunden Tetris. Nein. Das werde ich nicht tun. Basta. Die Ordermaske schloss sich.

Transaktion gespeichert stand auf dem Monitor.

Hatte ich es getan?

Ich öffnete die Transaktionsliste. Wirklich?

Wirklich.

Dann nahm ich endlich wieder das Telefon ab. Bestimmt fragten sich schon alle, was ich die ganze Zeit tat. Zehn Minuten später sah ich aus dem Augenwinkel noch mal auf den Chart von *HomeStar*. Der Kurs blinkte in Grün. Über 70.

»Siehst du, was da bei *HomeStar* los ist?«, sagte Jeff.

Ich antwortete nicht. *HomeStar* stieg. Wie ich es vorausgesehen hatte. Schon Sekunden später war meine Wette aufgegangen: Ich hatte den Gewinn aus dem unautorisierten Geschäft komplett wieder verloren. In meinem Magen statt Schmerz nun ein wohliges Kribbeln. Ich packte die Maus so schnell, als wollte sie mir weglaufen. Hackte Meikes Namen in die Tastatur. Öffnete Neelys Account. Sah die 200.000 Kontrakte. Fand einen Kaufinteressenten für 9,05. Es hatte geklappt. Jetzt verkaufen, alles ausgleichen und so was nie wieder machen. Nie wieder! Als ich gerade auf das Kaufgesuch klicken wollte, verschwand es. Jemand anders war schneller. *HomeStar* stieg weiter, der Preis für Verkaufsoptionen fiel. Ich versuchte es für 8,50 dann für 7,90. Mit jedem Klick liefen mir die Kurse weiter davon. Niemand, der mir die Kontrakte abnehmen wollte. 5.000 Stück wäre ich losgeworden, aber keine 200.000.

»Da wollen ja jetzt alle rein, die ganzen Scheißer denken, sie verpassen was«, sagte Jeff.

Fast hätte ich ihn angeschrien, er solle den Mund halten. Als der Kurs auf unter 6,00 gefallen war, rechnete ich nach. 650.000 Dollar Verlust, sechshundert … Einen Moment lang tat ich nichts. Hoffte auf ein Wunder. Dass die Leute sich daran erinnerten, wie viel Angst sie noch vor zwei Wochen vor dem Platzen der Immobilienblase gehabt hatten. Sechshundertfünfzigtausend Dollar. Ich dachte nichts, handelte nicht. Rechnete nur noch meinem Verlust hinterher.

Erst als der Bloomberg-Monitor schwarz wurde und der Bildschirmschoner mit dem Rutherford-&-Gold-Logo erschien, bewegte ich mich wieder.

So schnell konnte es gehen. Ich hatte Jeffs kleinen Verlust auf meine Kappe genommen, wollte ihn ausgleichen, hatte dabei zu viel Geld gewonnen, und bei dem Versuch, dieses Geld wieder loszuwerden, hatte ich 650.000 Dollar in den Sand gesetzt. Wie eine unbedachte Lenkbewegung auf nasser Fahrbahn, die mich Richtung Leitplanke rutschen ließ, woraufhin ich so abrupt gegensteuerte, dass ich fast im Gegenverkehr gelandet wäre, das Lenkrad wieder rumriss, und nun schoss die Leitplanke rasend schnell auf mich zu.

Ein Minus dieser Größe würde auch in Chris Neelys Account auffallen. Um so einen Verlust zumindest vorübergehend zu verstecken, gab es eigentlich nur eine Möglichkeit. Sie stellte einen so dreisten Betrug dar, dass ich mir nie hätte träumen lassen, überhaupt einmal darüber nachzudenken. Nun hatte ich keine andere Wahl.

Ich stieß alle Verkaufsoptionen ab. *Equinox* registrierte den Verlust. 650.000 Dollar. Dann kam der Trick: Ich buchte eine Transaktion mit *HomeStar*-Kaufoptionen in identischer Höhe ein. Tat so, als hätte ich nicht nur auf das Fallen von *HomeStar* gewettet, sondern gleichzeitig darauf, dass die Aktie stieg. Nun sah es so aus, als hätte ich eines dieser komplexen Long-Straddle-Geschäfte gemacht, eine Grätsche. Meinem Verlust schien nun ein ähnlich großer Gewinn gegenüber zu stehen. Nur dass es den Verlust wirklich gab. Den Gewinn nicht.

Ich atmete ein, atmete aus und klickte auf *Ausführen*. Nun hatte ich alles ausgeglichen, zumindest in meinem System.

In dieser Hinsicht funktionierte der Händlersaal wie ein Supermarkt, an dem ich an der Kasse saß. Bonieren konnte ich, was ich wollte. Ob das, was ich boniert hatte, mit dem Geld in der Kasse übereinstimmte, würde in einem Supermarkt bei der Abrechnung nach Ladenschluss auffallen. Wann es hingegen bei Rutherford & Gold auffiel, konnte ich beeinflussen. Solange ich so tat, als hätte ich jede *HomeStar*-Verkaufsoption mit einer *HomeStar*-Kaufoption abgesichert, galt das als relativ sicheres Geschäft und wurde von der Risk-Compliance-Software im Back-Office in eine niedrige Risikokategorie einsortiert. Es war mein Glück, dass ich wusste, dass sie im Back-Office nicht in erster Linie darauf achteten, *wie viel* Geld investiert wurde, sondern darauf, wie *sicher* es investiert wurde. Eine Million in Optionen, die nicht durch Gegengeschäfte abgesichert waren, war schlimmer, als 500 Millionen, die zur Hälfte darauf setzten, dass eine Aktie stieg, und zur anderen Hälfte darauf, dass dieselbe Aktie fiel.

Den Rest des Tages passierte nichts mehr. *HomeStar* dümpelte vor sich hin wie ein Museumsschiff; die Umsätze gingen zurück, der Handel in Europa ging vorbei, dann auch der nachbörsliche Handel.

Die Sonne war bereits untergegangen, als ich die Bank verließ. Ob es schneite, bekam ich nicht mit. Wollte nur noch schlafen. Schon im Fahrstuhl zu meiner Wohnung machte ich die Augen zu und zählte die Stockwerke im Kopf mit. Immer höher. Immer weiter. Wie ferngesteuert schloss ich meine Wohnung auf, zog Schuhe und Mantel aus und setzte mich auf das Sofa. Sah mich in meinem Wohnzimmer um, das die Lichter von Chicago erhellten. *Premmö* gefiel mir nun gar nicht mehr. Warum hatte ich mir keinen normalen Tisch gekauft, an dem man auch zu zweit sitzen konnte, sondern einen Computertisch, vor dessen eine Seite ich ein Paneel geschraubt hatte, weil das die Montageanleitung so vorsah?

Ich hätte am liebsten Meike angerufen. Der Akku in meinem BlackBerry hielt nicht ewig. Viel Zeit blieb mir nicht, doch heute durfte ich sie nicht anrufen, das würde verzweifelt wirken. Und doch hätte ich es getan. Wenn ich ein Festnetztelefon gehabt hätte.

Ich klappte meinen Laptop auf. Ihr Nachname war leicht rauszubekommen. Meike Urbanski. Sie war nicht bei Facebook.

Am nächsten Morgen wachte ich um 2:34 auf. Dachte sofort an *HomeStar*. Ging unter die Dusche. Der Chlorgeruch des Wassers irritierte mich immer noch, trotz der Jahre, die ich bereits hier war. Ich hielt mein Gesicht in den harten Strahl und versuchte mir vorzustellen, wie Meike ausgesehen hatte. Sie war auf eine so ruhige Art schön, dass ich mich nicht mal an ihre Augenfarbe erinnerte, sondern nur an das Gefühl, das über mich gekommen war, als ich sie angesehen hatte. Das Gefühl, dass alles irgendwie gut würde.

Dann legte ich die Hand an den Armaturenhebel, um das Wasser abzudrehen. Ich musste los, stellte es jedoch nur wärmer und blieb stehen. Warum fiel es mir so schwer, das zu tun, was vernünftig war? Bestimmt fünf Minuten hatte ich meine Hand an dem Duschhebel, dann riss ich ihn rum. Richtung kalt. Mein Gesicht erstarrte. Während sich die Kälte in meinem Körper ausbreitete, zwang ich mich, nicht zu hyperventilieren und nahm mir zwei Dinge vor. Erstens: Ich würde Meike nicht anrufen. Heute nicht und morgen auch nicht. Meine alte Nummer würde ich sperren lassen und mir einen neuen BlackBerry besorgen. Und wenn sie mir auch das Gefühl gab, dass alles gut würde – ein Gefühl ist eben nur ein Gefühl. Gefühle bringen alles durcheinander. Zweitens: Ich musste meinen Verlust loswerden. Mein Leben musste wieder so werden, wie es gewesen war.

Sobald ich im Händlersaal angekommen war, öffnete ich Neelys Account. Der Verlust war noch da. Natürlich war er noch da, obwohl ich einen Moment gehofft hatte, ich hätte das alles nur geträumt. Doch kindische Gedanken halfen mir nicht weiter. Durch die fiktiven Gegengeschäfte hatte ich zwar Zeit gewonnen, doch bald würde es trotzdem auffallen, dass die Geschäfte, die ich in *Equinox* eingegeben hatte, mit dem Stand der Konten nicht übereinstimmten.

HomeStar konnte unmöglich noch weiter steigen. Heute früh war die Aktie fast unverändert zum gestrigen Schlusskurs in den Handel gegangen. Bald würden die ersten Investoren verkaufen. Gewinne mitnehmen. Ich musste nur noch einmal darauf setzen, dass *HomeStar* fiel. Am besten genau so viel Geld, wie ich verloren hatte. Das funktioniert sogar im Casino: Wer 100 Euro auf Rot setzt und verliert, muss danach einfach 200 Euro auf Rot setzen, dann 400, 800, so lange, bis er gewinnt. Eigentlich ein sicheres System, denn früher oder später wird Rot kommen. Ein Problem hat man nur, wenn Rot so spät kommt, dass das Casino einen vorher rausschmeißt.

Ich kaufte für 650.000 Dollar Verkaufsoptionen auf *Home-Star* und buchte danach in *Equinox* ein, dass ich in gleicher Höhe Kaufoptionen gekauft hätte. Die Kaufoptionen waren natürlich auch diesmal fiktiv, ein Ablenkungsmanöver, damit meine Geschäfte nicht so riskant aussahen, wie sie waren. Ich tat so, als hätte ich im Casino gleichzeitig auf Rot und auf Schwarz gesetzt. Jetzt musste *HomeStar* nur noch fallen, bevor alles aufflog.

Ich lehnte mich zurück und stellte an den braunen Plastikverpackungen auf meinem Schreibtisch fest, dass ich vier Snickers gegessen haben musste. Wickelte einige Kundenaufträge ab, damit die Kollegen nicht misstrauisch wurden.

Dann kam die Nachricht, dass die Preise für Wohnimmobilien stärker gestiegen waren als erwartet. Eigenheimbesitzer konnten nun noch höhere Hypotheken auf ihre Häuser aufnehmen. *HomeStar* stieg weiter. Ich ignorierte das klingelnde Telefon, griff zum Taschenrechner, der bestätigte, was ich im Kopf bereits ausgerechnet hatte. 1,1 Millionen Dollar Verlust. 1,1 Millionen. Doch *HomeStar* wird fallen! Wenn nicht heute, dann morgen. Meike hatte auch gesagt, dass sie dem Laden nicht traut.

Natürlich wusste ich, dass Menschen dazu neigen, Verluste nicht wahrzunehmen, solange sie nur in Form von Wertpapieren in ihrem Account sind. Dazu neigen, diese Wertpapiere nicht zu verkaufen, in der Hoffnung, dass mit der Zeit alles wieder in Ordnung kommt. Wusste, dass das ein Mechanismus ist, den man ausschalten muss, um am Finanzmarkt bestehen zu können. Man darf sich Verluste nicht schönreden.

1,3 Millionen waren es jetzt. Sofort alles verkaufen. Abschreiben. Das musste ich tun, konnte es aber nicht. Stattdessen nahm ich das Telefon ab. Führte einen Kundenauftrag aus, einen zweiten, einen dritten, bis die Zahlen auf den Monitoren vor meinem Auge anfingen zu verschwimmen. Nachdem ich zwei weitere Snickers gegessen hatte, wurde mir auch noch schlecht.

Ich wusste nicht, wie viel Zeit mir blieb, bis alles entdeckt würde. Am besten war es, wenn ich meine Positionen nie lange hielt. Je öfter ich alles verkaufte und sofort wieder neu kaufte, je mehr Transaktionen ich tätigte, desto schlechter kam das Back-Office mit dem Nachrechnen hinterher. Also öffnete ich erneut Neelys Account, kaufte, verkaufte, erhöhte meine Einsätze. Hielt alles in Bewegung – solange die Positionen nur ein paar Stunden alt waren, interessierte sich das Back-Office hoffentlich nicht dafür. Wie bei Lebensmitteln: je frischer, desto unauffälliger.

Die Stimmung um mich herum war ausgezeichnet; Nathan machte Witze, Suzanne hatte mehrfach gelacht, und sogar der schüchterne Jeff sagte etwas, ohne dass ihn jemand angesprochen hätte. Alle hatten gut verdient und überlegten, welchen Bonus sie bald bekommen würden. Was es für mich nur schlimmer machte. Hätten heute alle Geld verloren, wäre es nicht so schlimm gewesen. Die größte Angst des Traders ist nicht die vor dem Verlust. Die größte Angst ist die davor, mit einem Verlust allein zu sein.

MEIKE

Dieser Typ war ja wohl so langweilig, wie Anzug und BlackBerry einen nur machen können. Ich konnte es kaum glauben, dass er mir wirklich seinen Kaffee in die Hand gedrückt hatte, um »kurz mal Marktdaten zu checken«, und als er fertiggecheckt hatte, war Henry LaMarck natürlich weg.

Ich machte mich auf den Weg zurück zu den Nonnen. Der Schnee vom Vormittag lag grau am Boden herum, und der Wind fuhr so erbarmungslos auf mich nieder, als wäre er nur zu diesem Zweck aus der Arktis hierhergekommen. Alles stand in so eklatantem Gegensatz zu dem milden, angenehmen, wohltemperierten Chicago aus Henry LaMarcks Romanen, dass es schon an böswillige Täuschung grenzte.

Nachdem ich den Fluss überquert hatte und an einer Ampel stehen bleiben musste, nahm ich den BlackBerry aus meiner Manteltasche. Mir dieses hässliche Teil zu schenken – dieser Typ war nicht nur langweilig, er hatte auch noch den schwarzen Gürtel in Arroganz!

Am liebsten hätte ich ihn nach unserem Treffen gegenüber bei der Bank abgegeben, aber er hatte mir nur seinen Vornamen gesagt. Jasper. An dem nächsten Mülleimer blieb ich stehen. Hielt den BlackBerry über die Öffnung und musste dabei eine Taste gedrückt haben, denn die Beleuchtung ging an, sodass die kaum erkennbaren Buchstaben auf den kleinen Tasten in die Dämmerung leuchteten. Symbole erschienen auf dem Bildschirm, über dem ein Licht blinkte, regelmäßig, rot, ungefähr alle zwei Sekunden, als wollte es sagen: »Hallo … Hallo …« Ich steckte ihn wieder ein. Immerhin hatte ich jetzt ein Telefon, das ich verkaufen konnte, wenn ich Geld brauchte.

Was, wenn das Ding klingelte? Ich wusste nicht einmal den Klingelton. Das war bestimmt so ein Jungs-Ton, irgendwas Entertainment-orientiertes, aber nicht zu spaßig und feminin.

Im Kloster lag ich eine Weile mit offenen Augen auf meinem Bett, starrte einen Fleck an der Decke an, der langsam größer zu werden schien, und atmete nicht schneller als ein in der Sonne liegendes Krokodil. Dann betrachtete ich das Zimmer um mich herum, die geflickten, wackeligen, zerbrochenen, geklebten, abgeranzten Dinge, mit denen es eingerichtet war. Jedes Mal, wenn eine der Nonnen irgendwo im Haus das Wasser aufdrehte, ächzten die Rohre.

Ich legte den BlackBerry auf meinen Nachttisch, wo er keinen Ton von sich gab, bis ich einschlief, so tief schlief, dass ich mich beim Aufwachen wunderte, warum niemand neben mir lag, denn das Bett war so groß wie das, das Arthur und ich uns in Hamburg zehn Jahre geteilt hatten.

Ich begann den Tag mit einem Frühstück, das die Nonnen in ihrem Refektorium anboten: Cornflakes mit fettarmer H-Milch. Dann machte ich mich auf den Weg in Richtung Zentrum. Obwohl es noch kälter war als gestern, ging ich mit erhobenem Kopf durch die Straßen und hielt Ausschau nach einem groß gewachsenen Mann mit graumelierten Haaren, schlank, braun gebrannt, in einem schlichten schwarzen Mantel. Heute würde ich mich nicht aus dem Konzept bringen lassen, sondern Henry LaMarck ansprechen. Vielleicht hielt ich schon heute Abend das Manuskript in den Händen. Ich bereute es, dass mein Rückflug erst in einigen Tagen war und ich ihn, wenn ich es richtig erinnerte, nicht umbuchen konnte, denn am liebsten wäre ich mit dem Manuskript sofort zurück nach Deutschland geflogen und hätte mit der Arbeit begonnen.

Wie am Tag zuvor setzte ich mich in den Walnut Room, bestellte aber diesmal nur Kaffee, keine Torte, um Geld zu sparen. Außerdem musste ich ja sofort aufbrechen können, sobald Henry LaMarck sich zeigte. Ich trank eine Tasse, ließ mir nachschenken, legte das Geld für den Kaffee auf dem Tisch bereit. Es war schon fast Mittagszeit – lange konnte es nicht mehr dauern. »Mr. LaMarck, wir kennen uns nicht, aber ich habe Sie übersetzt«, sagte ich leise vor mich hin. Ich musste üben, denn heute würde ich ihn ansprechen. Was für ein merkwürdiger Satz: »Ich habe Sie übersetzt.« Das klingt so intim, heißt es doch eigentlich: Ich habe mich ganz lange mit Ihnen beschäftigt, ohne dass wir uns persönlich kennen. Ich habe Sie stilistisch gestalkt. »Mr. LaMarck, ich bin Meike Urbanski. Ihre deutsche Stimme. Mr. LaMarck, ich bin Meike Urbanski. Aus Hamburg. Aus dem schönen Norddeutschland.«

Drei Kaffee später ging ich wieder auf die LaSalle Street und lief dort hin und her, wartete, rauchte, kaufte mir im *Caribou* einen Kaffee zum Mitnehmen, lief Kaffee trinkend hin und her, rauchend hin und her, bis ich begann, mir Sorgen zu machen. Was, wenn er nicht mehr kam? Ich hatte die Hände in den Taschen, umfasste eine *Caribou*-Serviette und meine Zigaretten mit der Linken und mit der Rechten den BlackBerry, den ich gelegentlich herausholte, um den Anschein zu erwecken, ich hätte etwas zu tun, sei beschäftigt, gestresst. Alle möglichen Leute hätte ich anrufen können, aus Amerika, mobil und umsonst: Arthur, Lars, meine Eltern, meine Studienfreundin Beate, die ich seit einem Jahr nicht mehr gesehen hatte, weil sie mit Mann und Kind aus dem Schanzenviertel an den Stadtrand nach Wellingsbüttel gezogen war.

Es wurde drei Uhr, vier Uhr und dämmerte. Müde von der Kälte und von dem vielen Kaffee auf nüchternen Magen zitternd, machte ich mich auf den Heimweg. Doch als ich das Kloster erreicht hatte, lief ich daran vorbei. Immer weiter weg von der Innenstadt. Die Abstände zwischen den Straßenecken schienen immer größer zu werden, es gab immer weniger Restaurants, mehr Schnapsläden, mehr vernagelte Fenster. Ich nahm einen Bus zurück und stieg am Kloster aus. Ging jedoch wieder nicht hinein, sondern nun zu Fuß in die andere Richtung, wieder Richtung Stadt. Je öfter ich an Henry LaMarck dachte, desto mehr wich mein Ärger einem schlechten Gewissen. Er hatte einen so verwirrten Eindruck gemacht, ich hätte ihm helfen müssen. Nun irrte er bestimmt immer noch durch diese Stadt, nur heute an einem anderen Ort, und mir lief die Zeit davon. Mein Rückflug war in wenigen Tagen, und ich hatte ohnehin kaum noch genug Geld, um meine Pension zu bezahlen. Irgendwann wurde es endgültig dunkel, ohne dass ich etwas dagegen tun konnte. Nun blieb mir wirklich nichts anderes übrig, als zurück zu den Nonnen zu gehen.

Kurz nachdem ich meinen nassen Mantel im Zimmer über die Heizung gehängt und den BlackBerry auf den Nachttisch gelegt hatte, vibrierte er.

Krieg der Sterne.

Ehe ich mich daran erinnerte, dass ich auf gar keinen Fall vor dem siebten Klingeln rangehen wollte, hatte ich bereits gesagt:

»Hallo?«

»Hier ist Jasper.«

»Was gibt's?«

»Was machst du denn gerade?«

Ich schwieg. Diese Frage hätte ich mir selbst nicht besser stellen können.

»Du hast zu tun, oder?«, fragte er.

»Ja«, sagte ich und überlegte, etwas zu lange, um das, was ich dann sagte, noch glaubwürdig klingen zu lassen: »Ich muss zu einem Abendessen. Mit Leuten aus der Verlagsbranche.«

»Das trifft sich gut, ich würde nämlich auch gern mit dir zu Abend essen, habe aber auch keine Zeit«, sagte er. Ich machte mich bereit, ihm zu sagen, dass ich ihn nicht treffen wollte. Dann wollte ich ihn nach seinem Nachnamen fragen, damit ich den BlackBerry in der Bank abgeben konnte, als er fortfuhr: »Wir könnten ja mal einen Espresso trinken gehen. Wenn wir beide so wenig Zeit haben.«

Ich musste wohl Ja gesagt haben, denn Jasper verabschiedete sich mit den Worten:

»Schön. Dann bis morgen.«

Nachdem ich aufgelegt hatte, wäre ich gern im Zimmer umhergegangen, doch dazu war es zu klein. Also legte ich mich aufs Bett. Was wollte dieser Banker von mir? Der brauchte doch eine blonde Botox-Trophäe mit langen Beinen und keine von Arbeitslosigkeit bedrohte Übersetzerin. Doch er flirtete mich nun mal an. Das war ganz normal. Genau so musste ich auf seine Annäherungsversuche reagieren. Allein schon, weil das etwas war, wozu eine Literaturverrückte nicht in der Lage gewesen wäre. Außerdem kannte ich nun zumindest einen Menschen in Chicago.

JASPER

Auf dem Weg nach Hause hatte ich genau nach Plan gehandelt. Mir ein neues Handy gekauft, allerdings keinen BlackBerry, denn die gab es nur mit Vertrag, und eine neue Nummer hätte zwei Tage gedauert. Also kaufte ich ein Billighandy mit Guthaben zum Abtelefonieren, rief sofort bei meiner Telefongesellschaft an, um die alte Nummer sperren zu lassen. Ein Mitarbeiter meldete sich, ich legte auf.

Stattdessen rief ich Meike an. Die Leuchtanzeige des Handys teilte mir mit, dass eine Verbindung zu meiner eigenen Nummer hergestellt wurde. Jetzt musste Meike es klingeln hören, ich hoffte, mein Klingelton gefiel ihr. *Krieg der Sterne.*

Und siehe da, es hatte geklappt, wir waren verabredet. Morgen schon würde ich sie wiedersehen, auf einen Espresso.

Den Rest des Abends las ich in dem Buch, das ich mir gekauft hatte, *Unterm Ahorn.* Schließlich wollte ich auf mein Date mit Meike vorbereitet sein, denn das hatte ich mir vorgenommen: Ich würde nicht über meine Arbeit reden und nicht nach ihrem Vorleben fragen; es durfte mich nicht interessieren, ob sie einen Exfreund hatte. Oder sogar einen Freund. Es war schon unvernünftig genug, dass ich mich überhaupt mit ihr traf, da musste ich wenigstens währenddessen einen kühlen Kopf bewahren. Über Dinge reden, die sie interessierten. Literatur. Henry LaMarck.

Ich begann zu lesen, legte das Buch jedoch bald wieder weg. Irgendwie war das alles nicht logisch. Warum saß dieser Graham Santos die ganze Zeit unter Palmen, wo das Buch doch *Unterm Ahorn* hieß?

Am nächsten Morgen passierte ich um 2:15 die Speed-Gates. Sobald in Europa der Handel angefangen hatte, konnte ich an Schlaf nicht mal mehr denken, viel zu groß war die Hoffnung, dass *HomeStar* heute fallen würde. Dass dies der Tag war, an dem meine Wette aufging.

Er war es nicht. Ein müdes Plus von 0,7 % zum Handelsauftakt hielt sich den ganzen europäischen Vormittag. Als wüsste keiner, ob der Aufwärtstrend noch intakt war oder im nächsten Moment alle sagten: April, April! Übertreibung! Blase!

Ich versuchte so wenig wie möglich daran zu denken, dass meine Verluste sich auch bei diesem moderaten Kursanstieg weiter erhöht hatten. Fast erschienen sie mir inzwischen normal, diese siebenstelligen Summen, die ich nicht mehr genau ausrechnete. Tat das Gleiche wie gestern: Stellte die alten Positionen glatt und kaufte alles gleich wieder neu.

Um 10:33 kam eine Mail von der Personalabteilung. Ich bekam nur einen kurzen Schreck. Per Mail wurde man nun wirklich nicht gefeuert. Es waren die üblichen Infos über neue Mitarbeiter, die ich normalerweise nur überflog. Doch diesmal las ich:

Brittany Page, Leiterin des Back-Office, ist zurück aus dem Mutterschaftsurlaub und ab sofort wieder unter der Durchwahl -8346 erreichbar.

Ich ballte eine Faust, bis der Plastikkugelschreiber zerbrach, mit dem ich mir gerade noch Notizen gemacht hatte. Das war die beste Nachricht seit Langem. Ein Führungswechsel im Back-Office gab mir zusätzliche Zeit, bis sich dort wieder alle aneinander gewöhnt hatten. Zeit, in der sich kaum jemand um komplizierte Dinge kümmern würde.

Noch besser war: Ich kannte Brittany. Wusste, worauf sie achtete, und es war sicherlich nicht ihre erste Priorität, alle inaktiven Accounts zu kontrollieren.

So ging das mit der Karriere! Man musste nur was riskieren.

Wahrscheinlich konnte ich noch viel mehr machen, ohne dass es auffallen würde. Ich dachte an die fingierten Kaufoptionen, mit denen ich so tat, als ob die Verluste aus meinen Verkaufsoptionen ausgeglichen wären. Könnte es nicht noch besser sein, wenn ich so tat, als ergäben sich dabei sogar kleine Gewinne?

Ich öffnete Neelys Account. Fand eine Position mit fiktiven Kaufoptionen und buchte in *Equinox* ein, dass ich sie wieder verkauft hatte. Nur, dass ich nicht den Kurs von 13,60 eingab, den die Kaufoptionen gerade wert waren. Stattdessen gab ich ein, sie zum Kurs von 13,80 verkauft zu haben, sodass ein kleines virtuelles Plus blieb. In *Equinox* konnte ich ja einbuchen, was ich wollte. Supermarktkasse.

Bis auffallen würde, dass das, was ich eingebucht hatte, nicht mit dem Stand der Konten übereinstimmte, hatte ich sicher schon wieder so viele neue Transaktionen gemacht, dass sie mit dem Nachrechnen nicht hinterherkamen – schon gar nicht jetzt, wo sich Brittany wieder als Back-Office-Chefin einarbeiten musste.

Und ob ich meine Millionenverluste durch fiktive Kaufoptionen nun lediglich ausglich oder da ein paar Tausend Dollar Gewinn standen, erhöhte die Gefahr entdeckt zu werden nicht wirklich. Im Gegenteil: Falls jemand sich Neelys Portfolio doch mal genauer ansah, würde er vielleicht weniger schnell misstrauisch werden, wenn da ein kleiner Gewinn stand.

Langsam bekam ich das Gefühl, richtig gut geworden zu sein. Wäre da nur nicht das Brennen in meinem Magen. Ich hielt es kaum noch aus. Schloss die Augen. Versuchte, daran zu denken, dass ich in ein paar Stunden Meike treffen würde, aber auch das half nichts. Um mich abzulenken, nahm ich *Unterm Ahorn* aus meiner Schreibtischschublade. Es war Mittagszeit. Niemanden würde es wundern, wenn ich ein paar Minuten las. Gerade suchte ich nach der Stelle, wo ich aufgehört hatte, da fiel eine große Hand auf meine Schulter.

»Entschuldige, ich wollte dich nicht erschrecken«, sagte Alex, so sehr musste ich zusammengezuckt sein.

»Spannendes Buch«, sagte ich. Noch nie hatte sich Alex bei mir für etwas entschuldigt. Er versuchte sogar eine Art Lächeln. Waren meine unautorisierten Transaktionen so offensichtlich, dass er sie sofort entdeckt hatte und nun dachte, ich wäre verrückt geworden? War er deswegen so freundlich, weil er Angst hatte, ich würde gleich durchdrehen, eine Waffe ziehen und hier rumballern?

»Ich habe mir das mal angesehen«, sagte er, und bei jedem der folgenden Worte griff er mit seinen Fingern in meinen Schultermuskel. »Das machst du gut. Du engagierst dich. Weiter so.« Ich verlagerte mein Gewicht auf die linke Körperhälfte. Von ihm weg.

Sollte das ein subtiler Hinweis sein, dass ich mit meinen unautorisierten Geschäften aufhören musste? Doch das hatte keinen Sinn. Wenn er wirklich etwas entdeckt hätte, wäre er mit dem Sicherheitsmann gekommen, und hätte mich bereits gefeuert. Oder wollte er mir eine letzte Chance geben? Konnte ich etwas retten, indem ich alles gestand? Jetzt, sofort?

»Und sonst geht's gut?«, fragte er.

»Ja«, sagte ich. »Wie immer. Und selbst?«

»Na, du weißt ja, ich fahre bald in Urlaub.«

»Ja, stimmt«, sagte ich, obwohl ich keine Ahnung hatte, wovon er sprach.

»Die Motorradtour«, sagte Alex.

»Genau«, sagte ich und erinnerte mich nun doch. Alex sprach schon seit Monaten davon, dass er diesmal etwas mehr Urlaub nehmen wollte. Er hatte sich eine Harley Davidson gekauft und wollte von San Francisco nach Mexiko fahren. So weit nach Süden wie möglich.

»Nach Mexiko, oder?«, fragte ich.

»Eigentlich würde ich gern weiter fahren, aber dafür reicht

die Zeit nicht. Irgendwann, da nehme ich mir ein halbes Jahr frei und fahre von Alaska nach Feuerland. Immer am Pazifik entlang. Dieser Trip ist eine Art Vorbereitung.«

»Cool«, sagte ich. Dann war er weg.

Er konnte nichts entdeckt haben. Wahrscheinlich hatte er einfach das kleine Plus in meinem Account gesehen, das Geld, das ich von Neely zu mir rübergebucht hatte, um Jeffs Verlust auszugleichen. Dafür hatte er mich gelobt. Für Alex war ich immer noch einer seiner braven Angestellten, die Kundenaufträge ausführten. Ein Lieferant, der im Auftrag von Restaurants Austern im Großmarkt besorgte. Nur, dass ich seit einigen Tagen Austern kaufte, die niemand bestellt hatte. Und sie dann heimlich aufbrach, in der Hoffnung, in einer von ihnen eine Perle zu finden, mit der ich meine Schulden bezahlen konnte.

Jetzt nur nicht die Nerven verlieren. Es war gut, dass Alex das kleine Plus gesehen hatte, denn er verdiente an meinen Gewinnen mit. Je mehr Geld ich verdiente, desto mehr verdiente die Abteilung insgesamt, und desto höher wurde Alex' Bonus. Solange sein Bonus sich erhöhte, würde er nicht misstrauisch werden. Es war mein Glück, dass der Letter Day unmittelbar bevorstand, der Tag, an dem wir unseren Jahresbonus bekamen. Der Tag, an dem das ganze letzte Jahr, Erfolg oder Misserfolg, ersetzt wurde durch eine Zahl. Bei mir waren es im letzten Jahr nicht einmal 10.000 Dollar gewesen.

Ich öffnete erneut Neelys Account, erhöhte meinen Einsatz, verkaufte, kaufte, hielt alles in Bewegung. Buchte wieder eine Transaktion mit fiktiven Kaufoptionen so ein, dass im System ein kleiner Gewinn blieb.

Telefon. Ein Kunde hatte eine Frage zu einem Index-Zertifikat. Während ich ihm antwortete, sah ich, wie *HomeStar* im nachbörslichen Handel in Europa weiter stieg. Ein Prozent, zwei Prozent. Der Kunde hörte nicht auf zu reden, irgendein inkompetenter Zausel von einer Lebensversicherung in South Dakota.

Ich wurde immer wortkarger, hörte ihm nicht mehr zu. Starrte auf eine Ad-hoc-Meldung auf dem Analysten-Monitor: Überraschend gute Zahlen einer amerikanischen Hypothekenbank hatten bei sämtlichen Hypothekenbanken für Kursfantasie gesorgt. Als hätten alle nur eine Begründung gebraucht, um weiter zu kaufen.

Mein Verlust hatte sich ... Ich packte meine Armlehnen. Sah auf den Chart von *HomeStar*, das Plus in blinkendem Grün. Einen Moment dachte ich, ich müsste kotzen, wollte schon aufs Klo rennen. Oder einfach weg. Aus der Drehtür, aus dem Haus und nie wieder einen Fuß auf die LaSalle Street setzen. Mich verstecken. In Kanada im Wald. Oder in Bochum. Dann nahm ich einen Schluck Wasser. Auch diese Verluste waren nicht echt. Waren nur virtuell, die ganzen 14 Millionen. Ich musste noch mal den Einsatz verdoppeln. Was ich auch tat. Wenn es jetzt nicht klappte, dann eben morgen. *HomeStar* musste nur einen Tag deutlich fallen.

Irgendwann kam der Abend und somit mein Date mit Meike. Ich hatte mich darauf eingestellt, auf sie zu warten, mich sogar darauf gefreut, im *Caribou* an einem Tisch zu sitzen und jedes Mal nervös zur Tür zu blicken, wenn sie aufging. Doch als ich um 18:55 kam, war sie schon da.

»Zwei doppelte Espresso«, sagte ich. Sie sagte wieder nichts.

»HST ist übrigens nicht gefallen.«

»Wer?«

»*HomeStar*. Ist sogar gestiegen.«

»Hatte ich gesagt, die würden fallen?«

»Ich habe natürlich entsprechend reagiert.«

»Börse interessiert mich nicht so«, sagte sie. Das hatte ich geahnt, hätte aber trotzdem am liebsten den Espresso an die Wand geschmissen, wenn es nicht so lächerlich gewesen wäre – einen Espresso in einem Pappbecher.

»Du hältst mich für einen langweiligen Banker, oder?« Sie überlegte kurz, dann sagte sie:

»Ja.«

»Dabei ist mein Job total spannend. Die langweiligen Banker sind im Back-Office. Im Händlersaal ist alles total krass. Intensiv. Immer am Limit. Wir sind Rockstars.«

»Ihr könnt euch ja auch kaum retten vor lauter Fans«, sagte Meike, und ich hätte gern gelächelt, doch ich konnte es nicht.

»Warum will eigentlich keiner wahrhaben, wie wichtig Finanzmärkte sind?«, sagte ich. »Wir sorgen dafür, dass das Geld dahin kommt, wo es am produktivsten ist. Jeder kann doch mal Geld brauchen. Für eine Geschäftsidee, als Kredit für seine Firma oder sein Haus.«

»Dann gehe ich zu meiner Bank.«

»Und wo kriegt die das Geld her, das sie dir leiht? Vom Finanzmarkt. Das ist wie in einer Wasserleitung. Wenn niemand für den nötigen Druck sorgt, kommt nichts, wenn man den Hahn aufdreht.«

»Was für ein Sternzeichen bist du?«

»Was?«

Erst jetzt fiel mir auf, dass Meike während meiner Finanzmarktrede das Horoskop auf der Rückseite eines Zuckertütchens gelesen hatte.

»Fische«, sagte ich.

»Schade, hier ist Löwe«, sagte sie und riss das Zuckertütchen auf. Sie schien kein Interesse an mir zu haben, so viel war klar. Trotzdem war sie gekommen. Pünktlich sogar. Sie spielte keine Spielchen. Was sie stattdessen tat, war mir ein Rätsel.

»Und du bist hier, um den Schriftsteller zu treffen, den du übersetzt? Henry LaMarck?«

»Ja«, sagte sie, wenn auch nach einigem Zögern. »Wir arbeiten sehr eng zusammen. Er ist sehr nett.«

»Hast du einen Lieblingsroman von ihm?«, fragte ich.

»*Unterm* …«

»… *Unterm Ahorn*? Ja, der ist toll. Total …« Ich konnte doch nicht nur sagen, dass ich das Buch toll fand. Mir musste noch ein besseres Wort einfallen.

»… intensiv«, sagte Meike.

»Genau. Intensiv. Ich frage mich nur immer, warum es *Unterm Ahorn* heißt. Graham Santos sitzt doch unter Palmen.«

»Das ist weil …«, sie zögerte. War meine Frage so dumm?

»Im ganzen Buch kommt kein Ahorn vor«, sagte ich. Dabei hatte ich es doch gar nicht zu Ende gelesen. Hoffte, dass es nicht am Schluss nur noch um Menschen ging, die unter Ahornbäumen saßen. Auf Ahornholzmöbeln.

»Das ist metaphorisch gemeint. Der Ahorn steht für was anderes.«

»Wofür denn?«

»Keine Ahnung.«

»Dann hast du das einfach übersetzt, obwohl es keinen Sinn hat?«

»Das ist halt nicht so rational wie in deiner Bank.«

»Rational? Es gibt nichts, wo es irrationaler zugeht als bei uns. Heute, zum Beispiel, habe ich verloren. Richtig Geld. Millionen. Mit Long Straddles. Das darf ich eigentlich gar nicht, aber niemand hat es mitbekommen. Ich bin nämlich ziemlich geschickt.« Halt den Mund, sagte ich mir. Jetzt erzählte ich nicht nur von meiner Arbeit, sondern sogar noch das, was niemand wissen durfte. »So muss man drauf sein, um Profit zu machen. Millionen riskieren.«

»Das sind doch Peanuts für euch«, sagte Meike. So konnte man es auch sehen. Peanuts. Bestimmt dachte sie, jeder bei uns benutzt dieses Wort drei Mal täglich.

»Na, egal. Ich hab das schon im Griff. Ist halt einfach mehr Stress als bei dir auf dem Land.«

Sie schwieg.

»Wohnst du in einem ehemaligen Bauernhof?«

Sie antwortete nicht, nickte aber.

»So richtig schön alt?«

»Ein kleines bisschen außerhalb von Tetenstedt. Direkt hinter dem Deich«, sagte sie.

»Mit Strohdach und Kachelofen?«

»Ja, klar.«

»Ein Kachelofen macht so eine gemütliche Wärme«, sagte ich. »Kann aber auch sehr einsam sein, oder?«

»Ich bin gern allein«, sagte sie, und das Schlimme war, ich nahm es ihr ab. »Aber eigentlich bin ich ganz normal«, fügte sie dann hinzu. »Ein ganz normaler Mensch.«

»Ja. Ich auch. Normal.«

»Normal geblieben. Obwohl ich gern alleine wohne.«

»Hast du denn keinen …«, ich biss mir auf die Zunge. »Du kannst auch bei mir wohnen, solange du hier bist. Ich habe eine große Wohnung. Mit Blick auf den See.«

»Ich sollte mich wirklich …«, sagte sie.

»… auf den Weg machen?«, sagte ich.

Dann war sie gegangen. 28 Minuten. Wir hatten wirklich keine Zeit verschwendet. Obwohl ich gern mit Meike etwas Zeit verschwendet hätte.

Nachdem ich wenig später meine Wohnungstür aufgeschlossen hatte, musste ich länger als sonst die dunkle Wand abtasten, bis ich den schmalen Lichtschalter fand. Das kam manchmal vor, und ich dachte mir normalerweise nichts dabei, aber nun vermisste ich die deutschen Lichtschalter. Quadratisch. Groß. Einfach im Dunkeln zu finden, nicht solche kleinen Stöpsel wie hier. Ich öffnete den Kühlschrank, nahm einen Schluck Milch aus dem riesigen Vier-Liter-Kanister und hatte das Gefühl, dass diese amerikanische Welt nicht für mich gemacht war. In Meikes Strohdachhaus an der Nordsee gab es bestimmt Milch vom nächsten Bauernhof.

Ich nahm mein neues Telefon und schrieb: *Hallo Meike*. So fühlte es sich also an, ihren Namen in einer SMS zu schreiben. M-E-I-K-E. 6-33-444-55-33. Da ich nicht wusste, was ich sonst schreiben sollte, schickte ich ihr einfach einen Smiley.

Keine Antwort. Meine Wohnung kam mir so leer vor wie noch nie. Warum interessierte Meike sich nicht für mich? Sie musste doch merken, dass ich nicht langweilig war. Sie musste merken, wie gut wir zueinander passten. Allein schon der lustige Zufall, durch den wir uns kennengelernt hatten. Zwei Deutsche in dieser großen Stadt. Warum wohnte sie nicht bei mir und gab uns eine Chance? Natürlich würde sie bald zurück auf ihren schönen Bauernhof wollen, aber dann könnten wir doch eine Fernbeziehung führen. Ich hatte noch nie eine Fernbeziehung gehabt. Immer nur Freundinnen aus Bochum. Noch ein, zwei Jahre bei Rutherford & Gold, dann hatte ich sicher genug Geld verdient und könnte zu ihr ziehen. Hinter den Deich. Und wenn es draußen kalt war, so wie jetzt, würden wir den Kachelofen anheizen.

Nun hatte auch ich einen Aussteigertraum. Wie Alex mit seiner Motorradtour von Alaska nach Feuerland. Mit Meike, auf dem Land, hätte ich die Chance, endlich so zu sein, wie ich wirklich war. Das zu machen, was ich schon immer machen wollte. Was auch immer das war.

HENRY

Mein Kopf fühlte sich an, als hätte ich den Whiskey nicht ausgetrunken, sondern mir mit der Flasche auf den Kopf geschlagen. Trotzdem schwang ich mich aus dem Bett, machte einige von Val Swanthalers Übungen, nahm zwei Aspirin und setzte mich dann auf das Sofa. Während die Kopfschmerzen langsam verflogen, sah ich aus dem Fenster auf die Stadt, über der es immer heller wurde, auf den See, auf dem das Sonnenlicht in tausend Teile zersprang.

Als ich das Hotel verließ, schien zwar immer noch die Sonne, es wehte aber doch ein etwas kühles Lüftchen, sodass ich mich direkt ins *Caribou* setzte, auf die Galerie im ersten Stock. Dann holte ich den Notizblock des Hotels heraus, auf dem ich gestern das tat, was ich seit einem Jahr nicht mehr getan hatte: schreiben.

Zwei Tage waren seit meiner ersten Begegnung mit dem verzweifelten Business-Boy vergangen. Den ganzen gestrigen Tag hatte ich, immer wieder Whiskey und Snacks beim Zimmerservice bestellend, damit verbracht, eine Szene zu schreiben, in der ich den Business-Boy kennenlernte, um bei meiner nächsten Begegnung besser vorbereitet zu sein.

Im Wechsel sah ich auf meine Notizen, dann aus dem Fenster und lernte die Sätze auswendig, die ich mit dem *Estana-Hotel-&-Spa*-Kugelschreiber aufgeschrieben hatte, sprach sie vor mich hin oder besser: in das businessmäßige Treiben der Welt da draußen hinein, die Drehtür vor Rutherford & Gold im Blick. Die Sonne schien so hell wie seit Monaten nicht mehr; als ob es Frühling würde, mitten im Winter.

Irgendwann fiel sie mir auf. Eine Frau in langem Mantel, die sich so vermummt hatte, als wollte sie sich nicht nur gegen den Winter schützen, sondern nicht erkannt werden. Sie ging in Richtung Fluss, wenig später Richtung Lake Street zurück. Sowohl Schal als auch Mütze waren Fanartikel der *Chicago White Sox*; noch nie hatte ich jemanden gesehen, der so auffällig vermummt war.

Da fiel mir ein, wo ich diese Frau schon einmal gesehen hatte. Im Fahrstuhl auf dem Weg abwärts aus dem Walnut Room. Das war sie also, die Detektivin des Verlags. Gracy Walsh hatte mich doch nicht vergessen. Sie hatten mich nicht aufgegeben und mir einen Schutzengel an die Seite gestellt, der sich im Hintergrund hielt, diskret, aber doch sichtbar.

Etwas Geduld musste der Verlag allerdings noch aufbringen. Erst musste ich mit dem verzweifelten Business-Boy reden. Dann konnte ich dem Verlag mitteilen, dass meinem Jahrhundertroman nichts mehr im Wege stand; dass er zwar später käme als geplant, aber dafür umso großartiger würde, denn das Wichtigste hatte ich ja jetzt gefunden – meine Inspiration.

Als ich alles auswendig gelernt hatte, begann ich mit dem zweiten Teil der Vorbereitung und las das *Wall Street Journal*. Böhmische Dörfer: Zinsen, die sich bewegten und dafür sorgten, dass einzelne Anleihen stiegen, was sich irgendwie auf Aktien auswirkte, deren Kursverkäufe Bodenbildungen zeigten, Trendkanäle durchstießen, Schulter-Kopf-Schulter-Formationen ausbildeten, zum Teil mit verkrüppelter Schulter, Hebelwirkung … Ein Kolumnist fragte sich angesichts der Euphorie bei irgendwelchen Hypothekenbanken, ob es besser wäre zu kaufen, solange Gerüchte kursierten, und zu verkaufen, sobald wirkliche Nachrichten kämen. Oder umgekehrt. Oder beides. Oder nichts davon. Was auch immer. Ich interessierte mich nicht für Geld. Ich hatte Geld. Es lag auf meinem Girokonto, brachte, glaube ich, sogar Zinsen, während mein Bankberater mich bekniete, ich solle es in Aktien anlegen oder zumindest in Staatsanleihen, damit es sich vermehrte. Meine Antwort war immer: Es vermehrt sich doch auch so.

Auftritt: der Business-Boy. Im selben Tempo wie alle anderen ging er aus der Drehtür, dann wurde er schneller. Er überquerte die LaSalle Street eiligen Schrittes – wie jemand, der in Hitchcock-Manier einen Cameo-Auftritt in einem Film absolvierte und wusste, dass er eigentlich nicht in diese Szene gehörte. Die letzten Meter zum *Caribou* legte er fast rennend zurück. Als er die Tür erreichte, erhob ich mich, schritt die Treppe von der Galerie hinab, die sich, obwohl sie eine Wendeltreppe war, anfühlte wie eine Showtreppe. Auftritt: Henry LaMarck. Ich hielt auf die Schlange zu, in die er sich eingereiht hatte, stellte mich direkt hinter ihn. Ich starrte auf seinen Hinterkopf, seine Locken, seinen Hemdkragen. Nun musste ich etwas sagen. Warum ist es bloß so laut hier, dachte ich noch, während die Espressomühlen heulten, Milch fauchend aufschäumte, dann hörte ich seine Stimme. »Einen Americano.« Mit europäischem Akzent. Deutsch. Ich konnte doch nicht einfach einen Europäer ansprechen. Bei einem Amerikaner hätte ich es getan, versuchte ich mir noch einzureden. Aber die Wahrheit war: Ich traute mich nicht. Er drehte sich um. Unsere Blicke trafen sich – nur ganz kurz, doch lang genug dafür, dass ich einen Schreck bekam. Die Augenringe, die leicht vorgebeugte Haltung, die auf dem Foto aussah wie feine Melancholie, hatte nun etwas Erschöpftes bekommen. Als hätte er seit Tagen kaum geschlafen.

Er stellte sich an die Kaffeeausgabe. Ich bestellte dasselbe wie er. Dann warteten wir gemeinsam auf den Barista, der zusammen mit der Milch die Zeit aufschäumte, bis sie sich unendlich dehnte. Wir standen da, umgeben von diesen Finanztypen, stumm, wie Statisten in einer Kunstperformance, die sich mit dem Thema Business auseinandersetzte. Mein Herz. Plötzlich gefiel mir die Einsamkeit meiner letzten Jahre gar nicht mehr so schlecht. Ich gehörte nicht hierher, ich gehörte in den Walnut Room, gehörte zu Enrique und Val Swanthaler; das war meine Welt, die ich mir nicht ohne Grund gewählt hatte. Für solche Aufregungen war ich zu alt.

Ich brauchte mich nur umzudrehen, dann könnte ich gehen. Also drehte ich mich um. Und ging. Kam aber nur drei Schritte weit, als der Barista den ersten Americano ausrief, nach dem der verzweifelte Business-Boy die Hand ausstreckte, doch ich war schneller.

»Entschuldigung, Americano?«, sagte er.

»Ja.«

»Das ist meiner«, sagte er. Genauso hatte ich es mir ausgedacht.

»Oh, Entschuldigung. Ich bekomme auch einen, aber Sie sind natürlich ... bitte.«

»Kleiner Americano«, sagte der Barista noch mal. Meine Szene funktionierte!

»Sehen Sie?« Was kam jetzt? Ach ja: »Wo ist hier der Süßstoff?«

»Da drüben«, sagte er. Bis hierherzukommen war kein Problem. Das waren die wenigen Sekunden, die ein, zwei freundlichen Sätze, die ein beschäftigter Mann einem Fremden zu geben bereit war.

»Sie scheinen sich hier ja gut auszukennen. Arbeiten Sie hier in der Gegend?«

»Bei Rutherford & Gold«, sagte er und wies mit dem Kopf Richtung LaSalle Street.

»Ach, wirklich? Kann ich Sie etwas fragen?«, sagte ich und holte mein *Wall Street Journal* heraus, die Seite mit den Stellen, die ich wahllos markiert hatte. Er sah mich an und sagte Ja, eher fragend als ermutigend.

»Es ist nur eine kurze Frage, wenn Sie einen Moment, also, ich bin Schriftsteller und ...« Das war zugegebenermaßen etwas armselig, aber so hatte ich es nun mal aufgeschrieben. Eigentlich müsste ich Meister im Flirten sein, so viele gute Anmachen wie ich in meinem Leben schon geschrieben hatte, doch dieses kleine Drehbuch war das erste, was ich seit einem Jahr zu Papier gebracht hatte. Ich war aus der Übung. Wie ein Bettler eine von Hand beschriebene Pappe, hielt ich das *Wall Street Journal* vor meinen Bauch und wollte gerade meinen Namen sagen, da sagte er:

»Kenne ich Sie nicht von irgendwoher? Sie sind Henry La-Marck.«

Filmriss. Früher im Kino hätte die Leinwand jetzt gleißend weiß geleuchtet, heute, im Zeitalter der Videobeamer, wäre sie wohl blau geworden, mit Worten darauf wie: *Kein Signal.*

»So ein Zufall. Sie sind mein Lieblingsschriftsteller. *Unterm Ahorn* ist so ein tolles Buch. So intensiv. Wollen wir einen Kaffee trinken?«

»Ja«, sagte ich und widerstand dem Impuls, ihn zu umarmen. Ich war auf einen Fan gestoßen. Kein Signal.

Er setzte sich an einen Tisch und schob die Sandwichpackungen vorheriger Besucher zur Seite. Ich hatte meinen Americano an der Theke stehen lassen, half ihm trotzdem, Platz zu machen, indem ich die Sandwichpackungen dorthin schob, wo eine dritte Person hätte sitzen können, etwas zu schwungvoll, sodass ein halb gegessenes Roggenbrotsandwich mit Alfalfasprossen auf den Boden fiel.

»Das lese ich gerade. Zum zweiten Mal«, sagte er. Er hielt *Unterm Ahorn* in der Hand. Hätte ich nicht gesessen, ich hätte mich setzen müssen. Mir war nicht aufgefallen, dass er ein Buch bei sich trug, hatte nur auf sein Gesicht geachtet. Ich versuchte ruhig zu bleiben, hielt mich am *Wall Street Journal* fest und sagte:

»Das lesen Sie bestimmt auch, oder?«

»Nie. Keine Zeit.«

»Ach, wirklich? Ich schreibe einen Roman. Darüber«, sagte

ich oder besser, log ich und zeigte auf irgendeine Stelle. »Über dieses …«

»Hebelwirkung?«, fragte er.

»Ja.«

Er sah mich ungläubig an.

»Nicht direkt. Das ist eine Metapher.«

»Und wofür?«

»Das weiß ich noch nicht, deswegen würde es mich freuen, wenn Sie mir das erklären könnten.«

Daraufhin sah er mich zwar nicht weniger ungläubig an, schien sich aber darauf einzulassen.

»Also, das ist so …«, ich sah ihn an, er fuhr sich durch die Haare, sodass einige Locken sich aus dem Griff des Gels lösten. Er redete, ich lächelte, nickte. Er trug eine schwarze Anzughose, ein tailliert geschnittenes Hemd, keine Krawatte, kein Jackett. Heute war nur der obere Knopf des weißen Hemdes offen, nicht zwei wie auf dem Foto in der *Tribune*. Mit meinem Nadelstreifenanzug, dem hochgeschlossenen Hemd, der gestreiften Krawatte kam ich mir hoffnungslos overdressed vor. Als auch ich mir durch die Haare fuhr, fiel mir wieder ein, dass sie grau waren – warum hatte ich das bloß getan? Ich sah aus wie ein Rentner, der einen Einkaufsgutschein bei *Boss* gewonnen hatte.

»Und wenn am Verfallstag die Verlustschwelle unterschritten ist …« Ich hatte keine Ahnung, wovon er redete, nickte aber weiter, da ich ihm gerne zunickte. Da saß er nun vor mir und erklärte mir diese Hebelwirkung. Nicken. Lächeln. Nicken. Es war eines dieser Chicagoer Wunder, der Fluss hatte die Richtung gewechselt. Da machte er plötzlich eine wilde Bewegung mit dem Arm. Hatte er Peitsche gesagt?

»Wenn ich jetzt ausholen würde, müsste ich nur ein bisschen … so. Eine kleine Bewegung mit der Hand – ein großer Ausschlag mit der Peitsche.« Er zischte durch eine kleine Lücke zwischen seinen Schneidezähnen und zog den in der Schlange wartenden Bankern eins über. »Das ist Hebelwirkung. Mit wenig Kapitaleinsatz kann ich durch Optionen viel gewinnen. Oder alles verlieren. Manche mögen das unmoralisch finden, Zockertum und so. Oder langweilig.«

»Ach, wirklich? Aber nein!«

»Dabei ist mein Job total intensiv. Wir sind die Rockstars einer jeden Investmentbank. Nur ohne Fans. Die Leute haben keine Ahnung, wie wichtig Märkte sind. Jeder kann doch mal Geld brauchen. Für eine Geschäftsidee, als Kredit für seine Firma oder sein Haus. Wir sorgen dafür, dass das Geld dahin kommt, wo es am produktivsten ist. Wie eine Wasserleitung. Wenn niemand für Druck sorgt, kommt auch nichts, wenn Sie den Hahn aufdrehen.«

»Köstlich!«, rief ich und klopfte ihm aufs Knie. Der Business-Boy saß einfach da, weder besonders zugewandt noch abweisend. Trank seinen Kaffee.

»Ich bin froh, dass ich endlich jemanden getroffen habe, der sich damit auskennt. Einen echten Profi.«

Er hob den Kopf in einer raschen, fast abrupten Bewegung, dann sank sein Blick auf meinen Roman, den er vor sich auf den Tisch gelegt hatte.

»Ich würde Sie auch gerne was fragen.«

»Ach, wirklich?«

»Warum heißt das Buch *Unterm Ahorn*? Graham Santos sitzt doch die ganze Zeit unter einer Palme.«

»Das ist ganz einfach. Weil ich adoptiert bin. Und als ich das Buch schrieb, gerade erfahren hatte, dass meine leiblichen Eltern Maple heißen. Ahorn.«

»Maple?«

»Ja.« Ich wunderte mich über mich selbst. Ich hatte mich immer geweigert, den Titel zu erklären, was zu wilden Spekulationen über dessen metaphorische Bedeutung geführt hatte, da in dem ganzen Buch alle möglichen Bäume vorkommen, Eichen,

Linden, sogar eine Espe, aber kein einziger Ahornbaum. Niemand wusste, dass ich adoptiert war. Nicht, weil ich das so schlimm fand – ich fühlte mich in keinster Weise traumatisiert. Ich wollte einfach keine schlafenden Hunde wecken. Meine leiblichen Eltern wussten nicht, wer mich adoptiert hatte, hatten keine Ahnung davon, was für einen berühmten Künstler sie da zur Welt gebracht hatten. Kurz bevor mein Roman erschien, hatte ich erfahren, wie sie hießen: Hugh und Kiki Maple. Ich hatte das damals in Erfahrung gebracht, weil ich ihnen eigentlich ein Buch schicken wollte. Doch dann bekam ich plötzlich Angst davor, dass irgendwelche Maples bei mir auftauchen und auf Verwandtschaft machen würden – eine Familie war mir mehr als genug. Also meldete ich mich nicht bei ihnen, stattdessen nannte ich das Buch *Unterm Ahorn*.

»Dann ist das gar keine Metapher? Die Leute gehen in dem Roman doch dauernd aneinander vorbei, die Liebe geht an den Leuten vorbei, da dachte ich, dass eben auch der Titel an dem Buch vorbeigehen soll.«

»Ach, wirklich?«, sagte ich und bappte mir einen imaginären Klebezettel an die Stirn, nicht noch einmal »Ach, wirklich« zu sagen.

»Der ganze Roman ist doch ein Plädoyer dafür, nicht zu sehr an die Liebe zu glauben. Seine Unabhängigkeit zu leben. Das ist doch der Sinn dieses Buches.«

Er hatte recht. Zumindest hatte ich in Interviews immer wieder behauptet, dass die Liebe ein Auslaufmodell sei. Es hatte ja Zeiten gegeben, in denen sich kaum jemand für Romantik interessiert hatte. Vor der Romantik. Und heute, im Zeitalter der Kaffeemaschine und des Tiefkühlgerichts, war es vielleicht auch wieder so weit, hatte ich den Journalisten gesagt – aber in diesem Moment wollte ich nicht daran glauben.

»Richtig, das ist der Sinn des Buches. Aber das ist doch nur ein Roman. Das Leben ist anders.«

»Meins nicht«, sagte der Business-Boy.

»Na ja, meins eigentlich auch nicht«, sagte ich.

»Dann haben Sie es doch geschafft, so zu leben, wie in *Unterm Ahorn* beschrieben. Ihre Bücher haben Sie reich gemacht. Also sind Sie unabhängig. Sie haben doch sicher eine Villa, einen Chauffeur, einen Vermögensberater und ...«

»Mein Geld ist einfach so auf der Bank«, sagte ich. Er sah mich an, als hätte ich statt Bank Bahnhofsschließfach gesagt.

»Fonds?«

»Nein.«

»Anleihen?«, sagte er so betroffen als hätte ich ihm gerade offenbart, ich hätte nur noch wenige Wochen zu leben.

»Auf meinem Konto. Bei Rutherford & Gold, zufälligerweise.«

»Warum machen Sie denn nichts damit?«

»Ich mache ja was damit, ich gebe es aus.«

»Auf dem Konto«, wiederholte er fassungslos. Da wusste ich, wie die Szene weitergehen musste, und sagte:

»Vielleicht sollte ich doch mal etwas anlegen.«

»Das müssen Sie!«

»Könnten Sie mir da vielleicht helfen?«

»Jederzeit.«

»Morgen um sechs. Hier?«

»Ja. Ich habe zurzeit keine Visitenkarten«, sagte er, während er eine Serviette nahm und mir seine Telefonnummer aufschrieb. Ich steckte sie in die Innentasche meines Business-Outfits, ohne vorher draufzusehen. Liebend gern hätte ich sofort seinen Namen gewusst, aber ich traute mich nicht, es wäre mir vulgär vorgekommen. Er stand auf. Musste wieder nach drüben, zu diesen Märkten, an denen sich ja dauernd etwas tat.

»Ach so«, sagte er dann, »könnten Sie noch?« Er gab mir sein Exemplar von *Unterm Ahorn*.

Routiniert zückte ich den Hotelkugelschreiber aus dem

Estana, ließ mit einem forschen Klick die Mine herausspringen, schlug das Buch auf – dann wusste ich nicht mehr weiter. Was sollte ich schreiben? *Love*? Kann man das einfach schreiben? Oder musste man dann *Peace* dazuschreiben, damit es ein Hippiezitat war und er das mit *Love* nicht so ernst nahm? Wollte ich, dass er es ernst nahm? *Grüße*? Nun hatte ich schon angefangen, der Strich für das L war gemacht. Ich überlegte noch, daraus ein LaMarck zu machen, da schrieb ich schon: *Love, Henry*.

Dann verabschiedeten wir uns. Ich ging wie auf Wolken, legte den Kopf in den Nacken. Der Himmel war blau. Ich hätte gern Sterne gesehen, aber es war erst Mittag. Ich prallte gegen einen Mann, der fast den gleichen Anzug trug wie ich. Statt um Entschuldigung zu bitten, lächelte ich ihn an und ging weiter. Dann nahm ich die Serviette aus der Tasche. Der Business-Boy hieß Jasper Lüdemann und arbeitete in meiner Bank, die für mich immer ein rätselhafter Ort voller leise ausgeführter obskurer Handlungen gewesen war, wo es das ganze Jahr Kaffee gab und in der Adventszeit Kekse. Nun dachte ich an Rutherford & Gold, und mir wurde warm ums Herz.

Zurück im Hotel stellte ich fest, dass das Zimmermädchen statt Schokolade ein Tütchen mit Wasabinüsschen gebracht und auf meinen Nachttisch gelegt hatte – nicht auf das Kopfkissen. Wir begannen uns zu verstehen.

Ich musste mich regelrecht zwingen, nicht sofort auf dem *Estana*-Briefpapier meinen Jahrhundertroman zu beginnen. Die Kennenlern-Szene, die ich gestern für Jasper und mich geschrieben hatte, hatte funktioniert. Ich konnte es also noch! Doch ich wollte das nächste Treffen mit Jasper abwarten. Mich von seinen Erzählungen leiten lassen. Auf dem Schreibtisch lag der rote Umschlag mit dem Wort NOTFALL. Ich drehte ihn um, sodass der Schriftzug *Shoreditch House* oben lag. Ich konnte kaum glauben, dass ich vor einigen Tagen noch kurz davor gewesen war, ihn zu öffnen. So was Albernes. Als ob so ein Umschlag mir helfen könnte. Der Einzige, der mir helfen konnte, war ich selber. Und siehe da, ich hatte es getan. Ich legte den Umschlag in die Minibar und drückte sie besonders fest zu.

Das Gefühl von Sinnlosigkeit, das mich befallen hatte, die ganze Verzweiflung, löste sich wie ein klebriges Hustenbonbon. Der verzweifelte Business-Boy, der nicht einmal Zeit für das *Wall Street Journal* hatte, las meine Romane!

MEIKE

Als ich nach dem Treffen mit Jasper wieder bei den Nonnen ankam, fand ich eine Rechnung auf meinem Zimmer, die mir bewusst machte, was ich zu verdrängen versucht hatte: Mir lief die Zeit davon. Außerdem war die Rechnung höher, als ich gedacht hatte; das Frühstück kostete extra, und es gab mehrere Steuern, die nicht im Preis inbegriffen waren.

Durch die Klimaanlage, die einfach in mein Fenster gesetzt worden war und durch die kalter Wind zog, hörte ich Lachen im Hinterhof, das auch Schreien hätte sein können. Autotüren schlugen zu, schwere Technobässe von weit weg, ab und zu ein Motorengeräusch.

Ich aß ungetoastetes Toastbrot und las in *Unterm Ahorn*, der deutschen Übersetzung, meinem Werk. Henry LaMarck war der beste Schriftsteller der Welt. Aber dass selbst solche langweiligen Schnösel wie dieser Jasper ihn nicht nur kannten, sondern sogar gelesen hatten, überraschte mich doch. Wenngleich Jasper natürlich nicht verstanden hatte, dass der Titel *Unterm Ahorn* metaphorisch gemeint war. Zu fern lag das seiner Welt der Zahlen, in der er alles im Griff hatte, von der er so viel erzählte, dass mir unsere halbe Stunde sehr lang vorgekommen war.

Doch wenigstens wusste ich nun, dass ich noch in der Lage war, mich normal zu verhalten. Andere Leute hatten so was dauernd: schnelle, routinierte, unaufgeregte Dates mit Leuten, die sie nicht interessierten; und so war es auch bei Jasper und mir gewesen, fast so unromantisch wie mit Arthur vor zehn Jahren in der Haushaltswarenabteilung von Karstadt.

Zugegeben, bei der Darstellung meiner Lebensumstände hatte ich etwas übertrieben, was dazu führte, dass mir meine Wirklichkeit umso kümmerlicher erschien, doch immerhin hatte er mir geglaubt. Und wer weiß, in ein paar Jahren, wenn sich Henrys Romane weiterhin so gut verkauften, könnte ich das Haus langsam umbauen, vielleicht sogar das Dach mit Stroh decken lassen.

Der BlackBerry piepte. Jasper schickte eine SMS mit einem gelben grinsenden Kreis, der in der Kurznachricht auf und ab hüpfte und mir zuzwinkerte. Ich löschte sie.

Es war schon fast Mitternacht, als ich noch einmal das Zimmer verließ, durch die stillen Gänge schlich, an den Türen der anderen Pensionszimmer vorbei, in einem lief noch der Fernseher. Ich setzte mich ein wenig in die Kapelle und sah auf das rot erleuchtete Wort EXIT rechts neben dem Altar.

Auf dem Rückweg sah ich, dass an der Rezeption noch jemand saß, bezahlte die Rechnung bis heute, ohne den Nonnen Trinkgeld zu geben, und verlängerte das Zimmer. Mir blieb kaum noch Zeit, ein paar Tage noch, dann musste ich zurückfliegen – so forderte es mein zwar teures, aber trotzdem nicht umbuchbares Ticket. Ich wusste zwar nicht, wovon ich die nächsten Nächte bezahlen sollte, aber ich hatte keine andere Wahl. Denn das hatte mir das Treffen mit Jasper klargemacht: Ich suchte nicht nur nach Henry LaMarck, weil ich ihn brauchte oder er mich – die Welt brauchte ihn. Millionen von Lesern warteten auf seinen Jahrhundertroman, und es lag an mir, ihn endlich zur Manuskriptabgabe zu bewegen.

Am Morgen nahm ich auf der LaSalle Street meine Suche wieder auf. Ich versuchte erneut mein Glück. Leider ohne Glück, denn er ließ sich nicht blicken.

Aber war das wirklich so schlimm? Mir kam ein Gedanke, der so logisch war, dass es mich wunderte, bisher nicht darauf gekommen zu sein: Dass Henry sich nicht blicken ließ, konnte auch ein gutes Zeichen sein. Vielleicht hatte er an jenem Tag im Finanzviertel recherchiert, inmitten der Hochhäuser, um ein letztes Detail in seinen Roman zum 11. September einzufügen. Jetzt fand ich ihn nicht, weil er dort saß, wo auch immer er sich versteckt hatte, die letzten Seiten schrieb, um morgen das Manuskript abzugeben. Vielleicht sogar schon heute? Wie sollte ich das wissen, wo doch mein deutsches Handy hier nicht funktionierte? Vielleicht hatten sich, während ich hier herumirrte, alle meine Probleme längst in Luft aufgelöst.

Ich nahm den BlackBerry, fand nach einer Weile heraus, wie man die Rufnummernübertragung abstellte, wählte eine Nummer, die ich auswendig wusste, und wartete bis Thorsten Fricke sich meldete.

»Hier ist Meike.«

»Meike. Was macht die Nordsee?«

»Habt ihr schon was von Henry LaMarck gehört?«

»Immer noch nicht. Niemand bei *Parker* weiß, wo er ist.«

»Und ihr könnt mir wirklich keinen Vorschuss zahlen?«

»Ich …«

»Muss ja nicht viel sein.«

»Übersetzer bekommen keine Vorschüsse auf Bücher, die die Autoren noch nicht abgeliefert haben.«

»Aber er wird es abliefern. Da bin ich mir sicher.«

»Und wenn er kein Manuskript hat?«

»Er hat uns noch nie im Stich gelassen. Er sitzt irgendwo, ändert ein paar letzte Kleinigkeiten, dann gibt er ab.«

»Und bis dahin müssen wir warten.«

»Würdet ihr mir die Reise nach Chicago bezahlen, wenn ich nach ihm suche?«

Thorsten lachte.

»Ich zahle die Reise, okay? Ihr müsstet nur meine Unterkunft zahlen.«

»Und wenn du ihn wirklich findest, was machst du dann?«

»War nur so eine Idee«, sagte ich und legte bald danach auf.

Selbst durch diese interkontinentale Handyverbindung hatte ich hören können, dass Thorsten Fricke während des Telefongesprächs nicht aufgehört hatte, die E-Mail zu schreiben, an der er gerade saß, die ganze Zeit hatte die Computertastatur geklappert.

Etwas später stand ich wieder vor dem *Caribou* und rauchte die letzte Zigarette aus meiner zollfreien Stange. Wie es mir gelungen war, in diesem raucherunfreundlichen Land in den wenigen Tagen eine ganze Stange zu rauchen, war mir ein Rätsel, vielleicht aber auch logisch, da ich überall, wo man noch rauchen durfte, das Bedürfnis verspürte, es sofort zu tun.

Auf dem weißen Zigarettenpapier hinterließen die Schneeflocken dunkle Flecken, die ich langsam wegrauchte.

Ich hatte meine Chance gehabt, ihn zu finden, und hatte sie nicht genutzt. Nun blieb mir wohl nur eine Rückkehr zu den Hausfrauenpornos.

Viel weiter konnte ich nun wirklich nicht sinken, dachte ich, und wusste doch, dass es nicht stimmte. Ich konnte noch viel weiter sinken: Ich konnte Jasper fragen, ob ich bei ihm wohnen könnte und er mir irgendwann später einen Rückflug bezahlte. Bei dem Gedanken daran verzog ich das Gesicht und kniff die Augen zusammen, als hätte ich auf ein Stück Alufolie gebissen. Banker sind langweilig und arrogant, da waren wir uns immer einig. Arthur und ich. Gösta und Regine, Sabine und Lars. Bei ihm zu wohnen, wäre wirklich ein Opfer.

Auf der anderen Seite wusste ich bei Jasper wenigstens genau, woran ich war. Er war ein Langweiler, aber er fand mich irgendwie toll. Damit werde ich mich wohl arrangieren müssen, schließlich konnte ich nicht zurück, ohne sicherzustellen, dass Henry LaMarck seinen Roman beenden konnte. Und wenn ich dafür bei diesem Bankerlangweiler wohnen musste, musste es eben so sein.

Ich nahm den BlackBerry und schrieb: *Lass uns gerne mal wieder treffen.* Löschte es und schrieb *Danke für das Smiley,* löschte auch das wieder und entschied mich für *Danke. Bis denn!,* löschte das Ausrufezeichen, löschte dann alles wieder und entschied mich nur für einen Smiley, der ebenfalls lächelte, wie der, den Jasper mir geschickt hatte, aber wenigstens nicht zwinkerte und auf und ab hüpfte.

Ich schickte die Nachricht ab.

JASPER

Im Fahrstuhl auf dem Weg zum Händlersaal ging ich so nah an den Spiegel ran wie möglich. Sah in mein rechtes Auge – seit ich durch die Speed-Gates gegangen war, spürte ich ein Zucken im oberen Lid. Doch so heftig das Zucken sich auch anfühlte, zu sehen war es kaum. Ich war weiterhin unauffällig. Vier Stunden musste ich geschlafen haben, vielleicht etwas mehr, vielleicht etwas weniger. Ich war nach Hause gekommen und hatte mich einfach auf das Sofa gelegt, komplett bekleidet, wohl so gegen acht. Um 23:14 war ich von meinem Hunger aufgewacht, aß Röstzwiebeln und saure Gurken. Etwas anderes war nicht da. Währenddessen bestellte ich eine Pizza, die ich in der Küche in mich reinstopfte. Danach konnte ich nicht wieder einschlafen und las weiter in *Unterm Ahorn*. Die ersten Kapitel spielten in einem Palmenhaus im Lincoln Park. Meike kannte es bestimmt, schließlich war es der wichtigste Ort in diesem wichtigen Roman von Henry LaMarck. Ich hatte nicht mal davon gehört. Unglaublich, wie schlecht ich diese Stadt kannte. Nie war ich in einem Museum gewesen, nie in einem Konzert – kein Wunder, dass Meike sich nicht für mich interessierte. Vielleicht war ich doch langweilig?

Irgendwann war ich noch mal eingeschlafen, doch um 1:20 schreckte ich hoch. In weniger als einer Stunde begann der Handel in Europa. Ich musste los.

In der U-Bahn setzte ich mich hin. An der Clark/Division-Station dämmerte ich weg. Hatte Glück, dass ich an der Lake Street wieder aufwachte, sonst wäre ich wohl ganz bis zum Ende der roten Linie gefahren.

Ein neuer Tag. Alles oder nichts. Als ich nachsah, wie *HomeStar* in Europa in den Handel gegangen war, wusste ich gleich: Es würde ein weiterer Tag werden, an dem *nichts* ging.

Minus 50 Millionen. Ungefähr.

Wieder wollte ich alles verkaufen, neu kaufen, in Bewegung halten. Doch als ich nach Optionen auf *HomeStar* suchte, fand ich kaum etwas. 5.000 Kontrakte hier, 5.000 da. Mehr nicht. So konnte ich meinen Einsatz nicht erhöhen. Der Markt war nicht tief genug.

Telefon. Ich nahm nicht ab. Wie oft konnte ich das wohl noch tun, ohne dass sich die Kollegen in London bei Alex beschwerten? Darüber durfte ich nicht nachdenken. Irgendwie musste ich es schaffen, die Wette noch mal zu verdoppeln. Kaufte Verkaufsoptionen auf andere Hypothekenbanken, setzte auf das Fallen der Bankenbranche insgesamt, kaufte und kaufte, in kleinen Stückzahlen, immer wieder. Was zumindest den Vorteil hatte, dass ich nicht dauernd daran denken musste, wie viel Geld ich insgesamt riskierte. Hätte ich alle Kontrakte auf einmal gekauft, müsste auf dem Bildschirm in guter Windows-Manier ein Fenster mit einem gelben Ausrufezeichen aufpoppen: *Sie sind dabei, 50 Millionen Dollar zu riskieren, die Ihnen nicht gehören. Wollen Sie fortfahren?* Und darunter ein einziger Button zum Anklicken, kein *Ja*, kein *Nein*, kein *Abbrechen*, sondern nur ein *Was bleibt mir anderes übrig?*

Von wegen langweiliger Banker! Meine Kollegen, die waren langweilig. Riskierten nichts, während ich permanent am Rande des Abgrunds stand.

Während die Nacht langsam zu Ende ging, stieg *HomeStar* weiter. Jeder Cent, den die Aktie zulegte, erhöhte meine Verluste. Doch wenigstens stieg sie nun wieder langsamer. Diesmal war es eindeutig: Die Umsätze sanken, die Aufwärtsbewegung verlor an Kraft.

Kurz bevor die anderen kamen, hatte ich es geschafft, meinen Einsatz nochmals zu verdoppeln. Konnte endlich wieder Anrufe von Kunden annehmen. Dabei wollte ich eigentlich nur noch schlafen. Mein Augenlid zuckte weiter. »Man sieht es dir nicht an«, sagte ich mir. »Niemand sieht dir an, dass du auf dem Weg bist, der Verlierer des Jahrzehnts zu werden.«

Ich dachte an meinen Vater. Hätte ich ihm die Wahrheit gesagt? Ich musste aufhören, an so was zu denken. Es gab wirklich Wichtigeres. Ich kannte meinen Vater ja nicht mal. War noch viel zu klein, als er nach diesem einen langen Arbeitstag mit den Kollegen noch ein Glas trinken gegangen war. Ein Glas Wein nur, er musste ja noch fahren. War immer gewissenhaft. Der Fahrer des grünen Ford Granada war es nicht. Hatte zwei Promille, fuhr bei Rot über die Ampel und rammte den Audi meines Vaters.

Telefon. Schon zum dritten Mal klingelte es, zum vierten Mal, doch ich reagierte nicht. Hörte die Stimme meiner Mutter, die mir von meinem Vater erzählte. Er existierte für mich nur durch ihre Stimme, durch das Foto, das ich nun vor mir sah. Meine Mutter hatte es in mein Kinderzimmer gehängt: ein junger Mann mit Fönfrisur in einem weißen Polohemd mit grünem Krokodil auf der linken Brust.

Ihm hätte ich erzählen können, was hier passierte. Es wäre ihm nicht egal gewesen – im Gegensatz zu Meike. Bei unserem Espresso-Date hatte ich wieder alles falsch gemacht. Doch nun hatte ich noch eine letzte Chance bekommen. Ich hatte ihren Schriftsteller kennengelernt, diesen Henry LaMarck. Dieser komische Kauz schien mich irgendwie zu mögen. Hielt mich für einen echten Profi. Ich musste versuchen, mich mit ihm anzufreunden.

Dann nahm ich endlich wieder das Telefon ab. Handelte. Erst als es Tag geworden war und Suzanne, Nathan und Jeff bereits an ihren Plätzen saßen, blieb es einen Moment still. Ich loggte mich in Neelys Account ein. Das Volumen meiner Spekulationen hatte nun endgültig eine Größenordnung erreicht, wo es dem Back-Office auffallen musste. Wahrscheinlich rätselten die Kollegen dort jetzt schon, was die automatischen Warnungen bedeuteten, die ich dadurch verursacht hatte, dass ich in dieser Nacht meinen Einsatz nochmals erhöht hatte. Doch eine Chance hatte ich vielleicht noch: Neelys Account galt weiterhin als Account eines Mitarbeiters von Rutherford & Gold. Wenn es mir gelang, aus diesem Mitarbeiter-Account einen Kunden-Account zu machen, würde es so aussehen, als ob die Positionen nicht im Verantwortungsbereich der Bank lägen. So könnte ich noch mal Zeit gewinnen. Ich nahm das Telefon und rief Brittany Page an, die Chefin des Back-Office.

»Brittany, hier ist Jasper. Lüdemann.«

»Ach, hallo, ja, Jas. Guten Morgen.«

»Guten Morgen, Brittany. Willkommen zurück.«

»Ja, waren schöne Monate, so ruhig.« Im Gegensatz zu meinem, ist dein Job auch ruhig, du blöde Kuh, hätte ich am liebsten gesagt, hatte mich jedoch unter Kontrolle und fragte:

»Wie geht es denn Jordan und ... wie heißt das neue?«

»Marjorie.«

»Marjorie. Schöner Name.«

»Was kann ich für dich tun?«

»Wir hatten hier einen ... Rausschmiss. Einer der Trader ist gegangen. Ich habe die Positionen seiner Kunden übernommen und sehe gerade, ich habe da ein, zwei Sachen falsch gebucht. Große Long-Straddle-Positionen von HST und so. Die sind noch in unseren Büchern, obwohl sie einem Kunden gehören«, sagte ich und versuchte so beiläufig wie möglich hinzuzufügen: »Nur, dass ihr euch nicht wundert, wenn es da eine Warnmeldung gibt.«

»Wie heißt der Trader?«

»Chris Neely. Ich bringe das heute in Ordnung.«

Zum ersten Mal hatte ich das Gefühl, wirklich clever gewesen zu sein. Wenn meine Kollegen einen Fehler machten, versuchten sie es zu vertuschen. Was sie nicht wussten: Bei Brittany war das genau falsch. Am wenigsten misstraute sie den Tradern, die ihre Fehler von sich aus zugaben. Nun musste ich nur noch Chris Neelys Account in den eines Kunden umwandeln. Mit meiner Sicherheitsstufe durfte ich das nicht. Ich brauchte die Zugangsdaten von jemandem mit einer höheren Security-Clearance. Natürlich hätte ich versuchen können, mit einer Hackerattacke an diese Zugangsdaten zu kommen. Wie man sich das so vorstellt, mit *spoofing* oder *rainbow-cracking*, Trojanern und *phishing*. Doch wenn Brittany noch genauso tickte wie früher, hatte dieses kleine Schwätzchen gereicht.

Wie wir alle, musste auch Brittany ihr Passwort wöchentlich ändern, war dabei jedoch so oft durcheinandergekommen, dass sie sich ein System zurechtgelegt hatte: Sie nahm den Namen ihres Sohnes – deswegen erinnerte ich überhaupt, dass er Jordan hieß – und die jeweilige Kalenderwoche. Hatte sie mir bei der letzten Back-Office-Weihnachtsfeier erzählt, als sie zu viel getrunken hatte, wie die anderen Langweiler auch. Da Brittany kein besonders origineller Mensch war, versuchte ich es nun einfach mit dem Namen ihrer Tochter und der Kalenderwoche: *Marjorie06*. Nachdem ich auf *Login* geklickt hatte, kam mir das Ganze plötzlich absurd vor. So einfach konnte das doch nicht sein. Rechnete fest mit einem *Zugriff verweigert*, doch stattdessen sah ich einen Fortschrittsbalken, der sich langsam füllte. Dann war ich drin. Mit Brittanys Security-Clearance im System! Konnte mir ein Grinsen nicht verkneifen. Eigentlich durften Händlersaal und Back-Office nichts miteinander zu tun haben. Die für uns und für sie zugänglichen Informationen wurden streng getrennt, wie durch eine Chinesische Mauer. Ich hatte sie durchbrochen.

Sah ihre Desktop-Oberfläche auf meinem Bildschirm. Fand Account 8-4339633. Löschte die 8, die dafür stand, dass es ein internes Konto war. Ersetzte sie durch eine 6, die die Konten von privaten Anlegern markierte.

Ich löschte Neelys Daten. Nun brauchte ich nur noch einen Namen für meinen Kunden. Wenig später war ein gewisser Mister Graham Santos Kunde von Rutherford & Gold. Obwohl es ihn erst seit ein paar Minuten gab, hatte er bereits ein Vermögen verloren.

Eine dauerhafte Lösung war das natürlich nicht. Schließlich war es weiterhin das Geld der Bank, das ich verloren hatte, auch wenn es jetzt so aussah, als ob ein Kunde diese Geschäfte gemacht hätte. Aber es hatte sich wieder etwas verändert, das sie im Back-Office erst mal nachvollziehen mussten. Ich war ihnen wieder einen Schritt voraus.

Ich machte eine Pause, nahm *Unterm Ahorn* raus und aß ein Snickers. Las einige Sätze, dann hörte ich wieder auf. Verglichen mit dem, was gerade in meinem Leben passierte, kam mir alles in diesem Buch langweilig vor. Ich ließ den Blick über die Monitore schweifen wie ein stolzer Fußballtrainer, dessen Mannschaft sich genau so verhielt, wie er es ihnen gesagt hatte. Doch irgendwas war anders. Dieselben Daten wie immer. Nichts hatte sich getan. Ludemann stand da auf meinem Schild, wie immer, doch daneben war nichts. Die Schalkefahne war weg.

Ich gab mir nicht die Blöße, unter meinen Schreibtisch zu krabbeln und zu suchen. Niemand sollte sehen, dass mich das störte. Ich kaute einfach weiter. Gönnte mir eine Pause. Mit einem guten Buch. Schlug *Unterm Ahorn* am Anfang auf. Hatte ganz vergessen, dass Henry LaMarck mir eine Widmung reingeschrieben hatte: *Love, Henry.* Dieser Schriftsteller war schon ziemlich merkwürdig. Aber die Amerikaner gingen mit dem Wort love ja generell ziemlich sorglos um. Sorgloser als wir Deutschen zumindest. Und wenn ich jetzt einfach eine SMS an Meike schickte: *Liebe, Jasper?* Ich nahm mein Handy. Doch natürlich schrieb ich nichts dergleichen. Das wäre undenkbar. Da sah ich, dass ich eine SMS von Meike bekommen hatte. Ich musste es überhört haben. Mir fiel auf, dass ich nicht mal wusste, wie der Benachrichtigungston von diesem neuen Handy war.

Meike hatte auf meine SMS von gestern geantwortet. Mir auch einen Smiley geschickt. Das Telefon auf meinem Schreibtisch klingelte schon wieder, doch ich legte das Handy nicht aus der Hand. Rief Meike an und hörte Sekunden später bereits ihre Stimme.

»Hallo?«

»Ich habe ein Geschenk für dich. Hast du Zeit?«, sagte ich und hielt die signierte Ausgabe von *Unterm Ahorn* fest in der Hand.

»Ja. Heute Abend. Um sechs?«

»Ja«, sagte ich und zögerte einen Moment. Genau um diese Zeit war ich mit Henry LaMarck verabredet. Doch ich musste Prioritäten setzen. »Um sechs. Wollen wir uns im Lincoln Conservatory treffen? Im Palmenhaus?«

»Ja«, sagte Meike. »Sehr gern.«

14:33. Ich wünschte, die Zeit bis zu unserem Treffen im Palmenhaus wäre schon rum. Gleichzeitig hoffte ich, der Nachmittag würde ewig dauern, so viele Transaktionen musste ich machen, um das Casino am Laufen zu halten. Noch halb mit den Gedanken bei meinem Telefonat mit Meike, sah ich aus dem Augenwinkel ein rotes Blinken auf dem Bloomberg-Monitor. *Home Star* drehte ins Minus. Ich hatte es gewusst! Auf dem Analystenmonitor eine neue Ad-hoc-Nachricht: *Unter Marktteilnehmern wachsen Zweifel, dass die Praxis von Hypothekenbanken wie HomeStar, Immobilienkredite zu Mortgage Backed Securities zu bündeln und auf dem Kapitalmarkt zu verkaufen, auf Dauer zu einer zufriedenstellenden Rendite führen kann. Branchenkenner und Rating-Agenturen sehen erhebliche Ausfallrisiken.*

Endlich. Die Investoren begannen zu zweifeln. Fragten sich, was passierte, wenn mehr Hauskäufer als erwartet ihre Kredite nicht zurückzahlen konnten. *HomeStar* hatte sich zwar abgesichert, die Kredite an Investoren, Banken und Hedgefonds weiterverkauft, die diese meistens auch sofort weiterverkauft hatten. Aber was, wenn das ganze System irgendwann nicht mehr funktionierte?

Es könnte so kommen wie in dem Disney-Comic, den jemand mal an die Wand hinter dem Wasserspender gehängt hatte: Tick, Trick und Track bieten auf einem Flohmarkt Limonade an. Tick hat einen Taler, kauft ein Glas, trinkt es. Zahlt den Taler an Trick. Der kauft damit ein Glas, trinkt es. Zahlt an Track. Auch der kauft ein Glas und zahlt mit dem Taler. So verkaufen die Drei sich reihum mit demselben Taler immer wieder neue Limonade. Als alle Flaschen leer sind, glauben Tick, Trick und Track, dass sie viel Geld verdient haben – schließlich haben sie ja jedes Glas Limonade verkauft. Als sie feststellen, dass in ihrer Kasse nur ein Taler ist, fallen sie aus allen Wolken. So könnten auch die Hypothekenbanken eines Tages feststellen, dass sie sich nur reichgerechnet und in Wirklichkeit immer nur denselben kleinen Wert von einem zum anderen geschoben hatten.

Allmählich drehten alle Bankwerte ins Minus. Das war die Chance. Wenn ich Meike heute Abend traf, konnte ich alle Verluste los sein. Müsste nicht mehr so tun, als hätte ich alles im Griff – dann wäre es wirklich so! Endlich zahlte sich aus, dass ich in den letzten Tagen immer mehr riskiert hatte. Cool geblieben war. Nur noch einmal den Einsatz erhöhen. Ein letztes Mal. Und diesmal nicht nur verdoppeln. Am besten verdreifachen. Alles darauf setzen, dass *HomeStar* nun fiel, endlich fiel. Ich tat alles, was ging. Das Telefon, die Stimmen aus der Squawk-Box – alles schien immer lauter zu werden, je länger ich mich nicht darum kümmerte. Doch ich hatte keine Zeit dafür. Ich verdreifachte meinen Einsatz. Vervierfachte? Egal, bald war ich alle Probleme los.

Und *HomeStar* fiel. Erst nur wenig, doch im Nu war es ein halbes Prozent. Ich kaufte alle Verkaufsoptionen, die ich finden konnte. Verkaufte sogar Aktien auf *HomeStar*, die ich überhaupt nicht hatte, in der Hoffnung, sie später billiger zurückzubekommen – Leerverkäufe. Bis jetzt hatte ich das immer vermieden, weil dafür Margin-Zahlungen fällig wurden, Geld, das ich bei der Börse hinterlegen musste für den Fall, dass ich mich verspekulierte. Doch wenn *HomeStar* weiter fiel, müsste ich sie nur ein, zwei Stunden halten. Jetzt bloß nicht zögern. Je mehr ich investierte, desto größer war die Chance, dass bis heute Abend alles in Ordnung war.

HomeStar fiel weiter. Minus 0,7 Prozent. Ich rollte mit dem Stuhl vor und zurück und starrte auf den Chart. Ein paar Minuten später stagnierte der Kurs. Um halb fünf bewegte er sich gar nicht mehr. Auch um fünf, um halb sechs: nichts. Ich musste los, ins Palmenhaus, doch eigentlich konnte ich so nicht gehen. Vielleicht kam im nachbörslichen Handel noch mal Bewegung in den Markt. Ich griff zu meinem Handy, um Meike abzusagen, damit ich den ganzen Abend hier sitzen und auf den Kurs von *HomeStar* starren konnte. Sah die SMS mit dem Smiley, die Meike mir vorhin geschickt hatte. Legte das Handy wieder weg. Was konnte heute Abend schon passieren? Ich sollte Meike treffen. Früh ins Bett gehen. Morgen wieder hier sein, sobald die Märkte aufmachten. Keine Minute später. Bis dahin musste ich Geduld haben.

Mit Mühe schaffte ich es, die Bank zu verlassen, ohne zu rennen. Erst als die Drehtür von Rutherford & Gold außer Sicht war, wurde ich schneller, lief über die Straße, immer schneller auf Zick-Zack-Kurs durch das Straßengitter Richtung Norden.

Noch immer sah ich den Chart von *HomeStar* vor meinem

inneren Auge, den Kurs, blinkend, in Rot. All das musste ich jetzt vergessen. Durfte Meike nichts von der Arbeit erzählen. Nur von Henry LaMarck. Wie er im *Caribou* plötzlich vor mir gestanden hatte, viel zu schick gekleidet, wie er die Fingerspitzen mit der Zunge befeuchtete, bevor er im *Wall Street Journal* blätterte wie in einem Modemagazin … In diesem Moment saß er wahrscheinlich im *Caribou* und ärgerte sich. Einen rasenden Moment lang überlegte ich, umzukehren und in ein Taxi zu springen. Der berufliche Termin hatte Priorität. Aber ich konnte es nicht. Lief weiter Richtung Palmenhaus, dachte an Henry La-Marck, dann nur noch an Meike.

Die Manila-Palme war die dünnste Palme, die ich je gesehen hatte. Kümmerlich. Wie in *Unterm Ahorn* beschrieben. Auch die Bank hatte die gleiche Farbe wie im Roman, ein helles Braun. In-mitten dieser feuchten Tropenwelt, die seit fast hundert Jahren durch eine Glas-Eisen-Konstruktion vom Klima Chicagos abge-schottet war. Hier war es immer gleich. Immer warm. Unglaub-lich grün.

Ich setzte mich. Hörte Schritte, nahm Haltung an, doch sie war es nicht. Sank wieder in mir zusammen. Versuchte, gegen die Magenschmerzen anzuatmen. Dann kam sie. Aus der Nach-barhalle mit den Farnen. In der feuchten Wärme hatte sie den Mantel ausgezogen. Trug einen braunen Pullunder und darunter eine Bluse. Mir fiel auf, dass ich sie zum ersten Mal ohne Man-tel sah.

»Schön, dass du dir Zeit genommen hast«, sagte ich.

»Kein Problem.«

»Ich komme oft hierher«, sagte ich.

»Palmen«, sagte sie.

»Rat mal, wen ich getroffen habe?«

»Wen denn?«

»Na, rat mal«, sagte ich. Da sie sich nicht setzte, stand ich auf.

Wollte ihr direkt in die Augen sehen, doch sie sah mich nur kurz an und blickte dann an mir vorbei. Richtung Eingang.

»Nun rat doch mal«, sagte ich. Eilig holte ich *Unterm Ahorn* raus, doch sie bemerkte es nicht.

»Ich habe hier was für dich«, konnte ich noch sagen, doch in dem Moment sagte sie »Äh« und rannte weg.

HENRY

Ich sah an dem Hochhausturm empor, in dem ich seit dreißig Jahren lebte. Es war eines der berühmtesten Gebäude von Chicago, die Grundfläche war rund und die Fassade so vollständig von Balkonen bedeckt, dass es mich immer an einen Maiskolben erinnerte.

Der Portier in der bordeauxroten Uniform mit der schwarzen Mütze sah auf, als ich sagte:

»Schön, Sie zu sehen, Edgar.«

»Waren Sie verreist, Mr. LaMarck?«

»Hat jemand eine Nachricht hinterlassen?«, fragte ich.

»Nein.«

Ich steckte den Schlüssel in das Schloss meiner Wohnungstür, schloss auf, dann schloss ich wieder zu. Eigentlich wollte ich diese Wohnung nie wieder betreten, doch nun hatte ich einen guten Grund, den besten Grund, den man sich denken konnte, denn heute Abend traf ich Jasper und war bereit, alles zu tun, damit unser Treffen ein Erfolg würde.

Ich schloss wieder auf und ging durch den Flur, sechs langsame Schritte, ins Wohnzimmer. In der Mitte des Raumes blieb ich stehen und blickte auf die beiden in großen Abständen vor dem Seeblick stehenden Arne-Jacobsen-Sessel, zwischen denen ein Coffee-Table stand, darauf der Bildband *Paris Interiors*. Hinter den Panoramafenstern, weit unten, sah man die verschneite Uferpromenade und den See, an dessen Ufer Eisschollen lagen. Eigentlich ganz schön hier.

Rechts befand sich die Tür zu dem, was eigentlich das Schlafzimmer sein sollte, dem, wie der Immobilienmakler es damals genannt hatte, »Master Bedroom«. Dorthin hatte ich meinen Schreibtisch gestellt. Links waren die Küche, das Bad und das Zimmer, das der Makler Kinderzimmer genannt hatte, in dem ich schlief, daneben ein Gästezimmer, das ich mit einem Gästebett eingerichtet hatte, in dem nie jemand schlief.

Dass die zwei Nachrichten auf dem Anrufbeantworter von Val und Enrique waren, wunderte mich zwar nicht, aber es ärgerte mich maßlos. Wo war eigentlich die Frau mit der *Chicago-White-Sox*-Mütze? Ich hatte sie heute noch nicht gesehen. Wahrscheinlich hatte ich mir auch das nur eingebildet. Es war einfach Zufall gewesen, eine Illusion, die ich hatte, weil ich nicht glauben konnte, wie sehr der Verlag mich vernachlässigte. Ich hätte ja auch tot sein können, ins Krankenhaus gekommen oder entführt worden sein, und die taten nichts – eine unglaubliche Frechheit.

Doch was kümmerte mich das alles noch? Ich traf ja Jasper! In wenigen Stunden schon, und mit seiner Inspiration wird mein neuer Roman im Nu geschrieben sein. Die Dinge können sehr schnell gehen, wenn man nur die richtige Inspiration hat, und dann wird *Parker Publishing* es bereuen, dass sie sich nicht mehr um mich bemüht haben. Denn dieser Roman wird mein größter Erfolg, und ich werde ihn bei einem anderen Verlag veröffentlichen.

Das Einzige, was ich noch für mein Treffen mit Jasper brauchte, waren meine Bankunterlagen aus dem Arbeitszimmer. Ich legte die Hand an die Türklinke. Nun musste es wohl sein. Die Tür öffnete sich schwer, ich musste mit meinem ganzen Gewicht dagegendrücken, damit sie sich langsam auftat, begleitet von raschelnden, schleifenden Geräuschen der Bücher und Papiere, die sie vor sich her schob.

Ich betrat das Zimmer, arbeitete mich durch Massen von bedrucktem Kram hindurch, ohne meine Füße zu heben, schlurfend wie durch trockenes Herbstlaub. Die wenigen Bilder hatte ich von der Wand genommen, um Zeitungsausschnitte aufzuhängen. Bilder von rauchenden Hochhäusern, staubbedeckten Geschäftsleuten, fliegenden Menschen, dem einstürzenden World Trade Center; Bücher über Kulturen, Kampf, Opfer, Flugzeuge. Ausdrucke von Internet-Material waren zu Haufen angewachsen, die aus den Ecken quellend den Raum in Besitz genommen hatten. Hier lag mein Roman. Ich hatte noch keine Zeile geschrieben, aber immerhin recherchiert. Viel recherchiert.

Wie der Schreibtisch schon dastand. Pompös und drohend. Mein mahagonifarbener Laptop lag darauf und blinkte, wie ich fand, vorwurfsvoll. Ich hatte ihn mir gekauft, um auch mal woanders schreiben zu können, mich aber für das Modell mit 18-Zoll-Bildschirm entschieden, das schön groß war, aber viel zu schwer, um es herumzutragen. Vielleicht blinkte er auch gar nicht vorwurfs-, sondern eher erwartungsvoll? Ich musste nur noch meine Bankunterlagen finden, dann konnte mich nichts mehr aufhalten. Ich werde wieder schreiben, sagte ich zu dem Laptop oder eher zu mir selbst. Schreiben.

Ich nahm das Schränkchen am anderen Ende des Raumes ins Visier und dachte an Jasper. Ich arbeitete mich langsam vor, trat auf Geschosspläne des World Trade Centers, die ich mir besorgt hatte, von jedem der 110 Stockwerke, Detailpläne noch und nöcher, umschiffte einen Haufen mit Notizen auf Einkaufsquittungen, Servietten aus dem Walnut Room, *Mann erkennt Verderblichkeit im Supermarkt*, meinte ich auf einer erkennen zu können, es hätte aber auch *Mann erkennt Vergänglichkeit in Supermoral* heißen können. Dann hatte ich das Schränkchen erreicht, kniete nieder, öffnete es und fand die Mappe mit den rot-blau-weißen Linien, die so aufeinandertrafen, dass sie an Hände erinnerten, die einander hielten, dem Logo von Rutherford & Gold.

Dafür, dass ich so viel Geld hatte, war die Mappe ziemlich dünn. Ich hatte es mir angewöhnt, die meisten Sachen, die mir die Bank schickte, Kontoauszüge und dergleichen, sofort wegzuschmeißen. *Ihre persönlichen Daten zu unserem persönlichen Service* stand auf der Mappe. Das mit dem persönlichen Service würde ich nun ernst nehmen. Dafür hatte ich mich durch mein Arbeitszimmer gekämpft. Nun konnte ich gehen, Jasper treffen und alles würde gut werden.

Das Schränkchen war so vollgestopft, dass, als ich die Mappe genommen hatte, jede Menge Papiere herausgefallen waren, die ich nun wieder hineinzustopfen versuchte, doch je mehr ich stopfte, desto mehr kam mir entgegen.

Der Brief fiel mir direkt vor die Knie.

Ich erkannte ihn sofort, denn das Format war anders, länger und schmaler als die amerikanischen Blätter, es war das deutsche Format. Als ich ihn vor ziemlich genau zwei Monaten geöffnet und diese fünf in ausdrucksvoller Handschrift eng beschriebenen Seiten gesehen hatte, bekam ich sofort ein ungutes Gefühl. Ich erhielt oft solche Briefe von Lesern und warf sie immer sofort weg. Aber diesen Brief las ich, da er nicht von einem Leser kam, sondern von meiner deutschen Übersetzerin. Jedes s vollführte eine scharfe Kurve, die ausladenen Bögen eines jeden g schlugen mir wie Baseballschläger Worte aus dem Drahtgewirr der Schrift entgegen.

In diesem Werk geht es doch um …
Glaubt man das?
Dieser Bezug läuft ins Leere
Ist das eine Metapher für …
Die Straßenecke, an der die sich treffen, gibt es nicht!
Ist es Absicht, dass das hier so unklar ist?

Mühsam hatte ich versucht, diese Worte zu vergessen, und doch erinnerte ich mich an jedes von ihnen, wusste zu genau, warum ich diesen Brief hier hinten versteckt hatte, bei den Unterlagen, die ich ohnehin nie zur Hand nahm: meinen Bankunterlagen.

Eigentlich hatte ich gleich nach meinem verpatzten Auftritt in der BBC-Talkshow vor einem Jahr anfangen wollen, meinen neuen Roman zu schreiben. Dann beschloss ich, mich vorher ein kleines bisschen zu informieren, ein paar Zeitungsartikel über den 11. September zu lesen. Doch je mehr ich las, desto mehr wollte ich wissen. Also besorgte ich mir Material, Material und noch mal Material, über Monate hinweg. Schließlich sollte es ja mein Jahrhundertroman werden, da konnte ich nicht einfach so drauflosschreiben – was dazu führte, dass ich überhaupt nichts schrieb.

Spätestens als ich anfing, die Grundrisse des World Trade Centers Stockwerk für Stockwerk durchzuarbeiten, hätte ich wissen müssen, dass ich mich heillos verfranst hatte. Verzettelt, wie ich nun dachte, als ich die Papierflut in meinem Arbeitszimmer betrachtete.

Aber wirklich klar wurde mir das erst, nachdem der Brief von der Urbanski gekommen war. Fünf Seiten mit meinen Fehlern. Geantwortet hatte ich ihr natürlich nicht; ich hätte das gerne als Frechheit abgetan, doch sie hatte in fast allen Fällen recht. Und einen neuen Roman zu schreiben, hätte bedeutet, neue Fehler zu machen.

Wenige Tage nach dem Brief hatte ich beim Verlassen meines Arbeitszimmers die Tür aus Versehen etwas zu kräftig zugezogen. Ich hörte noch, wie drinnen ein Bücherstapel ins Rutschen kam und direkt vor die Tür fiel. Mein Roman hatte mich ausgesperrt. Natürlich hatte er das nicht ernsthaft getan, mit etwas Kraft hätte ich die Tür aufbekommen können, genau wie vorhin, doch ich hatte es vorgezogen, einen ins Rutschen geratenen Bücherstapel zum Anlass zu nehmen, um mein Arbeitszimmer nicht mehr zu betreten. Bis jetzt.

Mit ganzer Kraft drückte ich gegen die Tür des Schränkchens, in dem ich meine Bankunterlagen aufbewahrt hatte, versuchte wieder und wieder, es zu schließen, aber das brachte nichts, einmal abgesehen davon, dass die Bücherstapel auf dem Schränkchen ins Wanken kamen. Ein Buch über den Islam traf mich am Kopf. Ich sprang auf und hätte fast gegen das Schränkchen getreten, doch dann blieb ich einfach stehen, sah auf den Brief der Urbanski am Boden, die Mappe in meiner Hand. Meinem Treffen mit Jasper stand nun nichts mehr im Weg. Und dann würde ich ein Buch schreiben, an dem selbst diese Urbanski nichts auszusetzen hätte.

Ohne die anderen Zimmer auch nur betreten zu haben, verließ ich meine Wohnung, zog die Tür zu, wollte sie, jahrzehntelanger Gewohnheit gehorchend, abschließen, als ich feststellte, dass ich den Schlüssel drinnen vergessen hatte. Egal.

Unten bat ich Edgar, mir ein Taxi zu rufen. Er schaltete das Blinklicht an, das über dem Eingang aufleuchtete. Nur Sekunden später hielt ein weißer Ford mit einem grünen Streifen, ich stieg ein und sagte »LaSalle Ecke Lake«.

Die Sonne ging langsam unter, als sich das Taxi durch den dichten Verkehr auf dem Wacker Drive schob. Ganz Chicago schien unterwegs zu sein, es war halb sechs, und der Schnee, der den ganzen Tag gefallen war, wurde langsam weniger.

Im *Caribou* musste ich nur wenige Minuten warten, dann sah ich, wie Jasper das Gebäude von Rutherford & Gold verließ. Er kam absolut pünktlich. Als er die Straße überquerte, stand ich auf. Nun wird alles gut, gleich würde er mich sehen, mich begrüßen, ich würde lächeln, wir würden Kaffee trinken.

Nur, dass er das *Caribou* nicht betrat. Er ging auf der LaSalle Street Richtung Norden. Ich eilte hinaus, folgte ihm, die Straße entlang, rechts um die Ecke, links um die Ecke, die Michigan Avenue hinauf, über den Fluss, weiter auf der Magnificent Mile, nach Norden, Richtung Lincoln Park. Er lief schnell, blieb aber immer wieder stehen, um in Schaufenstern sein Spiegelbild zu betrachten, sich die letzten verirrten Schneeflocken, die noch fielen, vorsichtig aus den Haaren zu streichen, an seinem Kragen zu zupfen. Manchmal drehte er sich sogar um, tat ein paar Schritte zurück, was jedes Mal die lächerliche Hoffnung in mir aufsteigen ließ, er habe unsere Verabredung nur vergessen und jetzt wäre sie ihm eingefallen. Doch jedes Mal hielt er inne, dann lief er weiter Richtung Lincoln Park und ich ihm hinterher. Ich beobachtete ihn dabei, wie er mich versetzte.

Ich folgte ihm über die ausgestorbenen Softballplätze hinweg. Er ging an dem See vorbei, auf dem im Sommer Liebespaare in Schwanentretbooten fuhren, und in den Tierpark. Versetzte er mich für einen Zoobesuch? Doch er würdigte die Tiere kaum eines Blickes, durchquerte den Zoo ohne anzuhalten, verließ ihn am Nordende ebenso zielstrebig, wie er ihn am Südeingang betreten hatte und ging Richtung Palmenhaus. Um Gottes willen. Das konnte doch kein Zufall sein. Genau dort im tropischen Palmenhaus sitzt Graham Santos, der Held aus *Unterm Ahorn*, und erzählt die Geschichte seiner aneinander vorbeigehenden Eltern. Jaspers Lieblingsbuch. Hatte ich ihn durch unser Gespräch so sehr zum Nachdenken gebracht, dass er sich nun den Ort ansehen wollte?

Im Palmenhaus nahm er den rechten Rundweg, der nicht durch die Farn-Abteilung führte, sondern am Goldfischteich vorbei direkt zu der langen, dürren Manila-Palme und der Graham-Santos-Bank. Nun grämte ich mich nicht mehr, dass er mich versetzt hatte. Dieser Ort war viel besser für unser Treffen. Nahezu perfekt. Nirgendwo konnte ich ihn so unkompliziert ansprechen wie hier. Warum war ich nicht gleich darauf gekommen? Eine Erklärung dafür, dass ich meine kompletten Bankunterlagen auf einen Spaziergang ins Palmenhaus mitnahm, würde sich finden. Er näherte sich der Manila-Palme. Ich beschleunigte meine Schritte, während er langsamer wurde, die Bank erreichte und sich setzte. Auf mein romantisches Leitmotiv. Ich krallte mich an meinen Kontodaten fest. Da saß er. Hier kam ich.

Leise gab ich Laute von mir, um zu prüfen, ob meine Stimme überhaupt funktionierte: Mh, oh, ah, die lateinische Bezeichnung der Manila-Palme fiel mir ein: *Adonidia merrillii*. Nur noch eine kanarische Dattelpalme trennte uns voneinander, ich wollte schon so etwas sagen wie »Ach, Sie hier?«, da kam eine Frau aus den Farnen. Ohne sie auch nur anzusehen, sprang ich zurück, in den Schutz der Dattelpalme. Jasper stand auf. Stand nun zwischen mir und der Frau, schien ihr die Hand zu geben, dann holte er etwas aus seiner Tasche, das sah ich noch, dann fuhr ich herum und rannte so schnell ich konnte.

Es gibt nichts Würdeloseres als rennende Männer im Mantel. Und das in meinem Alter. Es war mir egal. Genauso, wie ich Jasper anscheinend egal war. Ich lief vorbei an dem Ort, wo einst das Lagerhaus gestanden hatte, in dem Al Capones Killer am 14. Februar 1929, als Polizisten verkleidet, sieben Gegner umgenietet hatten. Das Valentinstag-Massaker.

Plötzlich fühlte mein Kopf sich an, als wäre er leer; es funkelte vor meinen Augen, bis sich von den Rändern meines Blickfelds zur Mitte hin Finsternis ausbreitete. Ich musste langsamer laufen, denn ich bekam keine Luft mehr – im *Vital City Spa* konnte ich eine Dreiviertelstunde auf dem Cardiotrainer strampeln, im wirklichen Leben reichte es nicht einmal mehr für die North Clark Street. Meine Bronchien zogen sich zusammen wie gefriergetrocknet. Es hatte wieder angefangen zu schneien, der Schnee schmolz in meinen Haaren und tropfte mir ins Gesicht, und zum ersten Mal in meinem Leben kam mir Chicago wirklich kalt vor, ekelhaft kalt. Ich wischte mir die Wassertropfen von der Stirn und bemerkte erst danach, dass ich dazu die Serviette aus dem *Caribou* genommen hatte, auf der Jaspers Telefonnummer stand. Nun war sie nicht mehr lesbar.

Gerade noch rechtzeitig erreichte ich eine Bank an der Ecke zur Wisconsin Street, fegte nicht einmal den Schnee von den grün lackierten Holzlatten, musste mich meinem Alter geschlagen geben, setzte mich einfach hin, vornübergebeugt, und hielt die Hände vor die Augen.

Wann war mein Leben eigentlich so entgleist? Wahrscheinlich hatte es bereits vor einem Jahr begonnen, als ich in der BBC-Talkshow gewesen war. Natürlich hatte ich gewusst, dass Elton John zusammen mit mir dort sein würde, in der Talkshow von Stephen Fry. Ich kannte Elton John, hatte einmal mit ihm einen Gastauftritt in *Absolutely Fabulous* gehabt, und Stephen Fry kannte ich ohnehin, sodass ich ohne den leisesten Anflug von Nervosität in London aus dem Flugzeug stieg und zwei Tage in der Stadt herumlief, ohne auch nur daran zu denken – warum auch, so oft wie ich solche Fernsehauftritte schon absolviert hatte. Als ich jedoch eine Stunde vor der Sendung aus der Maske kam und in einem Aufenthaltsraum mit ein paar Bagels, Muffins und einem Obstteller saß, wurde ich auf eine geradezu schulmädchenhafte Weise hibbelig. Stephen Fry. Elton John! Meine Stimme zitterte, und als ich noch mal in die Maske ging, damit der Visagist meine, wie mir schien, vor Schweiß triefende Stirn trockenlegte, auch meine Knie. Was hatte ich diesen beiden witzigen, geistreichen TV-Profis entgegenzusetzen? Ich kam mir vor wie ein verklemmter Schreiberling, ein dummer Amerikaner; hoffentlich ist Stromausfall und niemand sieht sich diese Sendung an, dachte ich, als ich längst begonnen hatte, Weißwein zu trinken. Ein klitzekleines Gläschen, dann noch eins.

Als die Live-Sendung begann, geisterte nur noch der Spruch *Step away from the Chardonnay* in meinem Kopf herum. Elton John erzählte hinreißende Geschichten über seine Auftritte, verkleidet als Marie Antoinette, mit turmhoher Perücke, über die

Probleme, sich als Donald Duck verkleidet mit enormem Enten-hintern auf den Klavierhocker setzen zu müssen. Alle lachten, ich sagte wenig. Als mir endlich etwas Witziges einfiel, wurde Elton John plötzlich ernst. Erzählte von seiner Drogensucht, dem Ent-zug, der Heilung; in seinem schwarzen Yamamoto-Anzug mit der silbernen Krawatte wurde er zum Hohepriester aller geläu-terten Hallodris, der sich nun mit dem unausweichlichen Altern abgefunden hatte, geheiratet hatte und gute Werke für Aids-Kranke tat. Schließlich fragte Stephen Fry mich, was das Altern so mit mir machte, und mir fiel nichts Besseres ein, als einen Jahr-hundertroman anzukündigen und mir damit diese ganze Misere einzubrocken. Seitdem hatte ich nichts mehr geschrieben.

Danach waren wir noch etwas trinken gegangen. Ich hatte Elton John überredet, ins *Shoreditch House* auf der Brick Lane zu gehen, wo wir auf der Dachterrasse auf einem Sofa Platz nah-men, dessen schwarz-weiße Streifen nach nur wenigen Gläsern Hendrick's Gin-Tonic mit Elton Johns Anzug verschmolzen. Ei-gentlich ein schöner Abend, obwohl Elton John etwas viel über seine Charities redete. Je mehr Mineralwasser er trank, desto betrunkener fühlte ich mich. Als er mich dann noch auf seine *White-Tie-and-Tiara*-Spendengala einlud, wurde es mir zu viel:

»Du scheinst das wirklich ernst zu meinen mit diesem ganzen Gutmenschgerede«, sagte ich in einem Ton, dessen Schärfe uns beide überraschte.

»Natürlich meine ich das ernst, Henry.«

»Die ganzen Stars mit Suchtproblemen, denen du hilfst, in der Betty-Ford-Clinic einen Entzug zu machen, die Aids- und Krebskranken, denen du hilfst, das ist doch alles nur dazu da, um dich menschlicher erscheinen zu lassen.«

»Ich *bin* menschlich, deswegen tue ich das«, sagte er in einem Ton, der mich für einen Moment überlegen ließ, ob ich ihn be-leidigt hatte.

»Bringt dich ja auch immer wieder ins Fernsehen«, sagte ich.

»Im Fernsehen bin ich ohnehin. Ich mache das, weil es mir guttut, der Welt etwas zurückzugeben, die mir so viel gegeben hat. Das will doch jeder.«

»Ich schreibe, das gibt der Welt genug«, sagte ich.

»Der Welt mag das genug sein. Aber ist es dir genug?«

»Ich passe nicht auf solche Galas. Ich würde den ganzen Abend Witze über kranke Kinder machen.«

»Ich dachte, ihr Amerikaner seid für Galas immer zu haben.«

»Ich auf einer Gala. Na, bravo. Und dann schreibe ich den Text zu einem Lied, du setzt dich ans Klavier und singst dazu: Ein krankes Kind im Wind?« Eine Sekunde lang dachte ich, Elton John würde aufstehen und gehen, doch er setzte sich nur gerade hin. Dann lächelte er mich an, geduldig und sehr wohlwollend:

»Henry LaMarck. Es geht auch eine Nummer weniger glamourös, wenn dir das lieber ist. Ich habe einen Secondhand-Laden, in dem meine abgelegten Outfits verkauft werden. Für einen guten Zweck.«

»Ich kaufe nie secondhand. Und außerdem bist du viel kleiner als ich und etwas …«, daran, dass ich mir auf die Zunge biss, bevor ich das Wort »füllig« gesagt hatte, wusste ich, dass ich noch nicht heillos betrunken war.

»Henry, du sollst da nichts kaufen. Du sollst es dir ansehen. Sollst sehen, wie viel Spaß es macht, gute Dinge zu tun. Ich komme mit.«

»Du würdest da mit mir hingehen? Das ist doch bestimmt voller Fans von dir. Voller Menschen.«

»Warum sollte ich etwas gegen Menschen haben, nur weil ich einer der größten Popstars des Jahrhunderts bin?«

»Des letzten Jahrhunderts«, sagte ich. Elton hielt mir sein Glas hin, und als ich mit ihm anstieß, sagte er:

»Touché.«

Wir wandten uns anderen Dingen zu: Filmen, Essen, über Männer redeten wir kaum.

Die Rechnung kam in eigens für die Bar entworfenen roten Umschlägen. Wir teilten uns die Zeche, dann nahm er die Rechnung, schrieb seine Telefonnummer auf die Rückseite, tat sie in den roten Umschlag des *Shoreditch House* und klebte ihn zu.

»Wenn du irgendwann doch mal meinen Laden sehen willst, ruf mich an. Elton's Closet heißt er.«

Langsam kam ich wieder zu Atem. Auf der anderen Seite der North Clark Street sah ich ein Paar: rüstig, um die siebzig, Hand in Hand. Junge Paare haben mich nie sehnsüchtig gemacht, aber das … Ich sah dem Paar hinterher, bis ihre Umrisse langsam unscharf wurden. Aus dieser Entfernung hätten es auch zwei Männer sein können. Und ich einer von ihnen. Und der andere? Jaspers Bild erschien vor meinem inneren Auge. Natürlich. Mein Kontakt zu Jasper würde nicht zu einem Jahrhundertroman führen. Als er die Frau getroffen hatte, die aus den Farnen kam, war es mir klar geworden. Ich war nicht inspiriert, sondern verliebt. Hatte sein Bild in der *Tribune* gesehen, und ein pummeliger nackter Engel aus einem Renaissancegemälde hatte einen Pfeil abgeschossen und mich ins Herz getroffen. Ich war verliebt und hatte keine Chance.

Ich hatte immer angenommen, dass die Single-Phase, die nach Andrew begonnen hatte, nur ein Intermezzo war. Nun dauerte dieses Intermezzo schon mehr als 15 Jahre. Jasper würde es nicht beenden, das Intermezzo war zum Rest meines Lebens geworden. Ich dachte an den roten Notfallumschlag, den ich fast ein Jahr mit mir herumgetragen hatte. Ausgerechnet jetzt lag er in meiner Minibar im Hotel. Hätte ich ihn dabeigehabt, ich hätte Elton John angerufen, sofort, obwohl es in London jetzt mitten in der Nacht war.

MEIKE

Ich warf mich gegen die schwere Tür, sog ein letztes Mal die feuchte, heiße, drückende Palmenluft ein, dann nahm mir die Kälte den Atem. Dennoch rannte ich, Minuten mussten es gewesen sein, bald merkte ich gar nicht mehr, wie außer Atem ich war, denn nun musste es gelingen. Dort vorne rannte Henry LaMarck, meine Chance auf das Manuskript.

Schließlich verlangsamte er seinen Schritt, hielt sich die Seiten, sodass auch ich langsamer werden konnte und mir, nunmehr im Gehen, den Mantel anzog und schließlich stehen blieb, um meine Mütze aufzuheben, die in den Schneematsch gefallen war. Langsam gewöhnte meine Lunge sich an die Kälte.

Henry LaMarck setzte sich auf eine Bank, kaum eine Straßenecke von mir entfernt. Er lehnte sich zurück und sah Richtung Süden, weg von mir, wandte mir seinen Hinterkopf zu, den graues, fast weißes Haar bedeckte. Henry LaMarcks Haar war doch fast noch schwarz gewesen. War er das überhaupt? Oder nahm ich gerade in Windeseile weitere Stufen in Richtung eines kompletten, halluzinierenden Wahnsinns?

Da sah er kurz in meine Richtung. Kein Zweifel, es war Henry LaMarck. Das Lachen von Thorsten Fricke hallte durch meinen Kopf. Das amüsierte, gut gelaunte Lachen, das er in seinem geheizten Büro gelacht hatte, als ich ihn fragte, ob er mir die Reise nach Chicago bezahlen würde. Ich stellte mir vor, wie er dagesessen hatte, sich meine Geldsorgen anhörte und fragte, was ich denn zu tun gedachte, wenn ich Henry LaMarck wirklich fand. »Hahaha.«

Ich sollte einfach an Henry LaMarck vorbeigehen und direkt in meine Klosterpension, sollte meine Sachen packen, heimlich abreisen und die letzte Nacht am Flughafen verbringen. Dann wäre mein Geld zwar aufgebraucht, aber wenigstens würde ich es noch nach Hause schaffen, in mein Haus in Tetenstedt, nach dem ich zum ersten Mal so etwas wie Heimweh verspürte.

Da wandte er wieder seinen Kopf in meine Richtung und sah mich an. Seinen Mantelkragen hatte er hochgeschlagen, die Hände in den Taschen vergraben. In diesem Mantel, den er auf der LaSalle Street so elegant und cool getragen hatte, wirkte er nun seltsam verloren, wie ein Haustier, das in dieses Kleidungsstück gekrabbelt war und nicht mehr herausfand.

Hinter der Bank, auf der er saß, war ein Klamottenladen für junge Mode, vor dessen poppig buntem Gute-Laune-Design sein Gesicht noch trauriger wirkte. Auf seiner Stirn erkannte ich schwarze verschmierte Farbe, Tinte vielleicht? Hatte er gerade seinen Jahrhundertroman beendet, und nun trieb es ihn, erschöpft, ergraut und ermattet von dem schmerzhaften Loslösungsprozess, hinaus in die Welt?

Ich konnte nicht vorbeigehen, diesen Fehler hatte ich schon mal gemacht. Ich kramte die Sätze hervor, die ich mir zurechtgelegt hatte, murmelte vor mich hin: »Sie kennen mich nicht, Meike Urbanski, ihre deutsche Stimme ...«, wollte gerade den Mund öffnen, da lächelte er mich an und sagte:

»Hallo.«

HENRY

Als ich die Mütze der *Chicago White Sox* auf ihrem Kopf sah, war alles klar. Das war die Frau von der LaSalle Street. *Parker Publishing* bewies Gespür für den richtigen Moment: Sie hatten gewartet, bis ich wirklich Hilfe brauchen konnte. Alles beichten musste. Dass es mit dem Roman nichts wurde. Und nun, wo es nicht mehr schlimmer kommen konnte, schickte mir der Verlag seinen rettenden Engel.

»Hallo.«

»Hallo«, sagte auch sie.

»Ich wusste, dass Sie kommen werden. Setzen Sie sich doch.«

»Danke«, sagte sie und nahm Platz, genau wie ich, ohne den Schnee vorher von der Bank zu fegen.

Sie sagte nichts, sah mich durch ihre beschlagenen Brillengläser an und versuchte ein Lächeln. Gracy Welsh hatte dem rettenden Engel sicher die Anweisung gegeben, sensibel vorzugehen. Da auch ich nicht wusste, was ich sagen sollte, holte ich das Tütchen mit den Wasabinüssen heraus, das das Zimmermädchen auf meinen Nachttisch gelegt hatte, aß eine und genoss es, wie die Schärfe meine Atemwege freibrannte. Dann hielt ich dem rettenden Engel das Tütchen hin. Sie nahm gleich drei, kaute einige Male, dann atmete sie sehr tief durch die Nase ein und hauchte so etwas wie:

»Scharf.«

»Ja.«

Sie sah sich, unter weiteren tiefen Atemzügen, das Tütchen an und sagte:

»Wasabi.«

»Sie haben sich sicher schon Sorgen gemacht«, sagte ich. Sie sah mich an, nickte, und ich merkte, wie ich mich sofort besser fühlte. Wie gut es doch tat zu reden. »Und das ist sicherlich nicht ganz unberechtigt. Ich freue mich sehr, dass Sie hier sind. Ich habe sogar ein wenig darauf gewartet. Dafür, dass wir uns noch nicht kennen, haben wir ja schon relativ viel miteinander zu tun gehabt.« Sie öffnete den Mund, als wollte sie etwas sagen, hustete aber nur. »Sie ahnen sicher, dass ich jetzt mit dem Roman ...«

»Machen Sie sich keine Sorgen.« Der rettende Engel des Verlags sprach mit deutschem Akzent. Ich verstummte. Wer war diese Frau? War sie etwa doch nicht vom Verlag, sondern ein wahnsinniger Fan, der mich verfolgte?

»Es freut mich, dass alles auf gutem Wege ist«, sagte sie. Und dann: »Ich hätte übrigens nicht damit gerechnet, dass Sie mich erkennen.«

»Warum denn nicht?«

»Nun ja, viele Autoren kennen ihre Übersetzer nicht.«

Rettender Engel – von wegen! Im Gegenteil. Wäre sie doch bloß ein durchgeknallter Fan gewesen, der aus Deutschland hierhergereist war. So was passierte gelegentlich, und ich konnte damit umgehen, aber nun wäre ich am liebsten aufgesprungen, weggerannt. Das war nun wirklich die Krönung. Meine deutsche Übersetzerin, deren Namen ich nicht wieder vergessen hatte, seit dem Tag, an dem ich ihren Brief bekam.

Ich hatte sie mir anders vorgestellt. Älter. Alt. Mit strenger Brille, nicht so hübsch, nicht so schüchtern, nicht so lächelnd und erst recht nicht mit einer Mütze der *Chicago White Sox*. Wie sie wohl reagierte, wenn sie einen meiner Fehler gefunden hatte? Schimpfte sie? Oder schüttelte sie nur mild lächelnd den Kopf?

»Das ist doch selbstverständlich«, sagte ich und wollte sie auch anlächeln, doch es reichte nur für ein halbes Grinsen. Ich musste das möglichst schnell zu Ende bringen, ohne dass das Gespräch auf den Brief kam oder, noch schlimmer, auf meinen Roman.

»Nun ja, willkommen in Chicago«, sagte ich.

»Danke. Ich wollte nur mal Hallo sagen.«

»Das haben Sie doch bereits«, sagte ich in einem Ton, dessen Schärfe offensichtlich nicht bei ihr ankam, denn sie kicherte und ihre vor Kälte geröteten Wangen schienen noch röter zu werden.

»Na ja«, sie zögerte. Als ich ihren Blick erwiderte, wusste ich, dass sie es jetzt gleich tun würde. Nach meinem Roman fragen.

»Und wie gefällt Ihnen die Stadt?«, fragte ich.

»Ich hatte sie mir etwas wärmer vorgestellt. In Ihren Romanen ist das Wetter immer so gut. Ich weiß ja nicht, wie das in dem neuen ...«

»Und Sie wohnen in der schönen Stadt Hamburg?«, fragte ich, denn das hatte auf dem Briefumschlag gestanden.

»Nicht mehr. Ich bin aufs Land gezogen. Nach Nordfriesland.«

»Wie schön.«

»Waren Sie mal da?«

»In Nordfriesland? Nein.«

»Ich meine, in Deutschland.«

»Nein.«

»Ich habe mir gerade einen alten Bauernhof gekauft. Mit Strohdach. Kommen Sie mich doch mal besuchen, wenn Sie sich erholen wollen, sobald der neue ...«

»Das wäre reizend. Deutschland, da gibt es bestimmt viel zu sehen«, sagte ich und stand auf.

»Hier«, sagte sie und griff hektisch in ihre Handtasche, aus der sie eine Visitenkarte hervorzog. *Meike Urbanski lit. Übersetzerin*, stand darauf. »Das ist noch mit der alten Adresse, aber meine Handynummer ist auch drauf. Falls Sie mal in der Gegend sind.«

»Das mache ich auf jeden Fall«, sagte ich und wollte mich schon verabschieden, da sagte sie:

»Ich würde mich gerne mal länger mit Ihnen unterhalten. Oder auch kürzer.«

»Oh, liebend gerne, aber im Moment …«, sagte ich, da sprang sie ebenfalls auf und stand nun direkt vor mir. Um irgendwie Abstand zu schaffen, hielt ich das Tütchen mit den Wasabinüssen zwischen uns, doch sie winkte ab.

»Ich muss auch weg. Termine. Wie wär's mit morgen?«

»Das wäre machbar. Unter Umständen.«

»Um sechs, im *Caribou* auf der LaSalle Street?«

»Gern, wie schön«, sagte ich, dann war ich sie los. Morgen um sechs, im *Caribou* – einen Teufel werde ich tun! Ich konnte es mir ruhig mit ihr verderben. Nach diesem Brief hatte sie es nicht anders verdient, und abgesehen davon hatte Jasper mich versetzt; ohne Jasper gab es keinen Roman, und ohne Roman brauchte ich auch keine Übersetzerin mehr.

Zurück im Hotel ging ich in die Bar, wo derselbe Barkeeper arbeitete, der mich am Tag meines Einzugs so skeptisch beobachtet hatte. Ich bestellte einen Tequila Sunrise. Das Getränk kam, und ich beobachtete den Granatapfelsirup, der in das Gemisch aus Orangensaft und Tequila gekippt worden war, wie er langsam innen an dem Glas entlanglief und eine rote Spur durch das Gelb des Saftes zog, die an den Rändern ins Orangefarbene verlief. Granatapfelkerne waren es, die Unterwelt-Gott Hades der schönen Demeter in den Mund gesteckt hatte und damit besiegelte, dass sie nie wieder zurück zu den Lebenden konnte. Das war nun in diesen Spaßdrinks drin, von denen ich mir nach dem ersten Schluck bereits einen zweiten bestellte. Dann trank ich in hermeshafter Geschwindigkeit und der Gewissheit, in weniger als einer halben Stunde betrunken zu sein.

JASPER

Ich ging nach Hause. Wie ferngesteuert. Hatte gehofft, gleich einschlafen zu können, doch das Debakel im Palmenhaus ging mir nicht aus dem Kopf. Mein Sofa erinnerte mich an die Bank, der Deckenfluter an die Manila-Palme, wieder und wieder dachte ich darüber nach, was ich falsch gemacht haben konnte. Irgendwas an mir musste Meike so erschreckt haben, dass sie weggelaufen war. Sah man es doch, mein zuckendes Augenlid? Sah ich aus wie ein wahnsinniger Zocker? Ich traute mich nicht, in den Spiegel zu sehen.

Am nächsten Morgen tastete ich in der Halbdunkelheit meines Wohnzimmers nach den Chipstüten, die vor dem Sofa lagen. In einer war noch etwas drin. In der Dusche wäre ich fast wieder eingeschlafen, ebenso in der Bahn. Ich stieg eine Station früher aus, holte mir ein paar Cheeseburger und einen Literbecher Cola. Das Brennen im Magen ließ nach, sobald ich anfing zu essen, und verschwand schließlich ganz.

Ich konnte es kaum erwarten, an meinen Platz im Händlersaal zu kommen. Endlich an etwas anderes denken zu müssen. *HomeStar* fiel nicht weiter, stieg aber auch nicht. Ich öffnete den Graham-Santos-Account, hielt die Positionen in Bewegung, worin ich inzwischen so viel Routine hatte, dass ich zwischendurch sogar Kundenanrufe entgegennehmen konnte.

Um 9:39 kam der Anruf.

»Jasper, hier ist Brittany aus dem Back-Office. Wegen der

Positionen, die ihr falsch gebucht habt. Die Leute von EUREX haben angerufen.« 9:39 und 25 Sekunden, 26 Sekunden, 27 Sekunden. »Die wollen eine Margin-Zahlung von, äh, zehn Millionen, kann das stimmen?«

Ich versuchte, ruhig zu bleiben. Hatte ja geahnt, dass es so kommen würde: Obwohl ich meine Geschäfte über verschiedene Börsen abrechnete, nicht nur über EUREX, sondern auch über Euronext oder Turquoise, würden die Börsen irgendwann diese Garantien fordern: Margin-Zahlungen als Sicherheit für den Fall, dass meine Verluste sich weiter erhöhten.

»Ich sehe mir das mal an und rufe dich zurück«, sagte ich und legte auf, so schnell, dass Brittany gerade noch »okay« sagen konnte. Ich musste so tun, als wäre das Ganze nur ein kleines Ärgernis an einem stressigen Tag. So waren es die im Back-Office gewohnt, behandelt zu werden. Als Erbsenzähler. Störenfriede. Nachdem ich aufgelegt hatte, blieb die Zeit für einen Moment stehen. Dann fing sie an zu rennen. EUREX wollte keinen freundlichen Anruf von mir, kein fiktives Gegengeschäft. EUREX wollte Geld. Zehn Millionen. Von dem Kunden, den ich Graham Santos genannt hatte. Wenn er nicht zahlte, flog alles auf.

HELP *for explanation* stand auf dem Bloomberg-Monitor. HELP stand auch auf einer Taste auf dem Keyboard. Sie war grün. Oben, neben der roten CANCEL-Taste. Ich wischte ein Staubkorn von ihr runter. Dann sprang ich auf, drückte mich so abrupt in die Höhe, dass mein Stuhl nach hinten sprang und gegen die Lehne des Kollegen schlug, der mit dem Rücken zu mir saß. Alle sahen mich an. Es konnte doch nicht sein, dass niemand etwas ahnte. Alle mussten es wissen, Alex, Suzanne, Nathan, sogar Jeff. Alle! Ich musste hier raus. Doch als ich einfach nur dastand und mich nicht bewegte, sahen alle wieder auf ihre Monitore.

Als meine Knie anfingen zu zittern, setzte ich mich wieder.

Ich musste Brittany zurückrufen, doch mein Mund war so trocken, dass ich befürchtete, nicht mehr rauszubringen als ein Krächzen.

Es musste eine Lösung geben. Bis hierher hatte ich es doch auch geschafft. Ich ging alle meine Schritte noch mal durch: Ich hatte durch ein unautorisiertes Optionsgeschäft Geld gewonnen. Zu viel Geld. Um zu verhindern, dass das auffiel, wollte ich das Geld mit einem ebenfalls unautorisierten Geschäft wieder verlieren. Auch das hatte geklappt. Nur, dass ich viel zu viel Geld verloren hatte. Seitdem hatte ich immer wieder mit Verkaufsoptionen auf das Fallen von *HomeStar* gesetzt. Um zu verschleiern, wie viel ich dabei riskierte, hatte ich zu jeder Verkaufsoption eine passende Kaufoption in ähnlicher Höhe fingiert, sodass alles nach sicheren Long-Straddle-Geschäften aussah. Immer mehr hatte ich riskiert und gestern sogar *HomeStar*-Aktien leer verkauft. Aktien, die ich gar nicht hatte. Nun forderten sie Margin. Und doch hatte ich immer noch eine Chance. Wenn *HomeStar* heute fiel. Irgendwann musste es klappen. Im Casino kam auch nicht immer nur Rot.

Ich zählte bis zwanzig, dann rief ich Brittany zurück:

»Tut mir leid, bei euch müssen ja wirklich die Alarmglocken klingeln. EUREX hat recht. Die kriegen zehn Millionen, aber nicht von uns, sondern von einem neuen Kunden, den wir hier haben. Graham Santos. Bin schon dabei, das zu korrigieren.«

»Verstehe.«

»Okay?«

»Der Kunde muss aber heute zahlen«, sagte Brittany. »Soll ich ihn mal anrufen?«

»Das kann ich machen. Wenn der Santos heute nicht zahlt, rufst du mich noch mal an, ja?«

Brittany bedankte sich. Eigentlich müsste sie der Sache selber nachgehen, doch ich wusste, wie ungern sich jemand aus dem Back-Office mit Kunden auseinandersetzte. Niemand will dafür verantwortlich sein, durch unbedachte Anrufe bei Kunden den Eindruck zu erwecken, dass hier einer nicht wusste, was der andere tat. Das könnte dem Vertrauen der Kunden in Rutherford & Gold schaden, und Vertrauen war das Allerwichtigste.

Nun, wo ich gesagt hatte, dass ich mich darum kümmerte, konnte sie den Vorgang als erledigt ansehen – zumindest für heute. Vielleicht war ich doch cleverer, als ich gedacht hatte. Man musste wirklich kein großer Hacker sein, um komplexe Sicherheitssysteme zu umgehen – es reichte völlig zu wissen, wie normale Leute diese komplexen Systeme anwendeten.

Ich erinnerte mich an meine Zeit im Back-Office. Seit wir die Risk-Compliance-Software *GateGuard* eingeführt hatten, die beste auf dem Markt, bekamen wir täglich Risikowarnungen, als hätte ein Händler aus Versehen den ganzen holländischen Staat gekauft. Wir nahmen diese Warnungen so ernst wie ein Kunde im Supermarkt den Hinweis auf einer Plastiktüte, dass er an ihr ersticken könnte. Das Back-Office *musste* Alarmsignale ignorieren, um überhaupt arbeiten zu können. So hatte ich mich verhalten, und Brittany tat es auch. Daran zu denken, was passierte, wenn Brittany morgen früh merkte, dass Graham Santos keine Margin-Zahlung geleistet hatte, war nicht professionell. Morgen war schließlich erst morgen.

Als ich wieder das Telefon abnehmen wollte, erreichte ich es kaum mit dem Arm, so tief war ich in meinem Stuhl runtergerutscht. Fast lag ich da, die Schultern auf der Höhe der Schreibtischkante. Wie Chris Neely. Ich rappelte mich hoch, führte einen weiteren Kundenauftrag aus und musste mit ansehen, wie *HomeStar* währenddessen um 0,7 % stieg. Das Minus von gestern ausglich. Stieg, nachdem ich fast zweihundert Millionen darauf gesetzt hatte, dass sie fielen.

Telefon. Ich ließ es klingeln. Öffnete den Account von Graham Santos ein weiteres Mal. Wenn heute niemand die Margin-Zahlung leistete, schmiss das Casino mich raus. Es gab kein Morgen. Heute musste es passieren. Heute.

Meike hatte unrecht gehabt. *HomeStar* würde nicht fallen. Ich musste aufhören, daran zu glauben, genau wie ich aufhören musste, an Meike zu denken.

Ich stieß alle Verkaufsoptionen ab. Kaufte Kaufoptionen. Verdoppelte in anderer Richtung, setzte auf Schwarz statt auf Rot. Nun mussten *HomeStar* und die anderen Hypothekenbanken nur noch das weiterhin tun, was sie in den letzten Tagen fast unentwegt getan hatten: steigen.

Das Nächste, an das ich mich erinnerte, war Alex' Stimme hinter mir:

»Jasper?«

Jetzt ist es vorbei, dachte ich kurz. Dann fiel mir ein, warum er mich zu sich bat. Es war Letter Day.

Den ganzen Vormittag wurden bereits Mitarbeiter zu ihren Vorgesetzten in die Büros geholt, einer nach dem anderen. Ein paar Minuten Gespräch, dann gab es den Bonus-Scheck. Ich sah mich um. Alex ging in Richtung seines Glaswürfels. Ich folgte ihm. Als ich sein Büro betrat, wies er ohne eine Handbewegung auf einen Stuhl, nur mit einem Nicken. Ich setzte mich und hatte das Gefühl, dass eine ganz lange Zeit überhaupt nichts passierte.

»Wir haben uns über deinen Bonus Gedanken gemacht«, sagte er. Für seine Verhältnisse klang es fast feierlich. Dann schob er einen Umschlag über die Tischplatte. Meistens lag sein Schreibtisch voll mit Papieren, internen Meldungen, Geschäftsberichten. Diesmal nicht. Während ich den Umschlag öffnete, fragte ich mich, ob er den Schreibtisch extra freigeräumt hatte, damit er uns die Umschläge mit den Schecks zuschieben konnte, statt sie uns zu geben, um dem Ganzen einen würdevolleren Charakter zu … 40.000 Dollar. Stand auf dem Scheck.

Ich konnte es kaum glauben. Gut, ich hatte im letzten Jahr beim Abwickeln der Kundenaufträge immer wieder kleine Gewinne gemacht. Sonst hätten die mich ja nicht auf die Schulung nach London geschickt. Aber war ich wirklich so viel besser geworden, dass mein Bonus jetzt viermal so hoch war wie im letzten Jahr? Das konnte eigentlich nicht sein. Musste aber so sein – eine andere Erklärung gab es nicht. Alex konnte unmöglich die fiktiven Gewinne gesehen haben, die ich mir auf dem Account von Chris Neely verbucht hatte, der nun Graham Santos gehörte. Denn dann hätte er auch meine Verluste gesehen, und ich würde nicht mehr hier sitzen. Dieser Bonus war der Beweis dafür, dass Alex meine unautorisierten Geschäfte nicht entdeckt hatte.

Auf Alex' Schreibtisch lag ein Reiseführer: *Mit dem Motorrad durch Mexiko.* Daneben eine Rolle durchsichtige Schutzfolie, Schere und Klebestreifen. Ich stellte mir vor, wie Alex zwischen den Bonus-Gesprächen seine Reise vorbereitete. Durch die Schere und den Klebestreifen hatte es etwas Kindliches. Ich stieß einen Laut aus, fast eine Art Schrei, den ich gerade noch unterdrücken konnte, indem ich einen Hustenanfall vortäuschte. Schloss die Augen, beugte mich nach vorn, presste die Hand auf den Mund und hustete, um nicht lachen zu müssen. Irgendwann richtete ich mich wieder auf. Atmete ein. Sah Alex an. Da riskierte ich Millionen, und er klebte Schutzfolie um seinen Reiseführer.

»Alles okay?«, sagte Alex.

»Klar«, sagte ich. »Hab nur Husten.« Ich wischte mir über die Augen, dann stand ich auf und spürte das Brennen in meinem Magen so stark wie noch nie. Ich musste etwas essen. Sofort. Etwas Gesundes. Einen Salat vielleicht. Sah den Bonus-Scheck noch mal an. Steckte ihn in die Hosentasche. Merkwürdig, wie der Anblick dieser Zahl mich beruhigte, so lächerlich sie auch war im Vergleich zu meinen Verlusten: Meine Verluste standen nur in den Büchern, diesen Scheck konnte ich anfassen. Das war wohl der Grund, warum viele Kollegen ihren Bonus nicht wie das Gehalt als Direkt-Einzahlung auf ihr Konto wollten. Sie wollten einen Scheck. Einmal etwas in der Hand halten.

»Schönen Urlaub, dann«, sagte ich, und bevor Alex antworten konnte, hatte ich bereits sein Büro verlassen. Ging auf direktem Weg ins *Caribou*.

HENRY

Ich stand auf und drehte die Klimaanlage, die ich für die Nacht auf 64 Grad Fahrenheit heruntergestellt hatte, auf 72 Grad hoch. Die einzigen Geräusche waren das gelegentliche Geheul einer Autoalarmanlage oder sonst einer Sirene irgendwo da draußen, weit unten. Über den Häusern trieben die Wolken in Richtung See, wie zerfetzte Segel; es musste windig sein, auch wenn ich hier drinnen nicht einmal ein leises Pfeifen hörte. Ich zog mich langsam an.

Jasper Lüdemann hatte mich versetzt. Ich hatte keine Chance bei ihm, das war deutlich, doch abfinden konnte ich mich deswegen noch lange nicht damit. Viel zu viel hatte ich auf mich genommen, sogar meine Wohnung betreten, um die Bankunterlagen zu holen – nur seinetwegen. Ich musste ihn noch einmal treffen. Was blieb mir auch anderes übrig? Auf den Verlag warten? Mit meiner Übersetzerin Kaffee trinken?

Wenn ich mir seine Telefonnummer nicht auf die Stirn geschmiert hätte, hätte ich ihn angerufen. So blieb mir nichts anderes übrig, als mich wieder ins *Caribou* zu setzen, natürlich mit einem schlechten Gewissen, weil ich mir sicher war, dass ich heute Abend nicht zu der Verabredung mit meiner Übersetzerin gehen würde und wohl deswegen vier Dollar in das Trinkgeldglas schmiss, auf dem *Thanks a latte* stand.

Ich betrachtete das Hochhaus von Rutherford & Gold. Dort lag also mein Geld, dieses zahlenmäßig fassbare Korrelat dessen, was Jasper mein »gelungenes Leben« genannt hatte. Diesmal saß ich nicht oben, versteckt auf der Galerie, sondern unten. Bald darauf kam er aus der Drehtür, sprang über den Bürgersteig, rannte über die Straße, wie immer, nein, etwas war anders. Seine schon immer gehetzten Bewegungen hatten etwas Panisches bekommen, als liefe er nicht eilig zum *Caribou* hin, sondern aus der Bank weg. Mitten auf der Straße sah er sich plötzlich um und rannte fast gegen ein Taxi, das in Richtung Monroe-Brücke im Verkehr feststeckte. Er betrat das Café, sah mich und blieb stehen, sein Oberkörper schwankte noch ein wenig weiter nach vorn, dann zurück. Ich hob die Hand, in der ich die Mappe mit meinen Kontounterlagen hielt, und winkte ihm zu.

»Sie habe ich ja gestern ganz vergessen«, sagte er.

»In der Tat«, sagte ich, versuchte, die richtige Mischung aus Vorwurf und Verständnis in den Klang meiner Stimme zu legen, und hielt mich an der Mappe fest, auf deren glanzbeschichtetem Papier sich kleine Höfe von Feuchtigkeit um meine Daumen gebildet hatten.

»Ich möchte, dass Sie sich ab jetzt um meine Finanzen kümmern. Gerne auch mit Hebelwirkung. Rein professionell.«

»Ich bin eigentlich kein Anlageberater. In Ihrer Filiale …«

»Die kennen sich doch alle nicht aus. Sie sind der Profi.« Bei dem Wort Profi hob er den Kopf, sah mir zum ersten Mal während des Gesprächs in die Augen, und ich sah nichts mehr außer Blau. Sein rechtes Augenlid zitterte, ab und zu berührte er es vorsichtig mit den Fingerspitzen der rechten Hand, als wollte er feststellen, wie sichtbar das Zucken war.

»Was wollen Sie denn jetzt eigentlich von mir?«

»Ich will Sie. Als Anlageberater.«

»In Ordnung«, sagte er. »Wenn Sie unbedingt wollen.«

»Wann treffen wir uns denn mal in aller Ruhe?«

»Nutzen Sie Online-Banking?«

»Ich nutze Kreditkarten«, sagte ich stolz, obwohl es eher dämlich war. Ich schlug die Mappe auf, er beugte sich nach vorne und sah hinein. Gemeinsam blätterten wir durch die wenigen Sparauszüge, Vermögensaufstellungen, Kreditkartenabrechnungen, Kreditkarteninformationen, die ich dort abgeheftet hatte, blätterten wie in einem Möbelhauskatalog auf der Suche nach einer Schlafzimmereinrichtung. Mir wurde wieder einmal bewusst, wie reich ich geworden war mit meinen Romanen. Ich war Millionär. Ich dachte nicht oft an dieses Wort, aber manchmal kam es mir in den Sinn. Millionär. Unglaublich. Da griff Jasper nach einem Zettel, auf dem nichts stand außer Zahlen, und zog ihn heraus.

»Sie sind ja zum Online-Banking freigeschaltet. Ich könnte mich um alles kümmern. Wenn Sie mir das mitgeben. Ganz unbürokratisch.«

»Muss ich jetzt irgendwelche Formulare ausfüllen?«, fragte ich.

Er kaute einen kurzen Moment am Nagel seines kleinen Fingers, dann bemerkte er, was er tat, und hörte auf.

»Das gehört zu unserem Service. Ich habe das im Griff. Bräuchte nur noch Ihr Passwort für das Online-Banking.«

Ich erinnerte mich dunkel. Vor einiger Zeit hatte ich mir ein Passwort ausdenken sollen, um mein Konto im Internet verwalten zu können. Ich erinnerte mich deswegen daran, weil ich Tage dafür gebraucht hatte: kein Haustier, kein Partner, dessen Namen oder Geburtstag ich nehmen konnte, und der Vorname meiner Mutter war Jane, und das war zu kurz.

»Henry.«

»Das ist das Passwort?«

»Ja. Henry48«, das war mein Geburtsjahr. Es war mir ein bisschen unangenehm, ihm das zu sagen.

»Welche Risikogewichtung möchten Sie in der Depotstruktur?«

Ich sah ihn an, lächelte, nickte.

»Das kommt auf den Anlagehorizont an«, fuhr er fort. »Junge Leute wollen eher auf Rendite gehen, was natürlich ein höheres Risiko beinhaltet, Ältere eher auf Sicherheit.«

»Tja, also …«

»Wie alt sind Sie denn?«

»Alt.«

Er sah auf das Passwort, das er sich aufgeschrieben hatte und sagte: »Sechzig?«

»Ja.«

»Aber sechzig ist doch noch nicht alt«, sagte er.

»Risiko!«, sagte ich.

»Ich muss jetzt zurück zur Arbeit. Ich kümmere mich drum.«

»Was machen Sie eigentlich, wenn Sie nicht arbeiten?«

»Schlafen, hauptsächlich«, sagte er, sehr freundlich, aber es war klar, dass es das gewesen war. Er stand auf.

»Kann ich die Mappe mitnehmen?«, fragte er.

»Selbstverständlich«, sagte ich. »Wie geht es denn jetzt weiter?«

»Wir sprechen uns, würde ich sagen«, sagte Jasper und verließ das Café.

Auch ich machte mich auf den Weg, ging auf die Monroe-Brücke, blieb in der Mitte stehen und sah in den Fluss. Ich Idiot. Warum hatte ich mir meine Kontodaten einfach so wegnehmen lassen? Warum hatte ich nicht darauf bestanden, ihn zu einem Abendessen einzuladen und erst dort alles zu besprechen? Zu spät. Wie oft hatte man ein Recht auf ein Treffen mit seinem Anlageberater? Ein Mal pro Halbjahr? Jedes, wie hieß das noch gleich, Quartal? Ich sah mich um, blickte an den glatten Fassaden der Büroklötze hinauf. Dann sah ich in den Fluss, auf das Wasser, die Möwen, die dümpelnden Eisbrocken.

Jedes Mal, wenn ich einen Balkon oder eine Brücke betrat, kam es wie ein Reflex über mich: Ich verspürte den Drang zu springen – eine fixe Idee. Wenn Selbstmord nur nicht so etwas Abgeschmacktes hätte: Hemingway, Kurt Cobain und ihre blöden Flinten. Außerdem hatte ich noch nie gehört, dass es jemandem gelungen wäre, sich im Chicago River zu ersäufen. Der war viel zu schmal; die Feuerwehr würde einen selbst im Winter schnell genug rausholen, und vorher würden einem Passanten diese quietschorangefarbenen Bojen und Rettungsringe an den Kopf werfen, die auf allen Brücken hingen. Nein, als echter Chicagoer müsste man in den Michigansee gehen oder sich vom Sears Tower stürzen. Aber ich hatte ja ohnehin nicht ernsthaft vor, mich umzubringen.

Vielleicht tat es mir gut, im Walnut Room einen Kaffee zu trinken. Da es inzwischen ziemlich stark schneite, beschloss ich, mich auf der unteren Straßenebene des Wacker Drive in Richtung State Street durchzukämpfen. Von dort wäre es nicht mehr weit.

Ich ging zurück zum Anfang der Brücke und nahm die Treppe nach unten, wechselte vom oberen auf den unteren Wacker Drive. Dass ich nach wenigen Stufen schnelle Schritte hörte, die hinter mir langsamer wurden, obwohl ich ganz am Rand ging, hielt ich für Zufall. Dann spürte ich, wie eine Hand mich am Oberarm packte. Sie umfasste ihn ganz, so groß war sie. Ich fuhr herum und sah in das Gesicht eines Mannes, der ein Business-Outfit ähnlich dem Meinen trug. Auch nachdem er mich gepackt hatte, ging er weiterhin etwas schneller als ich. Umfasste meinen Oberarm so fest, dass es nun wirklich nicht mehr höflich war und ich keine andere Wahl hatte, als hinterherzustolpern.

»Nun, Mr. Santos«, sagte er. Ich musste den Kopf heben, um in sein Gesicht zu sehen, das erstaunlich ausdruckslos war, als hätte er gerade beim Zahnarzt auf jeder Seite eine Betäubungsspritze bekommen, sodass ihm seine Wangen wie Fremdkörper vorkamen. »Wie Sie sicher wissen, haben wir einiges zu besprechen.«

»Wie bitte?«

»Ich gebe zu, es hat gedauert, bis ich Ihren Account entdeckt habe. Länger als es sollte. Aber nun habe ich alles gesehen. Ludemann verwaltet da ganz schön viel Geld für Sie.«

»Für mich?«

»Mr. Santos, wir sollten offen sprechen. Wir bei Rutherford & Gold legen wert darauf, unsere Kunden kennenzulernen. Das gehört bei uns zum persönlichen Service. Gerade bei Kunden, die aus dem Nichts auftauchen und in kürzester Zeit hohe Millionenbeträge investieren.«

»Ich weiß nicht, wovon Sie sprechen«, sagte ich. Seine Lippen verzogen sich zu einer Art Grinsen.

»Ludemann hat Sie gut gebrieft, wie ich sehe.«

»Lüdemann?«, sagte ich.

»Sage ich doch.« Inzwischen hatten wir die untere Ebene des Wacker Drive erreicht. Auf dem schmalen Streifen Bürgersteig, der den Fuß der Treppe vom Verkehr trennte, blieb er stehen, schob mich ein bisschen zu nah an die Straße, riss mich dann zurück, kurz bevor ein Lastwagen an uns vorbeidonnerte. Ich versuchte, meinen Arm aus seinem Griff zu winden, doch er drückte noch stärker zu, zwischen meine Muskeln, direkt auf den Knochen. Langsam tat es weh.

»Ludemann denkt, keiner merkt was von den Long-Straddle-Geschäften, die er mit Ihrem Geld macht.«

»Long-Straddle-was?«

»Und ich muss sagen, es hat mich überrascht, was für ein gutes Händchen dieser kleine Dummkopf hat. Ich weiß zwar nicht, woher Sie dieses Geld haben, aber Ihre Gewinne können sich sehen lassen. Sonst hätte ich ihn längst gefeuert. Doch jetzt ist Schluss.«

»Aber Jasper ist nur mein Bankberater«, sagte ich, versuchte, gleichzeitig ihn und den Verkehr im Auge zu behalten. Und zumindest einen Bruchteil davon zu begreifen, was dieser Mann sagte.

»Und ich bin der Kaiser von China«, sagte er, jetzt ohne jegliche Art von Lächeln. »Als ich Ludemann vorhin seinen Bonus-Scheck gab, habe ich gemerkt, er ist am Ende. Total durch. Er hatte es so eilig, aus meinem Büro rauszukommen, da bin ich ihm gefolgt. Ins *Caribou*. Ich habe Sie beobachtet. Durch das Fenster. Und als ich gesehen habe, wie Sie ihm die Mappe mit unserem Logo gegeben haben, war alles klar. Sie sind Graham Santos, Ludemanns rätselhafter Großkunde.«

»Graham Santos ist eine Romanfigur von mir, Sie Idiot«, sagte ich, da hob er den anderen Arm. Ich zog den Kopf zurück, gleich hatte ich bestimmt seine Faust im Gesicht, doch er hielt die Hand nur steil nach oben, sodass er nun aussah wie eine Art böser Zwillingsbruder der Freiheitsstatue.

»Sie haben klotzig verdient«, sagte er dann. »Deswegen habe ich die Sache laufen lassen. War ja auch für meinen Bonus nicht schlecht, wie Sie sich denken können. Aber für Ludemann ist die Sache zu groß geworden. Ab jetzt kümmere ich mich um Ihren Account. Da ist noch einiges Potenzial, Ihre Strategie zu optimieren, das kann der eh nicht, aber ich kann das. Zusammen werden wir Ihre Rendite noch weiter erhöhen. Morgen leite ich alles in die Wege. Um Ludemann brauchen Sie sich keine Gedanken zu machen. Der hat einen ordentlichen Bonus bekommen. Als Abschiedsgeschenk. Für den finde ich eine Lösung.«

Ein Taxi hielt direkt vor uns. Er ließ den nach oben gereckten Arm sinken, öffnete die Tür, entließ mich aus seinem Griff und setzte sich hinein. Ohne nachzudenken, sprang ich auf das Taxi zu.

»Was soll das heißen?«, fragte ich.

Als er die Hand an den inneren Türgriff legte, rutschte der Ärmel seines Mantels zurück. Ein weißes Hemd mit goldenen Manschettenknöpfen und eine enorme Uhr kamen zum Vorschein. Er wollte die Tür des Taxis zuziehen, doch ich hielt sie fest.

»Wie meinen Sie das, Sie finden eine Lösung?«, ich beugte den Kopf zu ihm hinunter. »Dass das klar ist: Ich will nicht, dass Jasper etwas passiert!«

Ohne zu reagieren, sagte er dem Taxifahrer eine Adresse. Ich musste etwas sagen, sofort musste mir etwas einfallen, da sah er mich an.

»Mr. Santos. Wir sind hier nicht im Krimi. Ich will doch auch nicht, dass Ludemann etwas passiert. Aber Sie wissen ja, es gibt Dinge, die passieren trotzdem.« Ruckartig zog er die Tür des Taxis zu. Ich hatte seiner Kraft nichts entgegenzusetzen, schaffte es nicht einmal, den Kopf rechtzeitig wegzuziehen, sodass der Türrahmen mich am Jochbein traf.

»Oh, entschuldigen Sie. Das wollte ich nicht«, sagte er, dann fuhr er davon.

Ich sah ihm hinterher. Im ersten Moment versuchte ich, mir das Kennzeichen zu merken, dann fiel mir ein, dass es ein Taxi war. Ich befühlte die pulsierend schmerzende Stelle unterhalb meiner Augenhöhle. Ich hatte Glück, dass mich die Autotür mit einer gummierten Stelle erwischt hatte, nicht mit dem rohen Metall. Dann war das Taxi bereits nicht mehr zu sehen.

MEIKE

Bei unserem Hamburger Übersetzerstammtisch in *Omas Apotheke* in der Schanzenstraße hatte ich oft erlebt, wie die Kollegen ihre Autoren wie Pokémons gegeneinander antreten ließen, um zu sehen, wer die Cooleren hatte. Ich mochte dieses Spiel, weil ich mit Henry LaMarck immer gewann.

Eigentlich wollte ich ja nie wieder nach Hamburg fahren, aber nun konnte ich es kaum erwarten, die Gesichter der Kollegen zu sehen, wenn wir beim nächsten Stammtisch an dem unbehandelten Holztisch saßen, kleine, günstige Gerichte aßen und ich von Henry LaMarck erzählte. Wie er sich gefreut hatte, mich zu sehen, wie er gestrahlt und sofort gewusst hatte, wer ich war. Wie ich diesem weltberühmten Autor aus der Erschöpfung helfen konnte, in die er nach der Vollendung seines Romans gefallen war, und dann zurück nach Deutschland mit einem Jahrhundert-Manuskript kam, das noch niemand vorher gesehen hatte.

Ich freute mich so darauf, was machte es da schon, dass er etwas zu spät kam. Ich kaufte mir einen doppelten Espresso und stellte mir vor, wie ich den Kollegen eine kurze Zusammenfassung des Gesprächs gab, das ich gleich mit Henry führen würde. Mir war nämlich eine Idee gekommen: Konnte es sein, dass er so viel Zeit in und vor dem *Caribou* verbrachte, weil es das zentrale Motiv seines Jahrhundertromans war? Dieses andauernde Herumschleppen von Kaffees, dieser Wahn, immer unterwegs zu sein und doch nicht auf sein individuell zubereitetes Getränk verzichten zu wollen, mit fettfreier Milch und Bio-Zimt?

Eigentlich musste ich ihn gar nicht fragen, bestimmt war es so! Niemand kennt das Werk eines Autors so gut wie die Übersetzerin. Wäre ein Roman ein Wohnzimmer, so sehen Lektoren, Leser oder Kritikerinnen es sich lediglich an. Wenn sie gewissenhaft sind, schauen sie gründlich hin, aber nur die Übersetzerin hat unters Sofa geguckt, die Blumen aus der Vase genommen, den Fernseher auseinander- und wieder zusammengeschraubt. Niemand auf der ganzen Welt hat so viel Zeit mit Henry LaMarcks Werk verbracht wie ich.

Als ich auch den zweiten doppelten Espresso gekauft, zu meinem Platz getragen und getrunken hatte, ging ich wieder zur Theke und fragte, ob dieses Café wirklich *Caribou* hieß, obwohl das auf jedem Becher stand und die Bedienung mich mit »Willkommen im *Caribou*« begrüßt hatte. Ich sah auf die Uhr. Sieben. Jetzt musste ich in die Pension und meine Sachen holen, Jaspers BlackBerry anstatt einer Bezahlung dort zurücklassen und zum Flughafen fahren. Doch was, wenn er sich einfach nur verspätet hatte? Er war zurzeit so durcheinander, da durfte ich nicht so streng sein. Ich war mir nicht einmal mehr sicher, ob ich wirklich sechs Uhr gesagt hatte, vielleicht hatte ich auch achtzehn Uhr gedacht und dann acht Uhr gesagt? Es wurde halb acht, acht, halb neun. Draußen schneite es sehr, Flocken flogen kreuz und quer, von oben nach unten nach oben über die LaSalle Street, als sei sie mit den Menschen, den Taxis und Lichtern in einer Schneekugel, die gerade jemand geschüttelt hatte.

Wenn ich meine Sachen im Kloster *Zur siegreichen Jungfrau Maria* zurückließ, konnte ich es immer noch schaffen – vorausgesetzt, ich fuhr sofort zum Flughafen. Sonst wäre das Flugzeug weg, das Ticket wertlos und ich ohne Geld in dieser fremden Schneekugelstadt. Walter Benjamin hatte Schneekugeln gesammelt. Walter Benjamin, der nach dem Übersetzen von Marcel Proust über innere Vergiftungserscheinungen geklagt hatte.

Ich ging. Ohne nach links und rechts zu sehen, nahm ich die Stufen hinab zur U-Bahn. Ich war viel zu höflich gewesen. Viel zu lange hatte ich alles dem Zufall überlassen.

Da fiel mir etwas ein. Die Wasabinüsse, die er mir gestern angeboten hatte, waren aus einem Tütchen gewesen, auf dem *Estana Hotel & Spa* stand.

Der Rezeptionist im *Estana Hotel & Spa* war ein Halbchinese. Er lächelte mich freundlich an und legte eine Hand mehr *auf* als *an* seine gegelten Haare, während er auf den Monitor schaute und sagte:

»Hier wohnt leider niemand, der so heißt.«

»LaMarck, in einem Wort?«

»Tut mir leid.«

Ich setzte mich in die Hotelhalle, blätterte durch eine Klatsch-Zeitschrift, las einen Artikel über Brad Pitt und Angelina Jolie, die sich getrennt und wieder zusammengerauft hatten, und fand die Probe einer Feuchtigkeitscreme, die ich herausriss und einsteckte.

Bestimmt hatte Henry sich unter einem anderen Namen angemeldet. Welcher konnte das sein? Mir fiel auf, wie wenig ich aus seinem Privatleben wusste. Eigentlich fast nichts, und auch das Gespräch bei unserem ersten Treffen war nicht gerade aufschlussreich gewesen.

Das Einzige, worüber er in fast jedem Interview sprach, war der Roman, der ihm am meisten bedeutete. Egal, ob er danach gefragt wurde oder nicht, *Unterm Ahorn* erwähnte er immer. Er hatte dem Helden aus diesem Roman sogar mal einen seiner anderen Romane gewidmet. Also ging ich wieder zur Rezeption und sagte:

»Suchen Sie noch mal unter dem Namen Santos. Graham Santos.« Diesmal musste er gar nicht im Computer nachsehen, griff gleich zum Telefon, fragte:

»Wen darf ich melden?«

»Ich bin seine Verlegerin.«

Er sagte es, nickte und legte auf.

»Zimmer 3303, die Fahrstühle für die oberen Etagen sind dort hinten.«

Ich drehte mich um und lief auf eine Fahrstuhlkabine zu, die mit offenen Türen wartete. Ich drückte die 33, dann hektisch auf den Knopf mit den zwei zueinander zeigenden Pfeilen, in der Hoffnung, dass die Tür sich ein wenig schneller schloss, bevor noch jemand anders kam. Endlich schlossen sich die Türen und öffneten sich wenig später auf Henry LaMarcks Etage.

Als ich vor seiner Tür stand und die Hand zum Klopfen erhob, riss er die Tür bereits auf. Das *Bitte-nicht-stören*-Schild wehte von der Klinke. Henry stand mir gegenüber, unrasiert und mit nichts bekleidet als einem Bademantel und einer verspiegelten Sonnenbrille. Er sah grässlich aus. Nicht nur die Haare, auch das Gesicht war nun grau. Mehr denn je hatte ich das Gefühl, das Richtige getan zu haben. Er brauchte meine Hilfe.

»Sie?«

»Ja. Warum nicht?«

»Was wollen Sie?« Offensichtlich hatte er nicht vor, mich reinzubitten. So standen wir einander gegenüber, er in der Tür und ich auf dem Flur.

»Ich würde gern kurz mit Ihnen reden«, sagte ich.

»Ich bin gerade …«, er zögerte. Da auch ich nichts sagte, setzte er den Satz nach einer Weile fort: »… nicht zu sprechen.«

»Sie können doch reden.« Ich spürte, dass meine Stimme plötzlich zornig klang. Er sollte da nicht rumstehen, im Bademantel, mit Sonnenbrille, und das perfekte Star-in-der-Krise-Bild für die *Gala* abgeben. Er sollte an seinem Roman arbeiten, an unserem Roman, auf den die Welt wartete.

»Ich habe zu tun.«

»Das will ich hoffen.«

»Wie bitte?«

»Alle warten auf Ihren Roman.«

Er schwieg.

»Ihren Roman über den Terrorismus, die Zukunft der Welt, den Jahrhundertroman«

»Ach, seien Sie still!«, rief er so laut, dass ich zusammenzuckte. Auch er schien erschrocken von dem Klang seiner Stimme, die in dem Hotelflur widerhallte und so gar nicht zu den sphärischen Panflöten-Klängen aus den Ganglautsprechern passte. Er wich einen Schritt zurück und musste nun den Oberkörper vorbeugen, um die Tür offen zu halten.

»Der Roman ist bald fertig«, sagte er leise.

»Wann?«

»Umso schneller, je eher Sie mich in Ruhe arbeiten lassen.«

»Arbeiten Sie jetzt? Gerade?« Durch die halb geöffnete Tür versuchte ich, einen Blick in das Zimmer zu werfen, um zu sehen, ob irgendwo ein Computer oder eine Schreibmaschine stand.

»Ja«, sagte er, doch die Antwort kam nicht schnell genug.

»Ich sehe Sie den ganzen Tag nur durch die Gegend laufen«, sagte ich.

»Wollen Sie mir vorschreiben, wie ich zu arbeiten habe?«

»Warum sind Sie denn so nervös, nur weil ich vor Ihnen stehe?«, sagte ich.

»Ja, warum stehen Sie denn eigentlich vor mir? Haben Sie nichts Besseres zu tun?«

»Ich will Ihnen helfen, das habe ich zu tun.«

»Suchen Sie sich lieber eine Arbeit.«

»Ich habe Arbeit. Ich kann sie nur nicht machen, weil Sie Ihre nicht erledigen.«

»Und dann sitzen Sie da auf Ihrem tollen Bauernhof auf dem Land und langweilen sich?«

Ich schwieg.

»Und gehen Ihren Freunden auf die Nerven? Oder haben Sie die in der Großstadt zurückgelassen?«

Ich starrte ihn an, sah aber nur mein eigenes Spiegelbild in seiner Sonnenbrille.

»Ach, und Ihren Freund haben Sie auch in der Stadt gelassen? Sie sind aufs Land gezogen, weil Ihre Freunde in der Stadt nicht sehen sollen, wie Sie langsam verrückt werden. Weil jeder bis dreißig irgendwie durchkommt und sich dann entscheidet, ob man für ein normales Leben taugt oder nicht.«

Das war nicht Henry, der da sprach. Es war Graham Santos. Darüber hatte er in *Unterm Ahorn* im Palmenhaus nachgedacht: Seine Eltern waren Anfang dreißig, als er geboren wurde. Nun war er selbst Anfang dreißig, lebte seit zehn Jahren mit einer Frau zusammen, die ihn heiraten wollte. Im Freundeskreis hatten alle bereits Kinder bekommen. Doch Graham Santos sitzt da unter der Manila-Palme und stellt sich das Leben seiner Eltern als Einzelpersonen vor. Welchen Verlauf es genommen hätte, wenn sie nie ein Paar geworden wären – dann kommt er zu dem Schluss, dass sowohl seine Mutter als auch sein Vater glücklicher gewesen wären, wenn sie nie eine Familie gegründet hätten. Graham Santos steht auf, verlässt seine Freundin, sein normales Leben, heimlich und mitten in der Nacht, und kauft sich ein Haus, zwar nicht an der Nordsee, sondern in den Hügeln von Vermont, aber das war auch der einzige Unterschied. Ansonsten hatte er alles so gemacht wie ich. Oder vielmehr: Ich hatte es so gemacht wie er.

Ich hob die Hand, wollte ihm die Sonnenbrille von der Nase reißen, ließ sie aber wieder sinken, als er weitersprach.

»Und jetzt wollen Sie, dass ich ein neues Buch schreibe, damit Sie neue Ideen bekommen, was Sie mit Ihrem Leben machen sollen. Aber was ist, wenn ich das nicht tue? Schreiben Sie mir dann wieder einen bösen Brief?«

»Böser Brief? Das waren nur ein paar Kleinigkeiten«, sagte ich. So war es doch gewesen; es hatte sich um ein paar harmlose Zweifelsfälle gehandelt, schiefe Metaphern, logische Fehler. Mal *riss* jemand eine Autotür auf, obwohl er sich im Auto befand, sie also eigentlich hätte *aufstoßen* müssen. Mal saß eine Person bei einem gesetzten Abendessen erst dem Gastgeber gegenüber und stritt sich dann plötzlich am anderen Ende der Tafel mit einer Immobilienmaklerin.

»Fünf Seiten Kleinigkeiten? Sie haben ja sogar die Gerichte nachgekocht, die in *Windeseile* vorkommen.«

»Sie etwa nicht?«

»Nein!«

»Die Hauptperson ist Koch.«

»Na und?«

»Das haben Sie doch nicht einfach so geschrieben, ohne sicherzugehen, dass die Rezepte funktionieren.«

»Es ist ja kein Kochbuch.«

»Ist Ihnen klar, wie Sie mich mit dem Muschelrezept blamiert haben? Ich hatte Gäste.« Es war ein desaströser Abend gewesen, mit Gösta und Regine, Sabine und Lars. Henry LaMarck hatte sich bei der Salzdosierung vertan, drei Esslöffel stand da, doch drei Teelöffel hätten mehr als gereicht.

»Ich bin jetzt wohl für jedes Unglück in ihrem Leben verantwortlich.«

»Es wäre nur nett gewesen, wenn Sie geantwortet hätten. Dann hätte ich die Stellen nicht selbst verbessern müssen.«

»Sie haben mich verbessert?«

»Ich kann ja wohl kaum Ihre Fehler mit übersetzen.«

»Warum nicht?«

»Weil sie in dem Moment zu meinen Fehlern geworden wären.«

»Sie sollen nicht das übersetzen, von dem Sie denken, dass ich es sagen will, sondern das, was ich geschrieben habe«, sagte er und wirkte plötzlich größer. Ich sah auf den Boden – er hatte sich auf die Zehenspitzen gestellt.

»Warum haben Sie mir das denn nicht geschrieben?«

»Weil ich überhaupt nichts mehr schreibe, seit ich Ihren Brief gelesen habe.«

Ich schwieg. Das konnte er nicht ernst meinen.

»Ich schreibe nicht mehr!«

»Seit meinem Brief?«

»Ja.«

»Dann müsste Ihr Roman ja fast fertig sein. Ich habe Ihnen erst vor zwei Monaten geschrieben, da waren Sie doch sicher schon sehr weit.«

Er hatte bereits den Mund geöffnet, um zu antworten, dann schien er darüber nachzudenken, was ich gesagt hatte, schloss ihn wieder, sah mich an und sagte schließlich deutlich leiser:

»Vorher habe ich recherchiert.«

»Also auch nicht geschrieben.«

»Okay. Ich habe schon vor Ihrem Brief nicht geschrieben. Von meinem neuen Roman gibt es keine Zeile, nicht mal ein Wort. Herzlichen Glückwunsch, Sie haben wieder einmal recht. Genau wie mit Ihren überkorrekten, lächerlichen Anmerkungen zu meinem Werk.«

»So war das mit dem Brief doch gar nicht gemeint. Ich wollte nur Ihre Texte verstehen.«

»Ihr Brief ist der beste Beweis dafür, dass Sie nie auch nur irgendwas verstehen werden. Sie geben sich nur mit Kleinigkeiten ab, die normale Menschen überhaupt nicht interessieren. Da wissen Sie ganz genau, wie man alles richtig macht. Immer schön klein-klein. Das ist doch zwanghaft.«

Nun war ich es, die einen Schritt zurückwich. Wollte er damit wirklich sagen, dass … Ich wollte diesen Gedanken nicht weiterdenken und hätte es auch nicht gekonnt.

»Ich wollte Ihnen doch nur helfen.«

»Sehen Sie, wie Sie mir helfen?«

»Sie lassen mich ja auch nicht«, sagte ich.

»Ich will meine erste Übersetzerin zurück.«

»Mit der hatten Sie keinen Erfolg.«

»Aber sie hat mich in Ruhe gelassen.«

»Außerdem ist sie tot«, sagte ich. Henry LaMarck senkte den Kopf und sah mir über den Rand seiner Sonnenbrille direkt in die Augen.

»Wenigstens lebt sie jetzt nicht so wie Graham Santos. Verrückt und einsam auf dem Land.«

»Sie wissen ja noch nicht mal, wie sie heißt.«

»Doch.«

»Nein.«

»Carla Tomsdorf.«

Er wollte die Tür zuknallen, doch es war eine hochwertige Hoteltür mit einer Hydraulik, die nur langsam ins Schloss gleiten konnte. So sah ich ihn noch zwei Sekunden an, während er gegen die Tür drückte, bis sie sich auf geradezu absurde Weise geräuschlos schloss. Ich hörte, wie von innen ein Sicherheitsriegel vorgelegt wurde. Dann war ich allein. Ich hob das *Bitte-nicht-stören*-Schild auf und hängte es wieder an die Tür, mit der grünen Seite nach außen: *Bitte Zimmer aufräumen.*

Die Musik war ausgegangen. Es war so still auf dem Gang, als hätte das Gebäude uns zugehört. Die Literaturverrückte zwang sich, den Fahrstuhl zu rufen, anstatt die Treppen zu nehmen, er kam, und sie drückte auf L für Lobby. Vor zehn Minuten war ihr Flugzeug ohne sie losgeflogen.

Da hatte ich sie nun bekommen, die berühmte zweite Meinung. Nach Regine hatte es nun auch Henry LaMarck ausgesprochen: Ich wurde nicht langsam verrückt – ich war es bereits geworden. Aufs Land zu ziehen, war kein letzter Versuch, das abzuwenden, sondern eine Folge dessen. Der beste Beweis dafür war meine verrückte Idee, hierherzufahren und zu denken, ich könnte mal so eben einen Jahrhundertroman abholen wie eine bestellte Torte, anstatt mich in Deutschland um andere Übersetzungsaufträge zu bemühen.

Hätte ich bloß nie diesen Brief geschrieben. Die Italiener sagen: *traduttore – traditore*, der Übersetzer ist ein Verräter, *translator – traitor*. Hatte ich Henry verraten? Alles, was ich anfasste, schien sich in Einsamkeit zu verwandeln.

Ich verzog das Gesicht, als der Fahrstuhl abbremste und ein Mann in Sportkleidung zustieg, der offensichtlich auf den Weg in das Spa des *Estana Hotel & Spa* war. Schon vor Jahren hatte ich damit begonnen, nur noch Fahrstuhl zu fahren, wenn keine anderen Menschen darin waren. Ich fand es unnötig, anderen Menschen so nahe zu sein, wenn man auch die Treppe nehmen konnte, wie ich es tat, wenn ein Fahrstuhl kam und ich sah, dass er nicht leer war. Im letzten Jahr war es so weit gekommen, dass ich aus Fahrstühlen ausgestiegen war, sobald jemand anders hinzukam, zwang mich jetzt jedoch, das nicht zu tun – so konnte es nicht weitergehen.

In der letzten Adventszeit hatte ich auf der Suche nach einem Geschenk für Arthur zum letzten Mal versucht, einen Fahrstuhl zu nehmen, in der Einkaufspassage Hanseviertel. Als die verglaste Kabine abbremste, hatte ich mich schon darüber gefreut, dass sie leer war, doch bevor die Türen sich öffneten, sah ich in deren Spiegelbild die Silhouette eines Menschen, der hinter mir stehen musste. Ich hätte fast geschrien vor Wut. Nirgendwo wurde man in Ruhe gelassen. Ich kam aus einer Wohnung, die ich mir, wie auch das Bett, mit einem Menschen teilte wie mit einem Fremden ein Zugabteil: stets auf größtmöglichen Abstand bedacht. Und jetzt konnte ich noch nicht einmal im Fahrstuhl einen Moment allein sein!

Wutentbrannt hatte ich mich damals umgedreht, doch niemand stand da. Das Spiegelbild, das mich so aufgeregt hatte, war mein eigenes gewesen. Schon damals hätte ich daran zweifeln müssen, ob es den Ort überhaupt gab, nach dem ich Heimweh hatte, weil jeder Ort, an den ich mich flüchtete, den Nachteil hatte, dass ich mich dorthin mitnehmen musste.

HENRY

Die Lichter der Stadt. Es war mir ein Rätsel, wie überhaupt irgendjemand schlafen konnte, in dieser Nacht, jemals wieder, in dieser wahnsinnigen Welt. Dann sah ich mich in meinem Zimmer um, auf die Papiere, die ich eilig im Raum verteilt hatte, damit es nach Arbeit aussah, als ich noch dachte, die Frau, die sich als meine Verlegerin angekündigt hatte, wäre wirklich Gracie Welsh. Stattdessen war es die verrückte Übersetzerin gewesen, wenigstens war ich sie schnell wieder losgeworden.

Irgendwann, ich war auf das Sofa gesunken und mehrere Male kurz eingenickt, wurde es hell. Das Zimmermädchen hatte mir ein frisches Hemd gebracht, und ich legte mein Business-Outfit wieder an.

Ich stand auf und ging so nah an die Fensterscheibe, dass sich die grünlich-blaue Stelle unter meinem Auge darin spiegelte, und legte mein Gesicht gegen das kühle Glas. Der Schmerz ließ nach – meine Gedanken hingegen gaben keine Ruhe. Jasper Lüdemann war in Gefahr. Ich musste ihn warnen.

Sobald ich die Straße betreten hatte, verschmolz ich mit der Masse von Anzugträgern, für die gerade ein ganz normaler Arbeitstag begonnen hatte. Ich überholte, wo ich konnte, wischte mir immer wieder den Schnee aus dem Gesicht, lief immer schneller, erreichte die LaSalle Street und wusste dann nicht mehr weiter.

»Sir? Sir«, sagte die Stimme. Ich schlug die Augen auf und sah zwei braune Augen und eine Schirmmütze mit der Aufschrift

Caribou. »Sie können hier nicht schlafen.« Ich schreckte hoch, fiel fast von dem Sessel auf der Galerie des *Caribou*, auf dessen Sitzfläche ich nach unten gerutscht war.

»Oh Gott, ich muss … Wie spät ist es?«

»Zwölf Uhr«, sagte die Frau und wiederholte. »Sie können hier nicht schlafen.«

Ich sah aus dem Fenster. Es war inzwischen richtig hell, und Schnee fiel auch nicht mehr. Vor mir stand ein kleiner Americano, von dem ich nicht einmal zwei Schlucke getrunken hatte. Ich folgte der Mitarbeiterin nach unten, kaufte einen neuen Kaffee und für 20 Dollar irgendwelche Fruchtschnitten und Süßigkeiten, um meine Anwesenheit zu rechtfertigen. Hoffentlich hatte ich ihn nicht verpasst. Da sah ich, wie Jasper von einem der Tische aufstand und, ohne mich zu sehen, das Café verließ. Ich ließ alles stehen und rannte hinterher.

Er überquerte die LaSalle Street, ich musste zwei Busse vorbeifahren lassen, bis ich ihm folgen konnte. Als er den Eingang von Rutherford & Gold erreicht hatte, war ich direkt hinter ihm, verfehlte nur knapp sein Abteil der Drehtür. Wir gingen durch die Tür, nur einen halben Meter voneinander entfernt, nur durch eine Scheibe getrennt, wie zwei Fische in benachbarten Aquarien.

Auf dem Weg durch die Eingangshalle holte ich ihn ein. Er hielt eine Karte an einen Sensor, und eine Eingangsschleuse öffnete sich, ähnlich wie in der U-Bahn, nur dass die Bügel, die sich hier öffneten, mit Leder überzogen waren. Ich schaffte es, hinter ihm durch die Eingangsschleuse zu springen, bevor sie sich wieder schloss, und stieß dabei mit ihm zusammen, sodass er sich umdrehte.

»Mr. LaMarck?«

»Ich muss kurz mit Ihnen …«

»Sie dürfen hier nicht rein.«

»Es dauert nicht lange«, sagte ich. Er sagte gar nichts, lief einfach nur schneller.

»Sie ...«, schaffte ich noch zu sagen, als wir in einen Fahrstuhl stolperten, der schon fast voll war. Ich sah ihn an und sah nur noch Müdigkeit, Augenringe, nach vorne gefallene Schultern – was auch immer er tat, er musste damit aufhören.

Der Fahrstuhl hielt im 12. Stock, ich sah starr nach vorne.

Ein Telefon klingelte. Es war nicht seins. 16. Stock. Zwei Frauen mit Kaffees machten Platz. Er verließ den Fahrstuhl, ich hinterher, rempelte die Frauen an, sagte nichts. Ohne mich anzusehen, eilte er zu einer Drehtür und hielt die Karte erneut an einen Sensor.

»Es geht ganz schnell. Und wichtig ist es auch.«

Unter dem Lesegerät piepte etwas. Er stellte sich auf die auf dem Boden vorgezeichneten Umrisse von zwei Füßen, alles leuchtete grün, die Drehtür setzte sich in Bewegung. Ich sprang hinein und schubste Jasper von den grünen Fußumrissen nach vorne gegen die Scheibe. Dieser Ort war wirklich nicht groß genug für zwei.

»Sie müssen leider gehen. Wir können später sprechen, aber nicht hier.«

»*Sie* müssen gehen. Abhauen! So schnell Sie können«, sagte ich, während wir der Bewegung der Drehtür stolpernd folgten. »Was auch immer Sie da für Spekulationen machen, Ihr Chef weiß alles«, schaffte ich zu sagen, bis die Drehtür ihre halbe Rotation vollendet hatte und wir aus der Enge in einen riesigen Saal fielen.

Wir fielen wirklich. Irgendwie hatten sich unsere Beine in der Drehtür verknotet, und wir verloren das Gleichgewicht. Lagen in dem riesigen Saal, der mir merkwürdig dunkel vorkam.

»Verstehen Sie?«, flüsterte ich, während wir uns aufrappelten. Es war still in diesem Saal, überall Monitore, Zahlen, Telefone. Menschen, die uns ansahen. Dann nahm ich meine Sonnenbrille ab.

»Was weiß mein Chef?«, flüsterte Jasper.

»Long-Straddle-irgendwas«, sagte ich, dann sah ich, wie ein Sicherheitsmann auf uns zukam. Sehr schwarz gekleidet. Sehr schnell.

»Wir dürfen uns nie wieder sehen«, sagte Jasper.

Nun hörten uns alle zu. Jasper Lüdemann sah in dieselben unverhohlen grinsenden Gesichter wie ich, dann packte der Sicherheitsmann mich am Arm und begann, wie er es nannte, mich hinauszubegleiteten.

Kurz danach fand ich mich in einer Gasse auf der Rückseite des Gebäudes wieder, auf die ich durch einen Notausgang nicht mit dem Gesicht zuerst geschmissen, sondern nur ein klitzekleines bisschen geschubst worden war. Ich erinnerte mich an mein blaues Auge und setzte die Sonnenbrille wieder auf.

JASPER

Nachdem der Sicherheitsmann mit Henry verschwunden war, ging ich an meinen Platz. Ich musste gar nicht in den Saal sehen. Wusste eh, dass alle wieder grinsten. Was sie sich dazu dachten, wollte ich lieber nicht wissen. Wenn jetzt jemand kam und fragte, was dieser Typ mit der Sonnenbrille wollte, der sich mit mir auf dem Boden gewälzt hatte, was sollte ich sagen?

Ich wusste es doch selbst nicht. Hatte keine Ahnung, woher Henry LaMarck von meinen Geschäften wusste. Außer ... außer Meike hatte ihm erzählt, was ich ihr damals im *Caribou* über meine unautorisierten Positionen anvertraut hatte. Sie stand mit Henry LaMarck in Kontakt, das war klar. Doch warum behauptete Henry nun, dass Alex davon wüsste? Wenn Alex von meinen Millionenverlusten wusste, wäre ich nicht mehr hier. Henry LaMarck log. Und er hatte mich bis auf die Knochen blamiert.

War das ein Spiel von zwei Literatursnobs, die einen Banker veralbern wollten? Meike und Henry. Ich hatte sie beide im *Caribou* kennengelernt. Kurz hintereinander. Durch merkwürdige Zufälle. Dann stimmte es wohl gar nicht, dass Henry LaMarck so beeindruckt von meiner Kompetenz war. Dass er mich zu seinem Vermögensverwalter gemacht hatte, war dann wohl auch ein Witz. Bestimmt hatte er mir irgendwelche veralteten Kontodaten gegeben, und wenn ich sie eingab, passierte nichts.

Ich nahm die Mappe zur Hand, die er mir gegeben hatte und fand seine Kontonummer. Wie war das Passwort? Henry48. Ich gab es ein. Und sah wenig später sein Geld. Über neun Millionen Dollar. Einfach so. Er hatte mir wirklich seine echten Daten gegeben. Mit dem Pfeil meiner Maus wanderte ich in seinem Konto herum. Klickte auf Umsatzaufstellungen, sah mir seine Daueraufträge an. Dass man mit Büchern so viel Geld verdienen konnte, hätte ich nicht gedacht.

Ich fasste in meine Hosentasche, in der immer noch der Bonusscheck war. 40.000 Dollar. Dann sah ich mir den Kurs von *HomeStar* an.

Minus drei Prozent.

Ich sah auf den Analystenmonitor. Die Gerüchte, dass jemand in großem Stil *HomeStar*-Aktien aufkaufte, waren wirklich nur Gerüchte gewesen. Nun, wo ich alles darauf gesetzt hatte, dass der Kurs weiter stieg, war das passiert, auf das ich all die Tage gewartet hatte: *HomeStar* fiel.

Ich versuchte, die Kaufoptionen abzustoßen, da kam die Fehlermeldung: *Transaktion nicht möglich*. Ich konnte von Graham Santos Account nicht mehr handeln – nicht bevor dieser Kunde die Sicherheitszahlungen an EUREX geleistet hatte. Zehn Millionen.

Es war, wie auf einem Turnier eine Schachpartie zwei Stunden lang nicht zu verfolgen und dann wieder an das Brett zu treten: Ein Läufer war geopfert, Türme besetzten die offenen Linien und der gegnerische König versteckte sich hilflos hinter dem einen versprengten Bauern, der von dem Schutzwall seiner Königsstellung geblieben war. So können Dinge sich verändern. Als mein Verlust vor ein paar Tagen die Grenze zur Million überschritten hatte, hatte ich mir Sorgen gemacht. Nun tat es nicht mehr weh. Ein paar Hundert Millionen. Wer konnte sich das denn noch vorstellen?

Ich spürte, wie die Kollegen hinter meinem Rücken über mich lästerten. Vielleicht dachten sie jedes Mal an mich, wenn etwas über einen Amok-Läufer im Fernsehen kam. Je länger ich darüber nachdachte, desto klarer wurde mir, wie genau ich auf die Beschreibung des typischen Amokschützen passte: überdurchschnittlich intelligent, verbringt seine Freizeit vor dem

Computer, Einzelgänger, keine Freunde, keinen Vater, relativ normal, aber schon immer ziemlich verschlossen.

So redeten sie wohl abends beim Bier über mich: »Wenn hier mal einer durchdreht, dann bestimmt der Freak aus Reihe 29, dieser Deutsche, wie heißt er noch gleich?«

Seitdem Henry die Drehtür durchschritten hatte, war auch das letzte bisschen Respekt weg, mit dem sie mich hier behandelten. Wir mochten es nicht, wenn hier fremde Leute reinkamen. Insofern geschah es Henry recht, dass ich mir nun sein Geld auslieh, für die Marginzahlung an EUREX. Das war die letzte Chance, den heutigen Tag zu überleben. Zehn Millionen. Er hatte sicher nichts dagegen. Ich konnte ihm das Geld ja bald zurückzahlen, vielleicht sogar mit Gewinn – und er hatte mir schließlich freie Hand gelassen, was ich mit seinem Kapital tat. Loggte mich auf seinem Konto ein. Ganz normal, über die Internetseite von Rutherford & Gold. Etwas über neun Millionen Dollar. Das würde erst einmal reichen. Ich klickte auf *Überweisungen*. Ruhig und routiniert.

Ich gab die Kontonummer von EUREX ein und schrieb ins Betragsfeld: 9.393.383 Dollar. *Mr. LaMarck, willkommen bei Rutherford & Gold Online. Geben Sie nun ihre TAN-Nummer ein.* Ich holte die Liste mit Henrys Transaktionsnummern hervor.

»Jasper?« Ich spürte eine Hand auf meiner Schulter. »Kommst du mal kurz?«

Alex wartete nicht auf Antwort. Verschwand in Richtung seines Büros. Dort saß bereits jemand. Mit dem Rücken zu mir.

Dann sah Alex sich um. Winkte mir zu, ich solle mich beeilen. Für einen Moment setzte mein Herz aus, dann fing es an zu rasen. Henry hatte doch recht gehabt. Sie wussten alles. Nun war der Zeitpunkt gekommen. Sie feuerten mich.

Ich überlegte, wer mich da drinnen erwartete. Brittany? Der Finanzvorstand? War dies der Moment, um zu fliehen? Ich sah mich nach der Drehtür um, während ich schon in Alex' Richtung ging.

Ich betrat Alex' Glaswürfel. Der Mann vor seinem Schreibtisch erhob sich, als ich reinkam. Drehte sich um, reichte mir die Hand. Es war der Krawattenmann. Sein Händedruck war erstaunlich weich. Ich packte so fest zu, dass irgendwas knackte. Hätte ihm am liebsten gar nicht die Hand gegeben. Oder sie ewig festgehalten und geschüttelt, die Begrüßung ins Unendliche verlängert, damit das, was nun kommen würde, niemals begann. Wenn ich jetzt alles gestand, würde das etwas retten? Wenn ich jetzt wegrannte, schaffte ich es bis zur Drehtür?

»Geht gut, oder?«, sagte Alex, was für seine Verhältnisse ein ziemlich ausgedehntes Vorgeplänkel war.

»Solange es geht, geht's«, sagte ich.

»Das ist Shelby Sanderson, unser Bereichsleiter Trading.«

»Ja«, sagte ich.

»Freut mich«, sagte er. »Aus Deutschland. Der Fußballfan, oder?«

»Ja«, sagte ich.

»Ich habe neulich mal an Ihrem Arbeitsplatz gesessen. Alex wollte mir zeigen, welche Route er im Urlaub mit dem Motorrad fährt, und wir konnten gerade nicht an seinen Computer, weil jemand aus der IT da gerade ein Update installiert hat. Und Sie waren ja unterwegs, da hat er es mir an Ihrem Platz gezeigt. Toll, dieses Google Maps, oder?«

»Ja«, sagte ich erneut. Dass sie solche Sadisten waren, hätte ich nie gedacht. Sie spielten Katz und Maus mit mir, bevor sie mich mit meinen Machenschaften konfrontierten. Ich konnte nichts mehr sagen, krallte meine Finger in die Lehne des Stuhls, in den ich mich gesetzt haben musste, hielt mich mit den Füßen an den Stuhlbeinen fest, als wäre ich im schwerelosen Raum und müsste alle Kraft aufwenden, um hierzubleiben, während Alex' Lippen Worte formten.

»Wir haben uns entschlossen, einige Veränderungen in der Abteilung vorzunehmen. Jetzt, wo Neely weg ist, brauchen wir Verstärkung für die Institutional Client Group.«

Ich sah den Krawattenmann an, der die Mundwinkel nach oben zog.

»Und ich habe ja gesehen«, sagte Alex, »dass du ein gutes Händchen mit Long Straddles hast.« Er sah mich an, als sei das die normalste Sache der Welt.

»Das weißt du?«

»Ich bin doch nicht blöd. Ich habe dich machen lassen – du hast ja gut verdient.«

Henry hatte recht gehabt. Und wiederum auch nicht. Alex hatte meine unautorisierten Geschäfte zwar entdeckt, aber offensichtlich übersehen, dass nur die verlustreichen Verkaufsoptionen echt waren, die Gewinne aus den Kaufoptionen hingegen nicht.

»Wenn Sie das wirklich so gut machen, wie Alex sagt, können wir Sie in der Institutional Client Group gut gebrauchen«, sagte der Krawattenmann. »Wenngleich wir Ihnen etwas genauer auf die Finger schauen werden.«

Ich sah Alex an. Auf seinem Gesicht eine Art Grinsen. Da war ich mir sicher, dass er allen Ernstes dachte, ich hätte mit meinen unautorisierten Geschäften Geld verdient. Mir wurde schlecht bei dem Gedanken, dass Alex sich über meine fingierten Gewinne gefreut hatte und dadurch seinen Bonus wachsen sah. Hatte er wirklich eben gesagt: »Ich bin doch nicht blöd«?

Mir fiel auf, dass die beiden auf eine Antwort warteten. Ich musste die Initiative ergreifen.

»Ich will noch im Händlersaal bleiben und mehr lernen«, sagte ich.

Alex' ohnehin schon sparsame Mimik fror ein. Die Augenlider schienen das Einzige in seinem Gesicht zu sein, das noch lebte. Gerade noch. So was hatte er noch nie gehört. Hundertprozentig sicher. Das war eine Beförderung. Niemand lehnte so ein Angebot ab. Ich bereute den Satz. Sofort. Die auswendig gelernte Streberhaftigkeit des »mehr lernen«, die Art, wie ich dabei erst zu Alex guckte, dann zu dem Krawattenmann, dann wieder zu Alex, um keinem der beiden wirklich in die Augen sehen zu müssen.

Sie sagten nichts.

»Ich muss dann wieder an meinen Platz«, sagte ich. Stand auf und verabschiedete sie, ohne erneuten Händedruck. Ich wusste, dass ich nun sehr schnell sein musste.

Ich zog das Papierfach unseres Druckers auf, nahm ein weißes Blatt heraus und schrieb: *Es tut mir leid. Jasper.* Steckte es in einen Umschlag, schrieb Alex' Namen drauf und gab ihn in die Hauspost. Alex würde ihn heute Abend bekommen.

Dann nahm ich die letzten sechs Snickers aus meiner Schublade. Ich wollte mich von Jeff verabschieden, doch er war nicht an seinem Platz. Überlegte, eine Nachricht zu schreiben, doch dann würden es alle zu schnell erfahren. Also zog ich seine Schublade auf und ließ die Snickers reinfallen. Er würde sich denken können, dass das ein Gruß von mir war. Sie fielen in die Schublade, in der Papiere lagen, Geschäftsberichte und eine Zeitungsseite. Aus der *Chicago Tribune*. Ich nahm sie raus. Es war die Titelseite des Wirtschaftsteils. Ein Foto, das an diesem Tag der Seitenaufmacher gewesen war, hatte jemand ausgeschnitten.

Auf dem Weg nach draußen sah ich aus dem Augenwinkel, dass Alex noch immer mit dem Krawattenmann zusammensaß.

Ich musste los. Meinen Bonusscheck einlösen. Und mir einen neuen Job suchen.

Fahrstuhl, Erdgeschoss, Eingangshalle, die Speed-Gates öffneten sich ein letztes Mal. Dann rief ich meine Mutter an.

»Hier ist …«, sagte ich, doch sie erkannte mich natürlich sofort.

»Hallo, Jasper. Ich wäre fast gar nicht ans Telefon gegangen. Was ist das denn für eine Nummer?«

»Ich habe ein neues Handy.«

»Erreiche ich dich jetzt unter dieser Nummer? Gilt die alte nicht mehr?«

»Nein«, sagte ich. »Ruf auf gar keinen Fall auf der alten Nummer an!«

»Was ist denn los?«

»Wahrscheinlich nichts«, sagte ich.

»Wahrscheinlich?«

»Wir haben da ein kleines Problem verursacht. In der Bank. An unserem Desk. In unserem Team. Meinem Team. Also ich.«

»Was denn für ein kleines Problem?«

»Ich würde gerne nach Deutschland kommen. Für ein paar Tage. Ausspannen«, schaffte ich noch zu sagen, bevor ich auflegen musste. Ich wollte nicht weinen.

Ich fuhr nach Hause und packte meine Sachen. Alles, was ich mitnehmen wollte, passte in eine Sporttasche.

HENRY

Ich, Henry LaMarck, wohnhaft im Estana Hotel & Spa *Chicago, Suite 3303, verfüge hiermit für den Fall meines Todes Folgendes.*

Ich strich das Letzte und ersetzte es durch: *verfüge für den Fall meines Todes folgenden letzten Willen.* Das klang zwar schief, aber auch irgendwie testamentiger. Ich saß in der Badewanne, ein Zimmerservice-Tablett balancierte über den Rändern, darauf der Hotel-Kugelschreiber und das Briefpapier mit dem Logo, der Adresse und dem Zusatz: *Der Absender ist Gast im Hotel.* In der Bibel hatten sie das so ausgedrückt: *Wir haben hier keine bleibende Stadt.*

Mein Vermögen, abzüglich aller Schulden – ich ersetzte *Schulden* durch *Verbindlichkeiten* – *und Kosten für die Beerdigung,* nein: *Trauerfeier, Beisetzung,* egal, *… soll für den Erhalt und Ausbau des Palmenhauses im Lincoln Park Conservatory, Chicago, aufgewendet werden, unter der Bedingung, dass es dafür seinen Namen in Henry LaMarck Palmenhaus ändert. Außerdem will ich eingeäschert,* nein, *verbrannt werden. Meine Asche soll auf einem Frauenbeachvolleyballfeld verstreut werden.*

Ich hatte lange nach einer besonders sinnhaften Art des Begrabenwerdens gesucht, dann war mir wenigstens etwas eingefallen, das überhaupt keinen Sinn ergab. Da waren alle Dinge drin, mit denen ich nie etwas am Hut gehabt hatte: Strand, Mannschaftssport und Frauen.

Ich stieg aus der Wanne und trocknete mich ab. Dann tauchte ich einen Finger ins Badewasser, befeuchtete einen Hotelbriefumschlag und verschloss ihn. Das ablaufende Badewasser gurgelte, plätscherte, dann Stille. Ich sah mich an. Meinen Körper, die grauen Haare. Ich streckte den Bauch raus, ließ meine Halswirbelsäule nach vorne sacken, stülpte die Lippen über die Zähne, zitterte mit den Fingern. Das war die Zukunft. Ich blätterte das Bibelzitat in der Hotelbibel nach: *Wir haben hier keine bleibende Stadt, sondern die zukünftige suchen wir.*

Nun hatte ich mein Testament gemacht, und dass es sich als so einfach erwiesen hatte, zeigte mir erneut, wie einsam ich war. Ich wollte es in die Minibar legen, da fiel mir der Notfallumschlag entgegen. Ich hielt ihn in der Hand. Rot. NOTFALL.

Schon der diskrete Klang des ausländischen Freizeichens beruhigte mich.

»Hallo?«, sagte jemand.

»Hallo.«

»Henry LaMarck?«

»Elton John?«

»Wie schön. Bist du in London?«

»Nein. Chicago.«

»Chicago.« Die Enttäuschung in seiner Stimme schmeichelte mir.

»Habe ich dich geweckt?«

»Ich bin in meinem Fitnessstudio.«

»Dir geht es gut?«

»Ausgezeichnet. Und dir?«

»Du musst mir helfen. Ich habe den Umschlag geöffnet.«

»Den Umschlag? Ich hatte gedacht, du schmeißt ihn gleich weg.«

»Nein.«

»Das Buch über den 11. September, von dem du damals in

der Talkshow gesprochen hast, hast du nicht geschrieben, oder?«

»Woher wusstest du das?«

»Ich habe es geahnt. Du hast nicht daran geglaubt.«

»Warum hast du mir das damals nicht gesagt?«

»Weil ich Pessimisten unerträglich finde.«

»Du lagst richtig. Ich schreibe nicht mehr, ich bin zu alt.«

»Ja.«

»Was?«

»Natürlich bist du alt. Du bist fast so alt wie ich, und ich bin auch alt.«

»Ich möchte, dass du mich in die Betty-Ford-Clinic einbuchst.«

»Hast du denn ein Alkoholproblem?«

»Nein.«

»Drogen?«

»Nein.«

»Was willst du denn dann in der Betty-Ford-Clinic?«

»Das machst du doch mit allen, wenn sie Probleme haben. George Michael, Rufus Wainwright.«

»Das war die Hazelden Foundation in Minnesota.«

»Amy Winehouse hast du auch geholfen.«

»Die hat aber auch ein Alkoholproblem. Im Gegensatz zu dir.«

»Du meintest doch, ich könnte dich anrufen, wenn es mir schlecht geht.«

»Ich meinte, du könntest mich anrufen, wenn du mal meinen Secondhand-Laden sehen willst. Von mir aus kannst du da gerne arbeiten.«

»Ich? In Elton's Closet?«

»Es würde dir guttun, etwas für andere Menschen zu machen. Gegenüber von meinem Londoner Stadthaus ist gerade eine Wohnung frei. Sehr nett. Mit Blick auf den Regent's Park.

Ich glaube, man kann von dem Balkon sogar den Betonpavillon mit den Pinguinen im Zoo sehen. Das ist sehr niedlich.«

»Was soll ich denn in London?«

»Dann wären wir Nachbarn. Besuchen uns. Machen Charity zusammen. Einen Kamin hat die Wohnung auch.«

»Ich könnte es mir ja mal ansehen. Ob ich da schreiben kann.«

»Henry«, sagte er, und ich konnte nicht anders, als mir vorzustellen, dass er grinste. »Du wirst nicht mehr schreiben. Müssen denn alle Künstler arbeiten bis zum Umfallen? Auch wir haben ein Recht auf Rente.«

»Rente? Ich?«

»Du bist doch alt. Hast du selbst gesagt. Das ist die Kunst. Sich mit dem Alter abzufinden, bevor es zuschlägt.«

Obwohl er mich nicht sehen konnte, nickte ich.

»Henry, ich muss Schluss machen, Roman Abramowitsch kommt gleich. Wir wollen zusammen Maskottchen vom Chelsea F. C. rausbringen. Von jedem verkauften Maskottchen gehen drei Pfund an meine Stiftung. Wenn du die Wohnung kaufst, schenke ich dir eins. Für den Kaminsims.«

MEIKE

Wieder einmal kämpfte ich mich auf der Magnificent Mile durch die bummelnden, shoppenden, Tüten tragenden Touristen, überquerte den Fluss, der sich irgendwo da hinten in einen nördlichen und südlichen Arm teilte, genauso wie es in Hamburg eine Norder- und eine Süderelbe gab. Auch auf der Alster wurde im Sommer gesegelt, wie auf dem Lake Michigan, und eine U-Bahn gab es auch, die zeitweise oberirdisch verlief, weswegen es mir nie klar war, ob ich sie U-Bahn oder Hochbahn nennen sollte. Solche Städte brachten mir nichts als Unglück.

Ich ging an einem China-Imbiss vorbei, in dem eine alte Frau saß, die nichts als einen Tee vor sich stehen hatte. Obwohl sie dort im Warmen saß, hatte sie ihre Mütze nicht abgenommen. Ein Dutzend Plastiktüten standen unter ihrem Tisch. Wahrscheinlich saß sie den ganzen Tag dort. Oder zumindest so lange, bis die Kellner sie rausschmissen.

Durch ein Fenster zur Straße verkauften sie Sachen zum Mitnehmen, große Packungen mit Krabbenkräckern, deren Anblick mir für einen Moment ein Gefühl rosafarbener, aufgepuffter Sorglosigkeit gab. Vielleicht war es auch nur mein Hunger. Die Nonnen hatten mich heute morgen gebeten, die Rechnung für die letzten Nächte zu bezahlen; ich hatte gesagt, dass ich erst zum Geldautomaten müsste, und hatte dann, ohne zum Frühstück zu gehen, meinen Reisepass und ein paar der wichtigsten Sachen in meine Handtasche gepackt und war gegangen.

Eine Packung Krabbenkräcker kostete 75 Cent, doch ich hatte nur noch 50 Cent, zwei Quarter-Münzen. Da schlenderte ein Ehepaar in identischen Allwetterjacken und Turnschuhen an mir vorbei, die ich sofort als Touristen erkannte. Ich sprach sie an:

»Können Sie mir einen Quarter geben? Ich habe mein Portemonnaie im Hotel vergessen und wollte mir Krabbenkräcker kaufen.« Sie sahen mich an, so wie ich sonst Leute ansah, die mich anbettelten, mit dem Blick des normalen Bürgers, der sich fragt, ob er von Seinesgleichen angesprochen wird oder einem Junkie. Diesem Blick, der die Erscheinung des anderen in Sekundenschnelle absucht, Zähne, Haut, Haare, Kleidung. Dann lächelte der Mann.

»Die sehen wirklich lecker aus«, sagte er, öffnete seine Allwetterjacke, holte aus einer Gürteltasche einen Ein-Dollar-Schein hervor und gab ihn mir, dann gingen sie davon. Ich kaufte mir zwei Krabbenkräckertüten und lief weiter, ohne zu wissen, wohin. An der nächsten Kreuzung blieb ich stehen, um die erste Tüte aufzureißen. Ein Stoppschild stand da, und unter das STOP hatte jemand in Silber gesprüht ... *in the name of love.*

In der U-Bahn zum Flughafen öffnete ich die zweite Tüte mit den Krabbenkräckern. Ich war über das Drehkreuz am Eingang gesprungen, um nicht bezahlen zu müssen – andere Leute mochten anders leben, ich konnte das nicht.

Die Frau am Lufthansa-Schalter schüttelte den Kopf.

»Das Ticket ist nicht umbuchbar.«

»Ich weiß.«

»Es ist verfallen«, sagte sie. Tippte noch einmal etwas in ihren Computer, das Namensschild auf ihrer dunkelblauen Uniform wippte auf und ab. Trisha stand darauf.

»Aber gibt es nicht irgendwas, das Sie machen können?«

»Ich kann Ihnen ein neues verkaufen.«

»Sehen Sie, die Sache ist so, ich habe kein Geld.«

»Das tut mir leid.«

»Können Sie es nicht vielleicht doch umbuchen? Ich muss dringend nach Hause«, sagte ich und wusste schon bevor ich den Satz zu Ende gesprochen hatte, dass sie Nein sagen würde. Dann blieb mir nichts anderes übrig, als meine Eltern anzurufen und sie zu bitten, für mich einen Flug zu buchen. Wahrscheinlich würden sie es tun, Lars würde es wohl auch tun, vielleicht sogar Arthur, nein, Blödsinn, Arthur ganz bestimmt auch. Sie würden dafür sorgen, dass ich zurück nach Deutschland käme; es wäre demütigend, aber auch angemessen für die Sackgasse, in die ich mich manövriert hatte, nach meiner Flucht aus der Welt der Weinklimaschränke und Maria-Sophies; dem Leben ohne Autos, dafür mit Salzmühlen von Peugeot. Wenn Arthur oder Lars mir meine Rückreise bezahlten, wäre das der endgültige Sieg des Lebens, das ich verlassen hatte, über das Leben, das ich mir aufbauen wollte.

»Ich würde den Flug für Sie umbuchen«, sagte Trisha. »Aber ich kann es einfach nicht. Der Computer würde das nicht annehmen. Haben Sie denn auch keine Kreditkarte mehr?«

»Nein.«

»Das tut mir so leid«, sagte sie.

»Das ist alles, was ich noch habe«, sagte ich und zeigte ihr den BlackBerry, in der lächerlichen Hoffnung, dieses Gerät könnte so viel wert sein wie ein Flug nach Hamburg, doch sie sagte nur:

»Gibt es niemanden, den Sie anrufen können?«

JASPER

Im ersten Moment dachte ich, Meike hätte meinen BlackBerry weggeschmissen. Jemand hatte ihn gefunden und rief mich nun an. Doch es war Meike.

»Das im Palmenhaus tut mir leid. Ich hatte einen wichtigen Termin vergessen«, sagte sie.

»Kein Problem«, sagte ich und stellte mich in die Schlange am Check-in-Schalter.

»Aber jetzt habe ich alles geschafft.«

»Und? Erfolgreich?«

»Okay«, sagte sie. Sie klang müde. Meike machte es richtig. Verdiente sicher weniger Geld als ich, aber sie war fleißig, in einem normalen, ehrlichen Job.

»Und bei dir?«, fragte sie.

»Super. Hab einen Bonus gekriegt.«

»Wollen wir uns noch mal treffen?«

Das war die letzte große Demütigung. Die ganze Zeit lief ich Meike hinterher, und in dem Moment, wo sie Interesse zeigte, war ich auf dem Weg, das Land zu verlassen.

»Das geht nicht. Zu viel los. Auf der Arbeit.« Sie schwieg. Dann sagte sie.

»Und morgen?«

»Auch das wird nicht gehen.«

»Ich wollte dich eigentlich fragen, ob ich ein paar Tage bei dir wohnen kann?«

Mir war zum Heulen. Als wollte irgendein Gott mir zeigen, dass ich im Privatleben genauso versagt hatte wie im Beruf. Nun hatte sich wirklich eine Form von Work-Life-Balance eingestellt: Es war in beiden Bereichen gleich mies.

»Das geht nicht«, sagte ich.

»Ich habe kein Geld mehr.«

»Bist du überfallen worden?«

»Ja. Nein. Henry LaMarck hat mich gefeuert.«

»Gefeuert?«

»Ich werde ihn nicht mehr übersetzen.«

»Warum denn das? Der ist doch so nett, hast du gesagt.«

»Henry LaMarck ist durchgedreht.«

»Und was wird jetzt aus dir?«

»Das ist ihm egal.«

»Aber du findest doch bestimmt was Neues. So gut, wie du im Geschäft bist.«

»Aber bis dahin habe ich kein Geld.«

»Ich kann dir Geld leihen«, sagte ich, ohne daran zu denken, dass ich kurz davor war, in ein Flugzeug zu steigen und nicht mehr in die Stadt zurückkonnte, um es ihr zu geben.

»Einen Flug habe ich auch nicht. Ich muss dringend zurück nach Deutschland.« Während sie noch sprach, hatte ich meinen Platz in der Wartschlange aufgegeben. Lief durch das Terminalgebäude zu einem Internetcafé. Nickte dem Mann an der Kasse zu. Ließ mir eine Nummer geben.

»… ich kann dir gern einen Flug buchen. Von mir aus jetzt gleich«, sagte ich, ließ mich auf den Stuhl am Computer Nummer 18 fallen und ging auf lufthansa.com.

»Geht das? Einfach so?«

»Natürlich geht das einfach so«, sagte ich und fragte sie nach ihrem Geburtsdatum. »Wann willst du fliegen?«

»Am liebsten sofort.«

»Welcher Flughafen ist für dich am besten? Hamburg? Da gibt es einen Flug über London. In drei Stunden. Schaffst du das?«

»Ja«, sagte sie.

»Warte«, sagte ich und gab ihren Namen ein. Vergaß alles um mich herum. Und in mir. Klickte mich durch die gelben Seiten der Lufthansa und buchte einen Flug für MEIKE URBANSKI MRS. Wenigstens eine gute Sache konnte ich noch tun, bevor meine Zeit in Chicago zu Ende war. Eine gute Sache in fünf Jahren, dieser Flug. Als es ans Bezahlen ging, fiel mir die Mappe mit den Kontodaten von Henry LaMarck ein, die in meiner Tasche war. Ich hatte sie eigentlich wegschmeißen wollen, hatte sie dann aber doch mitgenommen, für den Fall, dass ich mal beweisen müsste, dass er mir seine Unterlagen gegeben hatte. Schlug sie auf. Da war doch irgendwo ein Zettel mit seinen Kreditkartendaten. Henry LaMarck, dieser hinterhältige Kerl, hatte Meike gefeuert. Dafür würde er nun bezahlen. Ihren Flug. Das war ja wohl das Mindeste. Ich gab seine Daten ein.

»Dein Buchungscode ist URT3G9. Jetzt überweise ich dir noch Geld. Kannst es mir zurückgeben, wenn du einen neuen Autor gefunden hast.«

Sie gab mir ihre Kontonummer und sagte: »Danke.«

»Gute Reise«, sagte ich, »wir sehen uns dann später. Irgendwann. Vielleicht.« Sie legte auf. Verspielte ich gerade die Chance meines Lebens? Wir könnten doch zusammen fliegen. Ich könnte eine spontane Geschäftsreise erfinden. Aber nach Hamburg? Das wäre peinlich. Und ihr zu erzählen, was passiert war, kam erst recht nicht infrage. Nachdem ich ihr eben noch von meinem Bonus erzählte hatte, konnte ich ihr doch nicht sagen, dass ich bei der Bank alles versaut hatte und nun auf dem Weg nach Deutschland war, um mich bei meiner Mutter in Bochum zu verstecken. Welche Frau will schon so einen Verlierer?

Das Einzige, was ich tun konnte, war, ihr zu helfen. Ganz uneigennützig, damit wenigstens ihre Karriere nicht so den Bach runterging wie meine. Und sie nie wiedersehen. Auch nicht irgendwann.

Ich loggte mich in mein Online-Banking ein, hatte schon ihre Kontonummer eingegeben, dann zögerte ich. Damit gäbe es eine Verbindung, die sie bei Rutherford & Gold nachvollziehen konnten. Von mir zu ihr. Ich überwies ihr nichts. Wollte sie nicht in die Sache reinziehen.

Dann loggte ich mich in Henrys Online-Konto ein. Auch das konnte er noch für sie tun. Schließlich hatte er ihr genug geschadet. Und nicht nur ihr. Ich dachte daran, wie er sich zu mir in die Drehtür gedrängelt hatte. Wie wir in den Händlersaal gefallen waren. Die Gesichter der grinsenden Kollegen. Und das war noch nichts im Vergleich dazu, was er Meike angetan hatte, die seit Jahren aufopferungsvoll für ihn gearbeitet hatte. Henry LaMarck. Durchgedreht, hatte Meike gesagt.

Überweisung ausgeführt. Vielen Dank, Mr. LaMarck, dass Sie Rutherford & Gold online genutzt haben.

MEIKE

Im Flugzeug schlief ich sofort ein und wachte erst über Island wieder auf, als bereits Tausende transatlantische Meilen hinter mir lagen. Zum Frühstück bekam jeder von uns ein viereckiges Omelette, wozu ich um ein Glas Wein bat, was die Stewardess mir gab, ohne das kleinste bisschen Verwunderung zu zeigen, was, so hoffte ich, ihrer Professionalität zuzuschreiben war und nicht meinem Aussehen. Beim Umsteigen in London fragte ich mich, warum Jasper so abweisend, fast aggressiv reagiert hatte, als ich ihn fragte, ob ich bei ihm wohnen könnte? Dass er nach meiner Aktion im Palmenhaus nichts mehr mit mir zu tun haben wollte, hätte ich noch verstanden, aber dann hätte er mir wohl kaum Geld überwiesen und mir einen Flug gebucht, einfach so, weg von ihm, wo ich doch dachte, dass er etwas von mir wollte. Ich hatte doch gedacht, Jasper sei der einzige Mensch, den ich noch durchschauen konnte: ein Banker, langweilig und arrogant, aber wenigstens berechenbar. Doch nicht einmal das hatte ich richtig eingeschätzt. Henry LaMarck hatte recht, ich war zu verrückt, um irgendwas zu verstehen.

Am Flughafen Hamburg-Fuhlsbüttel wartete ich eine Weile auf meinen Koffer, bis mir einfiel, dass ich ohne Koffer gekommen war oder, besser gesagt, ihn im Kloster in Chicago zurückgelassen hatte.

Da ich in der Kleingartenkolonie nördlich des Flughafens geparkt hatte, weil es da nichts kostete, lief ich auf einem Trampelpfad am Sicherheitszaun entlang, rechts die Lauben, links die

Flugzeuge. Ich setzte mich in meinen alten Renault-Lieferwagen, in dem ich sogar noch eine Schachtel Zigaretten fand, rauchte drei hintereinander und hoffte, die Tankanzeige möge noch über ein Viertel steigen, sobald ich den Motor anließ. Als ich es schließlich tat, stieg er sogar noch fast bis zur Hälfte. Ich fuhr los. In zwei Stunden wäre ich bereits wieder in meinem Haus in Tetenstedt hinter dem Deich, und sobald ich da auf dem Sofa säße, könnte ich mir vorstellen, diese Reise nach Chicago hätte nie stattgefunden. Doch es würde mir nicht gelingen – zu klar war mir, dass ich mein neues Leben, das ich in Chicago retten wollte, dort erst richtig ruiniert hatte. Ich dachte an mein Haus, in dem es kalt sein würde, und fragte mich, wann sie einem den Strom abstellten, wenn man seine Rechnungen nicht bezahlte.

Aber wenigstens wird es ruhig sein in meinem Haus. Richtig ruhig. Still. Niemand, der etwas von mir wollte. Auf mich ein-redete, mit mir redete.

Ich wendete, weg von den blauen Pfeilen, die Richtung A 23 zeigten, und fuhr Richtung Zentrum. Während ich anfuhr, ab-bremste, anfuhr, zog die Stadt in wechselnder Geschwindigkeit an mir vorbei, die endlosen, verschneeregneten Straßenzüge von Hamburg, wie Tunnel aus Backstein, die in eine Mitte führten, in der ich einmal gelebt hatte.

Ich fuhr am Hauptbahnhof vorbei, links die Binnenalster, rechts die Außenalster, an den Wallanlagen entlang, dem großen Bunker mit der Shell-Tankstelle vorbei, fand bald darauf einen Parkplatz in der Juliusstraße und stand wenig später vor meiner Wohnung.

Bei uns brannte kein Licht. Arthur war um diese Zeit immer in seinem Atelier. Ich öffnete die Wohnungstür, es war abge-schlossen, ein Mal, obwohl Arthur zwei Mal abschloss, schloss vorsichtig mein altes Leben auf und betrat unsere helle, warme Wohnung, wie es für mich jahrelang ganz normal gewesen war.

Noch bevor ich Licht gemacht hatte, merkte ich, dass alles

anders war. Es roch nicht mehr nach Rauch, nicht mehr nach Farbe und kaum noch nach Kaffee. Im Flur hingen Mäntel, die ich noch nie zuvor gesehen hatte. Frauenmäntel. Auf dem Boden standen Stiefel, ein Paar in Rot, ein Paar in Braun, und dann die Möbel, dieser grüne Schuhschrank aus Blech im Flur und diese … Plakate? Es hingen Plakate im Flur. Gerahmte Plakate. Von Jazzmusikern.

Wer war diese Frau? Wenn sie jetzt schon hier eingezogen war, musste Arthur sie schon vor längerer Zeit kennengelernt haben, vielleicht wieder bei Karstadt. Er musste froh sein, dass ich gegangen war und den Weg frei gemacht hatte für die Besitzerin dieser Stiefel, die Jazzliebhaberin und Plakate-Einrahmerin – ein Gedanke, der mich eigentlich hätte erleichtern sollen.

Ich betrat Arthurs Zimmer. Spielzeug. Duplo-Steine lagen dort herum, eine Holzeisenbahn, irgendein Elektrospielzeug mit Bildschirm.

Dann sah ich, dass Arthurs Schreibtisch, seine Regale, sein Stuhl, sein geliebtes altes Sofa verschwunden waren. Dies war das Kinderzimmer von fremden Leuten. Die Frau mit den Mänteln und Jazzpostern hatte mit Arthur nichts zu tun. Auch er musste ausgezogen sein, kurz nach mir, und hatte, wie in dieser Gegend üblich, sofort einen Nachmieter gefunden. Er hatte sich bestimmt aussuchen können, an wen er die Wohnung weitergeben wollte, und sich für diese Frau entschieden, die ein Kind hatte und wahrscheinlich sogar einen dazugehörigen Mann, denn für eine alleinerziehende Mutter war die Wohnung eigentlich zu groß.

In der Küche fand ich frisches Obst, Süßigkeiten, Dosengemüse und Vollkornbrot vor. Auf der Fensterbank standen Weinflaschen, ziemlich teuer aussehender Merlot, auf dem Tisch ganz normales Salz, in einem Eierbecher, in dem eine Fingerkuppe eine Delle hinterlassen hatte. Sogar Zigaretten lagen da herum, obwohl die Wohnung nicht nach Rauch roch, weder besonders ordentlich, noch unordentlich schien, weder betont nachlässig, noch zu überlegt eingerichtet war. Es wirkte, ich musste es zugeben, sympathisch. Diese Leute machten vieles richtig, das ich zwar anders, aber genauso falsch machte wie Regine und Gösta, Sabine und Lars.

Was tat ich hier eigentlich? Leute mit Kindern blieben nie lange weg. Sie konnten jeden Moment wiederkommen. Am Kühlschrank ein gelber Klebezettel, auf den jemand ein Herz gemalt und darunter mit Grün geschrieben hatte: *Wir beiden.*

Auf dem Küchentisch lagen Briefe an eine Maren Seidel und einen Andreas Jensen, daneben ein Brief von der Künstlersozialkasse für Arthur, auf den mit dem gleichen grünen Stift eine neue Adresse geschrieben worden war, nur zwei Straßen weiter. Darunter waren zwei Briefe an mich, auf denen jemand meinen Namen durchgestrichen und »unbekannt« drübergeschrieben hatte.

Ich steckte die Zigaretten ein und nahm einen der Äpfel, auf denen ein Bio-Aufkleber klebte. Selbst das konnte mich nicht gegen diese Menschen einnehmen. Was konnten diese kleinen rotwangigen Dinger dafür, dass ich so war, wie ich war. Ich biss in den Apfel und fühlte mich, als ob die Zeit stehen blieb, so gut schmeckte er. Wie … es tat mir weh, das zu denken, aber ich konnte nicht anders, wie früher. So konnte das Leben sein, wenn man nicht so war wie ich.

Ich schloss die Wohnung zwei Mal zu, dann ein Mal wieder auf. Als ich die Treppe hinunterstieg, dachte ich daran, was für eine kriminelle Karriere ich in den letzten Tagen begonnen hatte. Ich hatte die Ursulinernonnen von Chicago um einige Nächte Übernachtungskosten geprellt und nun Hausfriedensbruch begangen. Wenn man es mit den vier Weinflaschen ganz genau nahm, die ich auch noch aus der Küche mitgenommen hatte, war es sogar Einbruchdiebstahl. Ich machte kehrt, stieg die Treppe wieder hinauf, betrat erneut die Wohnung und nahm den Korkenzieher mit. Die Briefe ließ ich liegen.

An der ersten roten Ampel auf der Fruchtallee entkorkte ich eine Flasche, nahm allerdings nur kleine Schlucke, bis ich die Stadt verlassen hatte und auf der Autobahn war. Ab jetzt ging es nur noch geradeaus. Am Eidersperrwerk hielt ich an und setzte mich auf eine Bank unter einem *Bitte-die-Möwen-nicht-füttern*-Schild. Die Möwe, die versuchte, ein Brötchen aus dem Mülleimer neben der Bank zu fischen, ließ sich durch mich nicht stören, noch nicht einmal, als ich ein Exemplar der *Kieler Nachrichten* aus dem Eimer zog. Ich las die Horoskopseite, las das für Wassermann und dann das für Zwillinge – erst Arthurs, dann meines, weil ich das immer so gemacht hatte. Liebe ist ein hartnäckiges System, wie Gier oder Durst, dachte ich, schmiss die Weinflasche in den Müll und verfehlte die Möwe dabei knapp. Sie flog auf, schlug drei Mal mit den Flügeln, dann trug der Wind sie fort, nach Westen, dorthin, wo der Himmel noch blau war, während im Osten, über der Eider, schon Dunkelheit aufstieg.

In Tetenstedt blieb ich im Auto sitzen, ließ den Motor laufen und sah mein Haus an. Natürlich nieselte es.

Dann betrat ich mein Haus, ohne in den Briefkasten gesehen zu haben. Abgesehen davon, bemühte ich mich, meine Ankunft mit denselben Automatismen ablaufen zu lassen, die ich in meinen ersten Tagen herausgebildet hatte: Haustür aufschließen, Schuhe aus, ins Wohnzimmer gehen, Anlage anschalten, Tasche aufs Sofa schmeißen, Wasser kochen, den Becher mit löslichem Kaffee füllen, Aschenbecher aus der Spüle nehmen, Kaffee aufgießen, Milch war keine mehr da, Kaffeetasse, Aschenbecher und Zigaretten im Wohnzimmer abstellen, die Wiedergabetaste drücken, hinsetzen, genau in dem Moment die Zigarette anzünden, in der die Musik beginnt, einen Schluck nehmen und aus dem Wohnzimmerfenster sehen. In die stille, leise, leere, unbewegte, unbelebte, tote, ausgestorbene, unwirtlich-öde, nichtige, betrübte, monotone, reizlose, gleichförmige, eintönige, langweilige, lautlose, freudlose, trostlose, wüste, dunkle Welt.

Ich holte den BlackBerry aus meiner Tasche und versuchte, ihn anzuschalten, doch die Batterie war leer. Dann nahm ich mein deutsches Handy aus der Handtasche, das in Chicago nicht funktioniert hatte. Es vibrierte, als ich es anschaltete, auf der Anzeige erschienen zwei Hände, die ineinandergriffen. Immerhin war eine Nachricht auf der Mailbox. Während ich eine Verbindung mit ihr herstellte, überlegte ich, wer es sein konnte. Arthur? Henry, der die Nummer von Thorsten Fricke bekommen hatte und sich entschuldigen wollte?

»Hallo, Meike«, sagte weder Arthur noch Thorsten Fricke, noch Henry LaMarck. »Hier ist Lars. Wir müssen uns doch keine Sorgen machen um dich?«

Ich legte mich aufs Sofa, schlief sofort ein und träumte, ich müsste in einer zirkusartigen Arena gegen einen Hasen kämpfen. Henry LaMarck war der Ringrichter. Ich konnte mich nicht auf den Kampf konzentrieren, da ich dauernd ins Publikum schaute, um zu sehen, ob Arthur, Regine oder Lars dort waren, doch als der Hase gerade im Begriff war, mich k. o. zu schlagen, klingelte es, erst nur im Ring, dann schrillte es durch die ganze Arena.

Ich fuhr hoch. Das Klingeln war an meiner Tür.

JASPER

»Nach Frankfurt?«, fragte die Frau am Schalter.

»Ja«, sagte ich. Während sie meine Bordkarte ausdruckte, bemühte ich mich, einen normalen Eindruck zu machen. Falls die Polizei nach mir suchte. Was natürlich Blödsinn war. Warum sollte sie? Rutherford & Gold würde einfach meine Positionen glattstellen. Mit einem Verlust von ein paar Hundert Millionen Dollar. Man soll ja nicht Peanuts sagen, aber im Grunde genommen war es das.

Sie würden wütend auf mich sein, sehr wütend. Umso zufriedener war ich, dass ich rechtzeitig den Absprung geschafft hatte. Alex verlor vielleicht seinen Job, aber an die Öffentlichkeit würden sie damit niemals gehen. Viel zu groß wäre die Rufschädigung, der Vertrauensverlust bei den Kunden.

Bei der Sicherheitskontrolle schmiss ich meine persönlichen Gegenstände in eine graue Plastikwanne. Ging, ohne Handy, ohne Gürtel, ohne Jackett und ohne Geld, durch den Metalldetektor und fühlte ich mich plötzlich frei. Ich betrat eine neue Welt, ging ihr mit weit ausgebreiteten Armen entgegen, während mich jemand abtastete.

Sitzplatz 23 D. Economy-Class. Auf dem Fernseher am Gate lief ein Baseballspiel. Ich bekam weder mit, wer spielte, noch, wie es stand, sah nur den Männern zu, in den bunten Trikots, die rannten, warfen, fingen, rannten. Rutherford & Gold war vorbei. Und jetzt? Aussteiger werden? Tomaten züchten in der Toskana? Nein. Ich würde klein anfangen. Ganz normal. Mit irgendeiner Wohnung irgendwo in NRW. Irgendeinem Job. Würde wieder anfangen, Schach zu spielen. Meine alten Freunde wiedersehen. Neue finden. Meine Schultern sanken. Ein Muskel in meinem Rücken begann zu zucken. Platz zwischen den Schulterblättern. 23 D.

Eine Verspätung von einer halben Stunde wurde angesagt. Ich lief im Flughafen umher, fand einen Geldautomaten und zog tausend Dollar, weil mir nichts anderes einfiel, das ich tun konnte. Tauschte sie in Euro um. Monitore mit Namen von Orten, an denen ich noch nie war, alle paar Meter die Möglichkeit, ein Sandwich zu kaufen oder einen Kaffee. Dazwischen der gleichförmige Strom der Reisenden, die fast alle Rollkoffer hinter sich herzogen. Da sah ich Meike. Natürlich musste es so kommen. Sie kam direkt auf mich zu.

Noch hatte sie mich nicht gesehen. Ich überlegte, mich in einem Sandwichladen zu verstecken oder zumindest zur Wand zu drehen, doch ich tat es nicht. Sah sie an. Doch sie bemerkte mich nicht, ging einfach weiter, ohne Rollkoffer, blickte mal auf den Boden, mal geradeaus, dann war auch das vorbei.

Als wir abhoben, war es längst dunkel geworden. Von Chicago sah ich nur ein paar Lichter, dann waren wir in den Wolken; später Sterne, der Mond.

Als das Flugzeug in Frankfurt landete, wachte ich wieder auf. Der Grenzbeamte sah in meinen Pass. Hielt ihn ins Lesegerät. Eine Sekunde, zwei Sekunden, drei, vier, fünf. Sofort zog ich meine Schultern wieder hoch. War doch etwas passiert? Dann nickte er, und ich bekam meinen Pass zurück.

Ich mietete mir einen Wagen und fuhr Richtung Bochum. Die Mietwagen hatten jetzt standardmäßig Navigationssysteme. Ich war wirklich lange nicht mehr in Deutschland gewesen. Fünf Jahre. Meine Mutter hatte mich ein paar Mal in Chicago besucht, meistens an Weihnachten; das letzte Mal hatte ich sie vor über einem Jahr gesehen. Nun war ich auf dem Weg zu ihr, nach

Sprockhövel, Am Blumenhaus 73. »Nach 800 Metern rechts auf die Autobahn fahren«, sagte das Gerät.

Manche sagen, man lernt die Heimat erst zu schätzen, wenn man weggezogen ist. Ich schien sie erst jetzt schätzen zu lernen, wo ich nach all den Jahren wieder in Deutschland war. Sprockhövel. Eigentlich eine Kleinstadt für sich, doch trotzdem hatte ich immer gesagt, ich wäre aus Bochum, schon seit ich vierzehn war. Sprockhövel, so genau wollte das doch keiner wissen.

Schon auf der A 3 bei Taunusstein kam mir das Bild unseres Hauses in den Kopf. Es war rot. Die Giebel, Fensterrahmen und Regenrinnen weiß gestrichen. Als Kind hatte es mich immer an Astrid-Lindgren-Verfilmungen erinnert, wahrscheinlich weil es zudem noch aus Holz war. Und die Leute skandinavischer Stil dazu sagten. Als ich älter wurde, ahnte ich, dass meine Mutter lieber in ein Haus umgezogen wäre, das nicht ganz so bilderbuchmäßig aussah, aber so hatten mein Vater und sie es sich nun mal ausgesucht. Es wäre ihr wie ein Verrat an seinem Andenken vorgekommen, es zu verkaufen, wie ich es ihr vor einiger Zeit raten wollte. Nun war ich froh, dass sie es noch hatte. Ein wenig Bilderbuchidylle konnte ich gut gebrauchen.

Dann überlegte ich, was ich meiner Mutter erzählen würde. Viel anderes als die Wahrheit blieb mir nicht. Die genaue Höhe der Verluste würde ich ihr verschweigen. Die Sache mit meinem Magen auch. Wurde jetzt eh besser. Aber im Prinzip die Wahrheit. Sie würde mich reinlassen, einen Kaffee machen, den sie durch einen Porzellanfilter von Hand aufgoss. Sie hasste Kaffeemaschinen. Vielleicht hatte sie sich inzwischen eine Espressomaschine gekauft – was tat das schon zur Sache? Doch, das tat etwas zur Sache. Meine Mutter war eine Person, von der ich solche unwichtigen Kleinigkeiten wusste. Nicht nur das Allerwichtigste. 119 Kilometer noch. Ich gab Gas.

Eine knappe Stunde später fuhr ich in Wuppertal-Oberbarmen von der Autobahn. Das Motorengeräusch war auf einmal ganz leise und verschwand fast völlig, als ich an der ersten Ampel auf der B 51 anhielt. Im Hobeuken fuhr ich knapp über 40 km/h, wie immer in dieser Dreißiger-Zone. Jedes einzelne der Häuser kannte ich. Ebenso die Namen der Familien, die hier wohnten. Feltmeier, Passlak, Schulze-Wiersch. Verändert hatte sich überhaupt nichts. Das Straßenschild kam in Sicht, ich blinkte links, bog ab, ohne zu bremsen. Am Blumenhaus.

Ein Ruck ging durch das Auto, der mich nach vorne gegen den Gurt warf, so abrupt hatte ich den Fuß vom Gas gerissen. Es war kaum ein Durchkommen. Autos, Antennen, Scheinwerfer. Menschen mit Kameras, Menschen mit Mikrofonen. Schon vor dem Haus der Klostermanns parkten Minibusse von WDR, Sat.1, ZDF, ntv. Sogar von CNN. Kamerateams vor unserem roten Schwedenhaus.

»Sie haben Ihr Ziel erreicht«, sagte die Stimme aus dem Navi.

Ich fuhr weiter. Klappte die Sonnenblende runter, in der Hoffnung, mich dadurch vor Blicken schützen zu können. Alle sahen auf unser rotes Haus. Das Haus meiner Mutter. »Bei der nächsten Gelegenheit bitte wenden.« Ich schaltete das Navi aus, mein Handy an, bog ab, trat aufs Gas, war Sekunden später wieder auf der Autobahn und wählte die Nummer meiner Mutter. Ausgeschaltet. Dann sah ich, dass ich zwei Nachrichten auf meiner Mailbox hatte.

»Jasper, was hast du denn da gemacht? Ich sitze hier im Büro, und die Klostermanns haben gerade angerufen, ich soll den Fernseher einschalten. Und da bist du, ich sehe dich, und die reden alle. Wenigstens weiß ich jetzt, worum es geht. Ganz schön groß, euer kleines Problem«, sagte sie, und dann mischte sich etwas Amüsiertheit in den sorgenvollen Klang ihrer Stimme. »Komm auf gar keinen Fall nach Hause. Mach auf jeden Fall einen Bogen um Sprockhövel.«

Ende der Nachricht. Zwei Minuten später hatte sie erneut angerufen.

»Und schmeiß dein Telefon weg, die überwachen meine Nummer, glaube ich. Kannst du dich irgendwo verstecken? Du erreichst mich dort, wo wir Ostern 1990 im Urlaub waren. Melde dich, wenn du eine gute Anwältin brauchst«, sagte sie, dann schien sie diesen Witz zu bereuen oder wollte es nicht so enden lassen und fügte hinzu: »Und wenn nicht, melde dich auch.«

Ich fuhr zum Bochumer Hauptbahnhof und gab dort den Mietwagen ab – bis dahin konnte man meinen Weg eh nachvollziehen. Dann stellte ich mein Handy auf lautlos, versteckte es unter einem Sitz im ICE nach Wien, sah, dass zwei Minuten später ein Zug nach Hamburg fuhr, rannte wie ein Wahnsinniger und schaffte es gerade noch durch die Tür, an der der Schaffner stand.

Ich ließ mich auf den nächsten freien Platz fallen. »Was hast du denn da gemacht?«, hatte meine Mutter gesagt. Ja, was hatte ich denn gemacht? Es musste etwas Großes sein. Etwas richtig Großes, und in der Bahn hatte ich keine Chance rauszufinden, was. Im Speisewagen kaufte ich mir eine Zeitung, doch da stand noch nichts drin. »Melde dich, wenn du eine gute Anwältin brauchst.« Was hatte sie damit gemeint? Eine Anwältin, um mir die Medien vom Leib zu halten? Rutherford & Gold musste meine Positionen sofort bemerkt haben und hatte dann zu schnell alles verkauft. Dabei einen Verlust gemacht, der so groß war, dass sie an die Öffentlichkeit gegangen waren. Nun brauchten sie einen Sündenbock. Mich.

Ich hielt die Zeitung höher, verbarg mein ganzes Gesicht. Der Schaffner kam, ich wollte eine Fahrkarte nach Tetenstedt kaufen, doch dort gab es keinen Bahnhof. Irgendwie bekam er raus, dass ich bis Katharinenheerd fahren musste. Bald darauf schlief ich ein, schreckte kurz vor Münster hoch, beschloss dann jedoch, dass ein schlafender Mensch in der Bahn niemandem auffiel, und kam in Hamburg sogar relativ ausgeschlafen an, wenn auch nicht weniger ängstlich. Schon dieser Intercity war viel zu langsam gefahren. Hatte zu oft gehalten. Die Vorstellung, die verbleibenden zweieinhalb Stunden bis zu Meike fern aller Nachrichten in einem Bummelzug sitzen zu müssen, war nicht auszuhalten. Ich musste rausfinden, was passiert war. Musste es riskieren.

Ich lief durch den Hamburger Hauptbahnhof, musste mich zusammenreißen, um nicht bei jedem Menschen, der mich ansah, vor Schreck zusammenzuzucken. Sah eine Bahnhofskneipe, durch deren Fenster es blau-grünlich schimmerte, rannte sofort hin, doch es lief nur Fußball. Zwei weitere Fernseher fand ich noch, einen in einem Restaurant namens *Schweinske*, einen hinter einer Schinkenwurstbude in der Wandelhalle – Fußball auch dort. Ich musste weiter. Hatte schon genug Glück gehabt, dass mich niemand erkannt hatte. Ich nahm die S-Bahn nach Hamburg-Altona, setzte mich in den letzten Waggon der Nord-Ostsee-Bahn und versteckte mich sofort wieder hinter meiner FAZ. In Tetenstedt konnte ich endlich Nachrichten sehen. Vorausgesetzt, Meike schmiss mich nicht gleich wieder raus. Sie hatte bestimmt schon gehört, was passiert war. Nun würde ich bald vor ihrer Tür stehen, mitten in ihrem schönen Landleben. Ich brauchte sie.

In Katharinenheerd stieg außer mir niemand aus. An einem wartenden Taxi ging ich vorbei und fand bald einen Wegweiser nach Tetenstedt. Drei Kilometer Landstraße lagen vor mir, zum Glück war es dunkel. Bis Tetenstedt begegnete mir kein Auto. Nun musste ich nur noch Meikes Haus finden, ein altes Bauernhaus mit Strohdach. Bestimmt so ähnlich wie auf den Fotos, die manchmal in Magazinen waren: altehrwürdige Häuser mit schmucken Blumenkästen und einem alten Wagenrad, das dekorativ an einer Klinkerwand lehnte. Und in Meikes Fall das alles direkt hinterm Deich, so schwer konnte das nicht zu finden sein.

Nur, dass es in Tetenstedt keinen Deich gab. Nachdem ich die Ortschaft zwei Mal durchquert hatte, überlegte ich, ob ich es riskieren konnte, jemanden zu fragen. Langsam wurde mir kalt. Meine Sporttasche war schwer. Wie lange konnte ich hier noch rumlaufen, bis es auffiel? Vielleicht standen schon alle Tetenstedter an ihren Fenstern, schoben ihre Gardinen zur Seite und sahen mir nach? Ich ließ das Ortsausgangsschild hinter mir. Es dauerte eine Weile, bis sich meine Augen wieder an die Dunkelheit gewöhnt hatten, doch dann sah ich neben der Landstraße einen mit Gras bewachsenen Erdwall. Der Deich? Ich stieg hinauf. Auf der anderen Seite kein Meer. Irgendwoher die Geräusche von Vögeln. Doch wenigstens sah ich nun ein paar Hundert Meter weiter einige Lichter, eine Art erleuchteten Schuppen, wie sich rausstellte, als ich näher kam. Überquerte die Straße. Durch die Milchglasscheibe der Tür schien Licht, daneben zwei erleuchtete Fenster, hinter denen ich kahle Wände sah, die merkwürdigerweise orange gestrichen waren, aus dem Schornstein kam Rauch. Es war eine der baufälligsten Hütten, die ich je gesehen hatte – schon, dass das Ding beleuchtet war, hatte mich gewundert, aber es schien sogar jemand darin zu wohnen. Vor dem Haus stand ein alter Renault-Lieferwagen in hohem Gras. Kein Zaun, keine Blumenbeete. Wenn das Haus größer gewesen wäre, hätte ich gedacht, hier wäre eine Hippiekommune, doch eins war klar: Hier wohnten keine normalen Tetenstedter, die nichts Besseres zu tun hatten, als darauf zu achten, wer abends mit einer Sporttasche an ihrem Vorgarten vorbeilief. Wenn ich irgendwo fragen konnte, dann hier.

An der Tür kein Name. Ich klingelte. Die Tür öffnete sich. Ich ließ die Sporttasche fallen. Stand einfach nur da. Auch Meike reagierte nicht. Lächelte nicht. Sagte nichts. Schlug die Tür nicht wieder zu. Nichts bewegte sich, außer dem Rauch, der von ihrer Zigarette aufstieg; im Hintergrund sang jemand mit hoher

Stimme Lieder, die aus einem sehr traurigen Musical zu stammen schienen. Dann sagten wir fast gleichzeitig:

»Hallo.«

»Du hier?«

»Und du? Du auch … hier?«

»Überrascht dich das?«, sagte sie

»Nein, natürlich nicht«, sagte ich und trat einen Schritt zurück. Sehr einsam lag das Haus wirklich, da hatte sie nicht übertrieben. Sie hatte bereits Nachrichten gesehen. Eine andere Erklärung gab es nicht dafür, wie durchdringend sie mich ansah. Sie wusste, was für ein Verlierer ich war. Und dass ich mich bei ihr verstecken wollte. Warum schlug sie die Tür nicht endlich zu, dann wüsste ich wenigstens, woran ich war. Da hob sie den Arm, ohne Eile, wie eine Polizistin, die an einer Kreuzung den Verkehr regelt, und sagte:

»Dann komm doch rein.«

Ich folgte ihr in den orangefarbenen Raum. Es roch nach Räucherschinken. Ein schwarzes Designersofa an der Wand. Davor auf einer Umzugskiste ein Aschenbecher, ein Kaffeebecher und eine Flasche Wein. Kein Glas.

»Wasser? Kaffee? Wein?«, fragte sie.

»Gern«, sagte ich.

Während das Rauschen des Wasserkochers langsam lauter wurde, sah ich mich um. An der Wand gegenüber ein Kachelofen. Auch das hatte gestimmt, doch von gemütlicher Wärme keine Spur. Hier musste ich mich nun verstecken. Auf diesem Sofa schlafen.

»Americano hab ich leider nicht«, sagte sie. Obwohl sie mit dem Rücken zu mir in ihrer offenen Küche stand, lächelte ich sie an. Dann kam Meike zurück. Mit einem Kaffee, zwei Weingläsern und Wasser, von dem sie auf dem Weg etwas verschüttete.

»Es ist alles noch etwas chaotisch, ich bin grad erst eingezogen«, sagte sie, nachdem sie sich neben mich gesetzt hatte. Ich hielt es kaum noch aus, nicht zu wissen, was passiert war. Brauchte unbedingt Nachrichten.

»Schon okay«, sagte ich.

»Aber die Lage ist schön, und die Lage ist ja das Wichtigste, alles andere kann man ändern.«

Ich nahm einen Schluck Wein. Er war ausgezeichnet. Dafür hatte sie offensichtlich Geld. Für ein Designersofa und teuren Wein.

»Man muss halt hier und da noch was machen«, sagte sie.

»Stroh aufs Dach tun, zum Beispiel«, sagte ich und bereute es sofort, als ich in ihre Augen sah. »Ich habe ein wichtiges Meeting. In Hamburg. Morgen. Ganz kurzfristig.« Ich hielt inne. Das hatte nun wirklich keinen Sinn mehr. »Du weißt ja eh, warum ich hier bin, oder?«

Daraufhin lächelte sie, und ich fühlte wieder diese Ruhe, die sich von ihr auf mich übertrug. Wie bei unserem ersten Treffen.

HENRY

Rente. Selbst Shakespeare hat irgendwann einfach aufgehört, sagte ich mir, als ich am nächsten Morgen aufstand, das Business-Outfit und den dunklen Mantel im Schrank hängen ließ und meinen senfgelben Helmut-Lang-Anzug wieder anlegte, den ich über Nacht vom Hotel hatte reinigen lassen. Dieser Schnitt, diese Farbe und dazu die grauen Mokassins – alles, was ich trug, war zu jung für mich. Genau deswegen zog ich mich so an. Ein letztes Mal, um nach London zu fliegen. Dort würde ich diesen Anzug in Elton Johns Laden zum Kauf anbieten. Wer weiß, vielleicht ließ ich mir auch meine anderen Anzüge aus Chicago kommen, eröffnete einen eigenen Laden, La Marck's Closet, und verkaufte dort mein früheres Leben – Stück für Stück, für einen guten Zweck.

Ich schaltete das Deckenlicht an, die Lampe auf dem Schreibtisch, die Lichter an der Wand, auf den Nachttischen, im Bad, riss die Vorhänge auf; mehr Licht, es war zu dunkel in dieser Stadt. Warum konnte man diese Vorhänge nicht weiter öffnen?, dachte ich noch, da hatte ich einen von ihnen schon heruntergerissen. Es war mir unendlich peinlich, kaum hörte ich auf mit meinem Leben als berühmter Schriftsteller, da verwüstete ich das erste Hotelzimmer, doch wer konnte das schon aushalten, diese permanente Halbdunkelheit? Ich brauchte Licht, Licht, Licht!

Erst einmal machte ich mich aber auf den Weg zur Bank, direkt in die nächste Filiale von Rutherford & Gold, um etwas Geld für London abzuheben. Als ich auf dem Weg an einer Buchhandlung vorbei kam, sah ich zum ersten Mal seit langer Zeit wieder bewusst ins Schaufenster. In letzter Zeit hatte ich das vermieden, weil es mich daran erinnerte, dass mein Jahrhundertroman noch nicht dort stand, nun konnte ich es wieder gefahrlos tun. Ich war ja in Rente. Und bereute es sofort. Fast zwei Meter groß, silbern glänzende Brille, asymmetrisch geschnittene Frisur, so stand sie dort, blond, faltenlos und überlebensgroß: Gertrude Prichett als riesiger Pappaufsteller. Anscheinend hatte sie schon wieder einen ihrer unsäglichen *literarischen Krimis* veröffentlicht, in dem es wieder um das Internet ging, die Vogelgrippe oder das Heimatschutzministerium, große Themen, aber dennoch emotional und laienverständlich. *Der neue Roman von Star-Autorin Gertrude Prichett ist da!* stand auf einem Plakat, darunter lagen mindestens fünfzig Exemplare eines mindestens 800 Seiten starken Wälzers: *Das kalte Feuer.* Und damit nicht genug. Es gab alle möglichen anderen Produkte, die mit dem Roman vermarktet wurden: das Handy zum Roman, das Parfüm zum Roman, die Sonnenbrille zum Roman, den MP3-Spieler zum Roman.

Die Marketingmaschine von *Parker Publishing* lief auf Hochtouren. Mein Verlag war vorbereitet für die Zeit nach mir. Ich war auf dem Weg aus den Buchläden in die Literaturgeschichte, nur noch ein paar Jahre von der posthumen Werkausgabe der Library of America entfernt, und konnte nur hoffen, dass die Wissenschaftler, die sich mein Werk dafür sicher sehr genau ansehen würden, nicht dieselben Fehler fanden wie diese schreckliche Meike Urbanski.

Mit gesenktem Blick ging ich weiter, bis ich wenige Meter vor der Bankfiliale fast mit einem Mann zusammenstieß, der mitten auf der Straße herumstand. Ich unterdrückte den Impuls, ihn zu fragen, was um alles in der Welt er da mache, blickte auf, um mich höflich zu entschuldigen, da sah ich, dass er der letzte Mensch in einer Schlange war, die aus der Filiale von Rutherford & Gold bis auf die Straße reichte. Wird wohl daran liegen, dass sie gerade erst aufgemacht haben, dachte ich, stellte mich natürlich nicht in der Schlange an und setzte mich stattdessen in das Café gegenüber. Ich war ja jetzt Rentner. Ich hatte Zeit. Ab jetzt würde ich mit Wohlwollen auf all die kleinen Irritationen des Alltags blicken. So konnte ich gleich für meine Zukunft als Londoner Charity-Größe üben, Wohlwollen, auch für die beiden dicken Mädchen, die sich ein Tiramisu teilten. Tiramisu, morgens um neun und dann ausgerechnet ein halbes? Gott segne diese beiden dicken Mädchen.

Beiläufig sah ich auf den Fernseher, der an der Wand vor mir hing und stand Sekundenbruchteile später stocksteif direkt davor. Jaspers Bild aus der *Tribune*, wie ich es noch immer in meiner Brieftasche hatte, war direkt vor mir. Bevor ich begriff, warum das Bild dort in den Nachrichten war, verschwand es. Die Schlange der Bankkunden, die ich eben noch gesehen hatte, kam ins Bild, eine Großaufnahme des Schildes von Rutherford & Gold; ich begann, auf die Texteinblendung zu achten, die unter dem Bild entlangfuhr, und sah das Wort *pleite*. Es gebe kein Geld mehr, sagte ein aufgeregter Kunde, nicht mal mehr einen Kontoauszug. *Rutherford & Gold pleite nach Verlust aus Optionsgeschäften*, hieß es in der Texteinblendung – der Texteinblendung, in der auch die Nachricht von meinem Tod erscheinen würde. *Aktienmärkte weltweit im freien Fall, Dow Jones öffnet 8% schwächer.* Notenbankchef Ben Bernanke erklärte, dass es keinen Grund zur Sorge gebe, Reporter fragten, ob eine Finanzkrise drohe, er winkte ab und kündigte marktstabilisierende Maßnahmen an. Dann kam ein übernächtigt aussehender Europäer namens Trichet ins Bild. Wenn hier ein Europäer im Fernsehen war, gab es wirklich ein großes Problem, dachte ich, doch auch er sagte, man habe alles im Griff. Alles im Griff? Ich glaubte, nicht richtig zu hören. Was ist mit mir? Mit meinem Geld? Ich spürte denselben Schwindel wie nach meinem Dauerlauf auf der North Clark Street vor einigen Tagen und musste mich wieder setzen.

Der Finanzvorstand von Rutherford & Gold trat vor die Kameras und erklärte, dass sie Opfer eines Händlers geworden seien, der durch Betrügereien und Computertricks das ganze Kapital der Bank riskiert habe. Alle stünden unter Schock, hätten von nichts gewusst, sagte der Mann. Schnitt. Die Drehtür kam ins Bild, durch die ich, Jasper verfolgend, das Gebäude von Rutherford & Gold betreten hatte. Ein Mann verließ die Bank, die Kamera schoss auf ihn zu, Mikrofone kamen ins Bild, jemand rief ihm Fragen zu, die ich nicht verstand. Der Mann lief schneller, sagte etwas, das klang wie »kein Kommentar«, dann packte er eines der Mikrofone mit seiner riesigen Hand und schob es von sich weg. Es war der Mann mit den Manschetten und dem unbeweglichen Gesicht – nur die protzige Uhr hatte er abgenommen. Mit Mühe und Not schaffte er es in ein wartendes Auto. Auch dort standen auf dem Bürgersteig bereits einige Bankkunden, eine verzweifelte Frau schrie, ihr ganzes Geld sei weg.

Je mehr die Frau klagte, ihr ganzes Gesicht sich in Tränen aufzulösen schien, desto ruhiger wurde ich. Jeder Kunde von Rutherford & Gold hatte über Nacht sein gesamtes Geld verloren. Alles weg. Einfach so. Verrückt.

Ich verließ das Café. Schräg gegenüber der Filiale von Rutherford & Gold war eine Citibank. Ich steckte meine Karte in den Geldautomaten, gab den Betrag 300 Dollar ein, dann meine Geheimzahl. Der Automat ließ sich Zeit, piepte, dann warf er meine Karte wieder aus. *Auszahlung zurzeit nicht möglich.*

Als Nächstes ging ich im Geiste die Menschen durch, die ich in Chicago kannte, Bekannte, Kollegen, entfernte Cousinen. Niemand schuldete mir Geld.

Langsam überkam mich nun doch eine gewisse Ratlosigkeit. Ich sah in meine Brieftasche. Das, diese paar grün bedruckten Scheine, war alles, was ich noch hatte. Wer auch immer meine Biografie verfassen würde, er musste nun so etwas schreiben wie *starb verarmt in* ... Ja, wo denn?

Ich ging Richtung Hotel, dachte an den Vorhang, den ich heruntergerissen hatte, kehrte um, ging Richtung Walnut Room, dann blieb ich stehen. Ich hatte in dieser Stadt schon lange nichts mehr getan, was kein Geld gekostet hatte. Ich konnte hier doch nicht arm durch Straßen laufen, mich, von Paparazzi verfolgt, bei irgendwelchen Suppenküchen anstellen.

Ein Besuch beim Verlag, wo sie alle mit Gertrude Prichett zu tun hatten, kam auch nicht in Frage, ebenso wenig eine Flucht zu Andrew an sein College, wo nach zwei Tagen alle wüssten, wer ich war und wie es um mich stand. Eine größere Demütigung gäbe es nicht. Es gab nur eine Person, die in einer Gegend wohnte, in der mich niemand kannte. Und von der ich mir sicher war, dass sie mir helfen würde. Trotz allem, was passiert war.

Ich stieg in ein Taxi, sah dann noch mal in meine Brieftasche, stieg an der nächsten Ecke wieder aus und nahm die U-Bahn zum Flughafen.

MEIKE

Ich dachte, es sei Enno, mein Nachbar, der Bauer. Wer da wirklich vor meinem Haus stand, begriff ich erst nach einigen Sekunden. Ich krallte meine Finger in das Holz der Tür und erwartete, dass Jasper einen Wutausbruch bekam, weil er seine kostbare Freizeit, einige seiner wenigen Urlaubstage, damit verschwendet hatte, hierherzukommen, zu einer Frau, die ihm weisgemacht hatte, sie habe ein schönes Leben. Doch er sagte nichts.

Nachdem ich ihn hereingelassen hatte, sah er sich in meinem Wohnzimmer um. Ich tat dasselbe, versuchte alles mit seinen Augen zu sehen, die Umzugskisten, das lächerlich schicke Sofa, den Wein, den ich aus der Flasche trank.

»Du weißt ja eh, warum ich hier bin, oder?«, sagte er.

Ich schwieg und versuchte, ein freundliches Gesicht zu machen.

»Ich würde gern mal den neuesten Stand wissen«, sagte er.

»Den neuesten Stand wovon?«

»Na, ob es was Neues aus Chicago gibt.«

»Ist irgendwas in Chicago los?«, fragte ich.

»Ich dachte, das könntest du mir sagen?«

»Ich habe nichts mitbekommen.«

Die ganze Zeit schon hatte er angespannt ausgesehen, immer wieder die Zähne zusammengebissen, was ich daran sah, dass seine Kaumuskeln sich bewegten, so sehr, dass die Locken über seinen Schläfen auf- und abwippten. Nun lief er im Wohnzimmer herum, vom Sofa zum Kachelofen, zurück zum Sofa, dann in die Küche.

»Ich muss sofort ins Internet.« Da war er also wieder. Jasper, der arrogante Banker. Wahrscheinlich musste er irgendwelche »Marktdaten checken«.

»Ich bin hier noch nicht online«, sagte ich.

»Ich dachte, du arbeitest hier?«

»Ja. Ohne Internet.«

»Hast du keinen Fernseher?«

»Im Schlafzimmer«, sagte ich, da lief er schon hinaus. Als ich ihm gefolgt war, hatte er bereits die Fernbedienung in der Hand und ihn angeschaltet.

»Was suchst du eigentlich?«, fragte ich und setzte mich auf das Bett, das mein Vorbesitzer hier zurückgelassen hatte.

»Nachrichten. Über mich. Sie haben mich erwischt. Ich habe Geld verloren. Deswegen bin ich doch geflohen.«

Ich schmunzelte. Da verlor er in Chicago ein paar Millionen und dachte, das sei hier in den Nachrichten. Für wie wichtig hielt Jasper sich eigentlich? Als ob dieser Finanzkram hier jemanden interessieren würde, auf NDR 3 oder RTL.

»Übertreibst du da nicht etwas?«, fragte ich.

»Vor dem Haus meiner Mutter stehen Kamerateams«, sagte er und hatte bereits ntv gefunden. Das Erste, was wir sahen, war das unscharfe Foto eines Bier trinkenden jungen Mannes mit wirren Locken, das diese ungestylte Privatheit hatte, mit der im Fernsehen nur Verbrecher oder Mordopfer dargestellt wurden; Menschen, die durch Ereignisse in die Öffentlichkeit gekommen waren, mit denen zum Zeitpunkt der Aufnahme niemand gerechnet hatte.

Dazu sprach eine Frauenstimme von »erdrutschartigen Kursverlusten an den Aktienmärkten, die durch die Insolvenz der nordamerikanischen Privatbank Rutherford & Gold ausgelöst wurden, die offensichtlich Opfer unerlaubter Spekulationen eines eigenmächtig handelnden Traders geworden ist«, und »dem deutschen Jasper Lüdemann, nach dem die amerikanische

Bundespolizei FBI bisher ohne Erfolg fahndet«. Dann setzte sich dieser Trader neben mich auf das Bett, zog die Beine an und starrte auf den Fernseher.

HENRY

Menü. Mitteilung verfassen. An: Kontakt auswählen: Elton J.
001-44-795393339

Lieber Elton,
    London fällt aus. Bin anscheinend verarmt. OMG! Gehe
trotzdem in Rente. Dorthin, wo mich niemand finden kann.
    xoxoxo Henry

Auf meinem iPhone ein weißer Balken, unter dem das Wort *Senden* stand, und der von links nach rechts langsam über den Bildschirm wuchs, immer schneller, und dann verschwand. Diese SMS, 21 Worte, machte es mir erst richtig klar: Ich würde nie nach London fahren. Was tat ich jetzt? Oder besser gefragt: Was ließ ich bleiben?

Ich versuchte mich zu beruhigen. Ich hatte ja noch meine Wohnung, die ich verkaufen konnte – verhungern würde ich natürlich nicht. Aber darum ging es nicht. Meine Millionen, die mich immer dran erinnerten, wie viele Leute meine Romane gekauft hatten, waren weg. Schreiben würde ich auch nichts mehr. Ich hatte niemandem mehr etwas zu bieten.

Durch die zerkratzten U-Bahn-Fenster sah ich auf diese Stadt, die ich so bald nicht wiedersehen würde. Ich kannte Chicago nur mit Geld, erst dem Geld meiner Eltern, dann meinem eigenen. Nun kam diese Stadt mir zum ersten Mal fremd vor. Die Restaurants, Taxis, Geschäfte waren auf einmal keine Möglichkeiten mehr, die mir offenstanden, so wie mir diese ganze Stadt immer offengestanden hatte. Ich sagte es ein paar Mal laut. Weg. Futsch. Kaputt. Was hatte ich hier noch verloren? Ich musste mich irgendwo verstecken, wo mich niemand fand. Bei jemandem, der bereit war, mich bei sich aufzunehmen, obwohl ich kein Geld mehr hatte. Die Urbanski. Trotz unseres Streits im *Estana* war ich mir sicher, dass sie mich nicht im Stich lassen würde. Ich würde mich entschuldigen, sie würde mir verzeihen, und ich könnte in ihrem schönen Bauernhaus an der Nordsee in Ruhe überlegen, wie es mit meinem Leben als Rentner weitergehen sollte. Das wäre wirklich etwas Neues in der Literaturgeschichte, dass ein Großschriftsteller seine Millionen verliert und von seiner deutschen Übersetzerin irgendwo in der europäischen Pampa das Gnadenbrot bekommt.

Ich bekam einen spottbilligen Last-Minute-Flug nach Deutschland mit einem irischen Billigflieger. Dafür roch das Flugzeug wie eine Sardinenbüchse, und man musste für das Essen zahlen. Zum ersten Mal seit Jahren nahm ich wieder wahr, was Dinge kosteten: vier Dollar für ein Sandwich, drei für einen Kaffee. Ich aß nichts.

Den Frankfurter Flughafen, immerhin einen der größten Europas, hatte ich mir anders vorgestellt. Ich kam in einer Halle an, an deren Decke riesige Aluminiumrohre verliefen, Ansaugstutzen ragten in den Raum, Stahlträger überall, nackter Beton, sodass ich das Gefühl hatte, in einer Montagehalle zu stehen. Es gab eine Aussichtsterrasse mit einem Restaurant, das auf riesigen Bannern mit bunten Fotos für Nudelgerichte warb. Am Schalter von *Vladivostok Air* stand eine Schlange von Menschen, die riesige Mengen Gepäck mit den Füßen langsam nach vorne schoben. In einer Bierbar saß eine Gruppe von Rentnern, die auf einen um Stunden verspäteten Flug nach Malaga warteten, wie ich annahm, nachdem ich auf den Monitor mit den Abflügen gesehen hatte. Überhaupt schienen hier außer mir nur alte Leute zu sein. Die Herren trugen knitterfreie Westen, die ihre Bäuche unter Kontrolle hielten, und obwohl es drei Uhr nachts war, hatten ihre Gesichter eine so gesunde Farbe, als kämen sie bereits aus dem Urlaub.

Als ich nach draußen gehen wollte, kamen mir in der Tür vier weitere Rentner entgegen, die nach Zigaretten rochen und ziemlich angetrunken waren. Trotz der großen Verspätung scherzten und lachten sie, nahmen mich überhaupt nicht wahr, sodass ich nur mit Mühe an ihnen vorbei aus der Tür kam. Wo war ich hier bloß gelandet? Mit diesen ungehobelten, schlecht gekleideten Alten hatte ich nun wirklich nichts gemeinsam. Außer einer Sache: jede Menge Zeit. Freizeit. Vielleicht konnte ich bei der Urbanski ein Hobby anfangen. Golf spielen. Oder besser: Gartenarbeit. Etwas Kleines, Bescheidenes.

Draußen war es dunkel, ich sah nichts, außer einem Parkhaus, das, genau wie der Flughafen, den Eindruck machte, als sei es in großer Eile mit sehr wenig Geld aufgestellt worden. Gab es ein zweites Frankfurt in der Ukraine?

Oder sollte das wirklich die Stadt der weltgrößten Buchmesse sein? Es gab noch nicht einmal eine nette Martini-Bar. Aber auf meinem Ticket stand es nun mal: Frankfurt. Ich erinnerte mich daran, dass ich ohnehin kein Geld mehr für Martinis hatte, nahm mein Telefon, fand die Visitenkarte der Urbanski in meiner Brieftasche und rief sie an.

JASPER

Rutherford & Gold. Pleite. Dass diese Worte mal zusammengehören würden, wäre mir nie in den Sinn gekommen.

Meike hatte Satellitenfernsehen, zum Glück, wie ich erst dachte. Doch als Tony Brice, der Vorstandsvorsitzende von Rutherford & Gold, über mich sprach, bereute ich es, den Fernseher überhaupt angestellt zu haben. Ich sei total durchgedreht, sagte er. Ich sei ein Betrüger, schlimmer noch: ein Wahnsinniger, ein Verbrecher.

Dass ich mich auf der Bahnfahrt von Bochum nach Tetenstedt hinter der Zeitung versteckt hatte, hatte nichts mit Verfolgungswahn zu tun. Im Gegenteil: Ich wurde nicht nur von den Medien gesucht, sondern auch von der Polizei. Meine Mutter hatte nicht übertrieben, als sie vermutete, dass ich einen guten Anwalt brauchte. Vielleicht konnte der verhindern, dass ich ins Gefängnis kam. Gefängnis. Da hatte ich es einfach so gedacht. Ich sah mich in Meikes Schlafzimmer um. Groß war es nicht. Ein Bett, ein Stuhl. Gefängnis.

Auf ARD kam eine Sondersendung. Mit Blick auf das Parkett der Frankfurter Börse, die seit ihrem Umbau aussah wie die Kulisse zu einer Spielshow. Eine Frau sprach von massivem Abgabedruck. Die Börsen waren weltweit eingebrochen. Seit der Pleite von Rutherford & Gold war das Misstrauen überall. Jeder Journalist befasste sich mit der Bonität amerikanischer Hauskäufer. Wer wäre in der Lage, seinen Kredit noch zu tilgen, wenn die Immobilienpreise jetzt fielen? Was waren die Häuser, die diesen Krediten zugrunde lagen, eigentlich wirklich wert? Wenn eine Bank einfach so Pleite machen konnte, stand dieser ganze Aufschwung auf tönernen Füßen. Folgten der Zahlungsunfähigkeit von Rutherford & Gold eine Bankenkrise, Finanzkrise und schließlich eine Wirtschaftskrise?

»Dem Händler Jasper Lüdemann ist es offensichtlich gelungen, durch Hackerangriffe und geschickte Manipulationen alle Sicherheitssysteme zu umgehen und durch unerlaubte Spekulationen einen Verlust von sechs Milliarden Dollar zu verursachen, der zur Zahlungsunfähigkeit von Rutherford & Gold geführt hat«, sagte die blonde Frau.

So ein Blödsinn! Selbst wenn man alle meine Positionen zusammenrechnete, so viel konnte es nicht sein. Und Hackerangriffe, ich wusste nicht mal, wie so was geht.

Ich überlegte, was im Händlersaal passiert sein konnte. Nach meiner Flucht hatte Alex sich den Account von Graham Santos sicher ganz genau angesehen. Und festgestellt, dass es meine Gewinne nicht gab. Nur die Verluste in dreistelliger Millionenhöhe. Für diesen Fall gab es klare Regeln. Unautorisierte Positionen mussten sofort glattgestellt werden. Die Risiken in den Büchern der Bank so schnell wie möglich mindern. Doch in diesem Fall war das genau falsch. Der Kurs von *HomeStar* hatte ja schon nachgegeben, bevor ich abgehauen war. Niemand hatte mehr geglaubt, dass ein Investor die Firma aufkaufte, die Kursfantasie war raus. Nach meiner Flucht war *HomeStar* offensichtlich weiter gefallen, sodass Alex nicht nur Verluste entdeckt hatte, sondern Verluste, die sich von Minute zu Minute erhöhten. Umso schneller mussten er, Suzanne, Nathan und die anderen versucht haben, meine *HomeStar*-Positionen aufzulösen. Schmissen alles auf den Markt, so schnell sie konnten.

Was dann passierte, musste abgelaufen sein wie in einem Lehrbuch über *behavioral finance*:

Die ohnehin schon verunsicherten Marktteilnehmer merkten, dass Rutherford & Gold im großen Stil verkaufte. Wurden nervös. Die, die eh schon damit gerechnet hatten, dass die Aufwärtsbewegung am Ende war, bekamen Angst vor einem Kurssturz und verkauften als Erste. Andere Marktteilnehmer, die noch relativ optimistisch gewesen waren, taten es ihnen nach. Daraufhin fühlten sich die, die als Erste Angst gehabt hatten, in ihrem Pessimismus bestätigt und verkauften weiter. Herdentrieb. Schnell war der Punkt erreicht, an dem die Angst vor einer massiven Kurskorrektur zur Panik wurde und auch die mitriss, die daran glaubten, dass es bald wieder aufwärts ging. So musste es gewesen sein, denn eine Bank von der Größe von Rutherford & Gold konnte allein keinen Crash auslösen. Die Angst war schuld, nicht ich!

Auf ntv hatten sie inzwischen weitere Fotos von mir aufgetrieben. Ich an meinem ersten Schultag. Mit Zahnlücke und einer Schultüte, die fast genauso groß war wie ich. Fotos, die während meiner Jugendzeit im Schachclub aufgenommen worden waren. Unsere Abi-Reise nach Rom. Auch unser rotes Schwedenhaus zeigten sie. Dazu erzählte jemand mein Leben, sagte Sprockhövel, Bochum, Chicago.

Unsere Nachbarin Frau Klostermann sagte in die Kamera, ich sei immer ein guter Junge gewesen.

Ich wischte mir übers Gesicht. Die Wangen. Starrte weiter auf den Fernseher, obwohl eine Werbepause war, wischte mir wieder über die Wangen. Sah Meike an, die anscheinend sehr konzentriert eine Werbung für Waschmittel verfolgte.

Wenig später erschien auf dem Fernseher ein Computerbildschirm. Die Kamera filmte die weiß-blaue Startseite von Facebook. Nur eine Stunde nach der Pleite von Rutherford & Gold hatte sich eine Facebook-Gruppe gebildet: *Jasper-Lüdemann-Fans*. Bereits über dreitausend Leute seien Mitglied geworden, erzählte eine Reporterin. Die Leute beglückwünschten mich in ihren Postings. Dankten mir, dass ich den kleinen Leuten einen

Weg gezeigt hatte, wie man es dem Großkapital mal so richtig zeigen konnte, berichtete die Reporterin weiter. Jemand hatte mich sogar mit Robin Hood verglichen.

»So ein Quatsch!«, sagte ich. Gut, ich hatte einer Bank eine Menge Geld abgenommen. Aber hatte ich es den Armen gegeben? Nein. Ich hatte es einfach verspielt. Und das tat mir sogar leid. Der Vorstandsvorsitzende von Rutherford & Gold hatte recht: Ich war einfach durchgedreht. Ich wollte kein Held sein – genauso wenig wie ein Sündenbock.

»Du bist schon ein merkwürdiger Banker«, sagte Meike.

»Und du eine merkwürdige Übersetzerin«, sagte ich.

Meike lachte.

Ein letztes Mal erschien die Einblendung *ntv breaking news,* dann begann eine Reisesendung. Wir waren allein. In ihrem Schlafzimmer, es wurde Nacht, und doch taten wir nichts außer fernsehen, wie ein altes Ehepaar. Nachdem wir schweigend erst einen Beitrag über Golfen in Andalusien geschaut hatten, und etwas über einen Kochkurs in Sri Lanka kam, legte ich meinen Kopf in ihren Schoß. Sie legte ihre Hand auf meinen Kopf; auf einem Markt in Colombo sah sich ein Reporter Krebse an, fuhr mit den Händen durch Schalen mit Pfefferkörnern und Chilischoten. Ich schloss die Augen.

Als es klingelte, war ich sofort hellwach – noch bevor Meike aufstand, mich zwar überrascht, jedoch ohne Angst ansah und nach ihrem Telefon griff.

»Sie?«, sagte Meike. »Was machen Sie in Deutschland? Ja, ich wohne sehr einsam, warum? Natürlich können Sie ... Ich hole Sie am Hamburger Hauptbahnhof ab. Aber natürlich gibt es da einen Bahnhof. Fernbahnhof. Sind Sie sicher? Ich hole ... Warten Sie einfach.« Dann sagte sie noch: »Sieben Stunden«, was der Jemand am anderen Ende laut zu wiederholen schien. Dann legte Meike auf.

»Wir müssen zum Flughafen. Einen Freund von mir abholen.«

»Was für einen Freund?«

»Er ist zu Besuch gekommen. Spontan.«

»Um diese Zeit? Es ist halb vier.«

»Ja.«

»Ich bleibe am besten hier.«

»Warum?«

»Die Polizei sucht mich.«

»Bitte, komm mit.«

»Aber wenn die mich in deinem Auto festnehmen, hängst du mit drin.«

»Dann sage ich, ich hätte dich als Anhalter mitgenommen.«

»An Flughäfen wimmelt es von Polizisten.«

»Du musst ja nicht aussteigen«, sagte sie.

»Kann dein ›Freund‹ nicht mit dem Taxi kommen? Oder mit dem Bus?«

»Nein, das kann er nicht. Und allein schaffe ich das nicht. Das sind zwei Mal sieben Stunden Fahrt.«

»Zum Flughafen?«

»In Frankfurt.«

»Frankfurt?«

»Frankfurt-Hahn.«

HENRY

Scotty's American Hot Dogs stand an einer Bude vor der Eingangshalle, die geschlossen hatte, daneben gab es eine zweite, auf deren Spitze sich eine riesige Bretzel drehte. Die zweite Bude öffnete gerade, langsam wurde es hell. Dies war also Deutschland.

Ich ging wieder hinein, überlegte einen Moment, ob ich einen Fernseher suchen sollte, ließ es aber bleiben. Ich wollte nichts mehr von Jasper sehen. Ich hatte ihn gewarnt. Das war vorbei, wie so vieles andere auch. Ich dachte an diejenigen meiner Kollegen, die in bitterer Armut gestorben waren, Oscar Wilde, Friedrich Hölderlin, Edgar Allen Poe. Vielleicht war es ja ganz in Ordnung, arm zu sein – so weiterzuleben wie bisher, das hätte ich nicht mehr lange ausgehalten. Und ganz so schlimm würde es ohnehin nicht kommen, meine Bücher verkauften sich ja weiter, und mein letzter Roman, *Windeseile*, erschien bald als Taschenbuch. Bis dahin musste Meike Urbanski mich aufnehmen.

Im Mittelmeerraum gibt es einen Sturm, sagte jemand auf Englisch zu einem Ehepaar, alle Flugzeuge aus dem Süden seien seit Stunden überfällig. Langsam kamen die Leute, die die ersten Flüge des Tages nehmen wollten, Frauen, die mit schlafenden Säuglingen und quengelnden Kleinkindern in die Türkei oder nach Bulgarien wollten; rauchende Familienväter gingen vor dem Terminalgebäude auf und ab, und hielten einen gewissen Abstand zu den bügelfreien Rentnern, die immer noch nicht losgeflogen waren.

Ich wechselte die sieben Dollar, die mir geblieben waren, in Euro und betrat das *Player's Café*, das 24 Stunden geöffnet hatte. Ich schmiss einen Euro in einen Automaten namens *Casino Liner*. Wenn der Spruch vom Pech in der Liebe und Glück im Spiel stimmte, war dies der Moment, es auszunutzen. Pflaumen, Kirschen, Dollarsymbole und Sterne blinkten auf, sausten herum, blieben schließlich eins nach dem anderen stehen. Auf einen Moment der Stille folgte die Torero-Musik aus *Carmen,* und acht Euro-Münzen schepperten aus dem Automaten.

Sofort ging ich in den nächsten Imbiss. An der Theke versuchte ich, auf Englisch etwas zu bestellen, wurde nicht verstanden und versuchte es mit einem der wenigen Sätze, die ich auf Deutsch beherrschte, zeigte auf eine Reihe von Tellern in der Kühlvitrine vor mir, auf denen Fleisch lag, etwas Kartoffelähnliches, einige müde Salatblätter, und fragte: »Was ist das?«

Ein blondes Mädchen sagte etwas, das ich nicht verstand, dann sagte sie: »Mit Bratwurst, mit Schnitzel, mit Frikadelle.«

»Was ist das, Frikadelle?«, sagte ich – schließlich musste ich ja eine Weile in Deutschland bleiben, da sollte ich zumindest versuchen, die Sprache zu lernen.

»One moment, please«, sagte sie, kam um die Theke herum, stellte sich neben mich und zeigte auf die Gerichte in der Vitrine: »Würstchen, Schnitzel, Frikadelle.«

Dann war da noch ein viertes Gericht, zu dem sie etwas sagte, das ich nicht verstand. Sie überlegte und sagte dann, noch mal auf das vierte Gericht zeigend: »Chicken-Frikadelle.«

»Jawohl, Chicken, ja«, sagte ich.

MEIKE

Als wir eine halbe Stunde später in Wesselburen hielten, hatte die Tankstelle bereits geöffnet. Jasper hatte mir Geld gegeben, war im Auto geblieben, ich tankte, kaufte Cola und etwas zu essen, Sandwiches, Bananen und ein Dutzend Snickers. Es hatte mich gewundert, dass Jasper mich ausgerechnet darum gebeten hatte. Es wäre nicht mein erster Wunsch gewesen, wenn ich nach Jahren in Amerika zurück nach Deutschland käme, doch ich tat es ohne Widerrede – schließlich war ich ja jetzt auf eine Weise seine Komplizin geworden.

Als ich bezahlen wollte, fiel mein Blick auf einen Ständer mit Zehn-Euro-Sonnenbrillen. Ich nahm eine silberne in die Hand, dann eine blaue, eine goldglänzend verspiegelte und überlegte, welche am besten zu Jasper passen könnte. Sie durfte nicht zu groß sein, sonst würde sie wie ein Zensurbalken sein schlankes Gesicht verdecken und musste zu den Locken passen, sonst wäre es peinlich und würde auffallen. Nur wenn sie ihm stand, war es eine gelungene Tarnung. Schließlich entschied ich mich für das silberne Modell, kaufte noch einen schwarzen Kapuzenpullover mit der Aufschrift *I love Nordsee,* zahlte und verließ die Tankstelle.

Gegenüber war eine Filiale der Bank, die mein desolates Girokonto führte. Ich zündete mir eine Zigarette an und ging hinüber. Auch als Komplizin konnte eigenes Geld nichts schaden, dachte ich, als ich mit meiner Karte die Tür zum Vorraum öffnete, und wie viel Jasper mir überwiesen hatte, interessierte mich natürlich auch, sodass ich mir einen Kontoauszug druckte. Die Druckernadeln in dem Gerät schienen lauter zu kreischen als sonst. Der Drucker schüttelte sich derart, als würde er Abscheu empfinden, spuckte mir meine Kontokarte entgegen, dann das Blatt.

Lange hatte er nicht gedruckt, was gut war, denn bis auf Jaspers Überweisung hätten es nur Abbuchungen sein können. Ich sah auf den Auszug, kurz und beiläufig, wie ich es gewohnt war. Sah noch mal hin. Und noch mal. Das Konto war im Haben, obwohl nichts von Jasper eingegangen war, dafür eine Überweisung von Henry LaMarck. Er hatte mir über neun Millionen Dollar überwiesen. Sechs Millionen dreihundertneununddreißig Euro. Kein Verwendungszweck.

Ich sah noch mal auf den Kontoauszug. Wollte er sich entschuldigen? Solch ein schlechtes Gewissen konnte doch niemand haben. Ich verstand ihn einfach nicht.

Ich steckte den Kontoauszug ein, lief zurück zum Auto, gab Jasper die Tüte mit dem Essen und dann die Sonnenbrille, die er sofort aufsetzte.

»Steht dir«, sagte ich. Sie stand ihm wirklich. Erstaunlich gut, für den Preis, er wirkte überhaupt nicht verkleidet. Ich war froh, dass ich keine Verspiegelte genommen hatte, denn so konnte ich seine Augen noch sehen, und zu dem Kapuzenpullover, den er gleich anzog, passte sie auch.

Wir fuhren los, mussten aber nach wenigen Metern wieder halten, die einzige Ampel in Wesselburen war rot. Bisher waren wir auf der Straße allein gewesen, nun leuchtete zum ersten Mal ein Paar Scheinwerfer hinter uns auf. Ich erkannte sofort, dass das, was auf dem Dach montiert war, keine Werbetafel oder spezielle Nebelscheinwerfer waren, es war eine Sirenenanlage mit zwei ausgeschalteten Blaulichtern, die langsam immer deutlicher zu erkennen waren und dann aus meinem Rückspiegel verschwanden. Das Polizeiauto kam auf der Abbiegerspur neben uns zum Stehen. Jasper setzte die Kapuze auf, wollte sich schon in seinem Sitz kleinmachen, da sagte ich:

»Sitz gerade!«

»Bin ich unauffällig genug?«, flüsterte er und sah zu mir herüber. Oder von den Polizisten weg, die zu uns herübersahen, kurz und beiläufig der eine, dann der andere etwas länger. Auch ich sah sie an. Der eine hatte ein Funkgerät in der Hand. Oder war es ein Kaffeebecher?

»Was machen wir, wenn sie aussteigen?«, fragte Jasper.

»Na, uns verhaften lassen. Was sonst?«

»Wir könnten schnell losfahren.«

»Schnell? Mit dem Auto?«

Da wurde die Ampel grün. Wir fuhren geradeaus weiter, die Polizei bog ab. Ich fühlte dem hellwachen, in meiner Brust, im Kopf, im ganzen Körper pochenden Gefühl hinterher, das ich empfand, als die Polizei neben uns gehalten hatte und das nur langsam nachließ. Und lachte. Genau wie Jasper. Wir lachten, einfach so, nicht besonders laut, nicht besonders lange, dann rauchte ich die köstlichste Zigarette seit Jahren, und Jasper fragte mich, ob er auch eine haben könne.

Wir rauchten und sagten nichts. Ich war zur Komplizin eines international gesuchten Finanzkriminellen geworden. Unvernünftig war das auf jeden Fall. Vernunft. Das Wort ließ Regine vor meinem inneren Auge auftauchen und Gösta, Sabine und Lars. Arthur. Ich stellte mir vor, wie sie den Kopf schüttelten, wenn sie davon hören würden, dass ich wieder aufgetaucht war, als Insassin im Untersuchungsgefängnis Fuhlsbüttel, Santa Fu; dringend tatverdächtig der Verdeckung einer Straftat, Fluchthilfe, Beihilfe zu allem, was Jasper getan hatte.

In den kommenden Minuten sah ich einige Male zu ihm hinüber, wie er, ohne zu husten, aber nicht ganz ohne Mühe, die Zigarette rauchte und durch die Windschutzscheibe nach vorne sah.

Mit der Sonnenbrille und dem schwarzen Kapuzenpullover sah er nun wirklich nicht mehr aus wie der Banker, den ich,

»Marktdaten checkend«, im *Caribou* kennengelernt hatte, sondern eher so, als wollte er auf ein Konzert der *Sisters of Mercy*, zumindest solange man die Aufschrift auf dem Kapuzenpullover nicht las.

Die Autobahn, die wir wenig später erreichten, war derart leer, dass ich sogar das Fernlicht einschaltete, die weißen Linien, blauen Schilder und Leitplanken aufblinken ließ – nicht unbedingt, um besser sehen zu können, sondern um etwas zu tun zu haben. Das Radio wollte ich auf keinen Fall einschalten, und auch Jasper tat es nicht.

Bald näherten wir uns dem Nord-Ostsee-Kanal und sahen Blaulicht an der Abfahrt Schafstedt.

»Die haben uns doch erkannt. Haben sich nicht an uns rangetraut, ich gelte doch als gefährlich. Nun haben sie die Autobahn gesperrt«, flüsterte Jasper und hörte gar nicht mehr auf: »Halt an. Ich laufe weg. Wir treffen uns in Hamburg. Oder Heide? Was ist denn hier in der Nähe?« In seiner Stimme lag nun echte Angst, während ich weiterhin das Gefühl nicht loswurde, eigentlich nur Räuber und Gendarm zu spielen. Er schnallte sich ab, doch ich wurde nicht langsamer.

»Die sperren doch nicht die Autobahn auf der Suche nach dir, du bist kein Massenmörder.«

Vor uns blinkte ein Schild, ein Pfeil Richtung Ausfahrt. *A 23 gesperrt. Umleitung U 42 folgen.*

Vor der Fähre, die bei Schafstedt über den Nord-Ostsee-Kanal fuhr, standen bereits einige Autos. Wir stiegen aus, warteten, ich rauchte noch eine Zigarette, bot Jasper eine an, doch er lehnte ab. Jemand erzählte uns von einem Unfall Nähe Bokhorst. Bald darauf kam die Fähre, und während sie uns übersetzte, lehnten wir uns an die Reling. Ich sah die Schafe langsam näher kommen, die auf einer Weide standen, die die Laternen des Fähranlegers am anderen Ufer beleuchteten, pelzig und harmlos. Jasper hatte die Sonnenbrille abgenommen, was wohl auch richtig war, es war ja noch völlig dunkel. Dann holte er etwas aus seiner Hosentasche, das aussah wie ein Scheck, betrachtete es kurz, zerriss es und ließ die Papierstückchen in den Kanal fallen.

»Warum hat Henry LaMarck dich gefeuert?«, fragte Jasper, als wir von der Fähre herunter waren und das Auto langsam, mit zitternder Tachonadel, wieder in Richtung seiner Höchstgeschwindigkeit von 120 km/h beschleunigte.

»Ich habe zu viel gewollt«, sagte ich.

»Er hätte das trotzdem nicht tun dürfen.«

»Dich haben sie doch auch gefeuert.«

»Das ist was anderes. Bei mir war das ja nur irgendein Job. Aber du, du mochtest ihn.«

»Mochtest du deinen Job nicht?«

»Doch. Schon.«

»Das klang im *Caribou* aber viel begeisterter.«

»Irgendwas muss man doch machen, nach dem Studium. Da machen die meisten eben Karriere.«

»Die meisten ruinieren dabei keine Bank«, sagte ich.

»Aber jeder träumt ab und zu davon, oder? Jeder Angestellte. Den ganzen Laden einfach in die Luft sprengen.«

»Also hast du es doch absichtlich gemacht.«

»Nein! Ich wollte das Beste für die Bank. Immer. Ehrlich.«

Es amüsierte mich, wie eindringlich er mich davon überzeugen wollte, dass er kein Revoluzzer war, obwohl er sich denken konnte, dass ich das gar nicht so schlecht gefunden hätte.

»Ich habe bei Rutherford & Gold angefangen. Dann hat es mir gefallen. Und dann wollte ich Erfolg. Wie jeder normale Mensch.«

Ich schwieg. Fast hätte ich angefangen, darüber zu schimpfen, wie Henry LaMarck mich im Stich gelassen hatte, wo ich doch seit Jahren nur für ihn arbeite. Doch ich wollte es selbst nicht mehr glauben, dass Henry an irgendetwas schuld war.

Wir fuhren durch Schleswig-Holstein, dann durch Niedersachsen, auf der Autobahn, wie auf dem Rücken eines großen grauen Asphalt-Tiers. Ich spielte weiterhin mit dem Fernlicht, knipste die Welt an, dann wieder aus. Ansonsten war es wie ein Telespiel – solange ich den roten Lichtern auswich, konnte nichts passieren.

Kurz vor Bremen wurde es langsam hell. Jasper war eingeschlafen. Manchmal sah ich zu ihm hinüber, nahm den Fuß vom Gas, ließ die Motorengeräusche leise werden, bis ich hörte, wie er atmete.

Er schlief noch immer, als wir den Flughafen erreichten. Ich überlegte, die Hand auf sein Bein zu legen oder auf seine Schulter, um ihn zu wecken, sagte dann aber:

»Wir sind da.«

Er streckte sich und setzte die Sonnenbrille wieder auf. Wir fuhren auf den Ankunftsbereich zu, wo eine Rentnergruppe stand, die, wahrscheinlich für fast umsonst, irgendwo hingeflogen war. Dahinter stand Henry LaMarck. Zuerst hätte ich ihn, bei all den älteren Menschen, die hier herumstanden, gar nicht erkannt. Sicher, sein Mantel hatte einen grauen Pelzkragen, war sportlicher geschnitten und sicherlich nicht aus knitterfreiem Trevira wie die Jacken der Ryan-Air-Rentner, doch die Farbe war ziemlich ähnlich, irgendwas zwischen Eierschale und Beige. Letztendlich hatte ich ihn daran erkannt, dass er, wie Jasper, eine Sonnenbrille trug. Ich kurbelte das Fenster hinunter und winkte.

HENRY

Im aufkommenden Tageslicht stand ich wieder einmal draußen vor der Ankunftshalle, als ein Auto auf mich zukam. Aus der Ferne hatte ich es für einen Leichenwagen gehalten, dann entpuppte es sich als dunkelroter Renault-Kombi mit verlängertem und erhöhtem Heck. Auf der Fahrerseite streckte jemand eine Hand aus dem Fenster und winkte. Die Urbanski, endlich! Ich war mir sicher gewesen, sie würde kommen. Selbst als ich erfuhr, wie weit der Weg von ihrem Landhaus zu diesem Flughafen war, hatte ich nicht daran gezweifelt. Ich wusste es einfach.

Ich setzte ein Lächeln auf, winkte zurück und machte ein paar Schritte auf sie zu, da sah ich, dass auch auf der Beifahrerseite jemand saß. Sie hat also doch Freunde, dachte ich, einen neuen Freund vielleicht sogar; die Person schien zumindest männlich zu sein, soweit ich das erkennen konnte, bei der Kapuze und der Sonnenbrille. Vorsorglich lächelte ich etwas breiter, winkte etwas mehr, während der Wagen auf mich zurollte, ich die Urbanski schon deutlich sah und dann erkannte, wer neben ihr saß. Kein Signal. Worte rasten in meinem Kopf herum, mein Gehirn als Teilchenbeschleuniger; Jasper, Auto, Urbanski, lächeln, immer lächeln, Jasper, Urbanski, ich, pleite, Jasper, Auto.

Der Wagen hielt direkt vor mir. Auch Jasper sah mich an, als hätte er ein Gespenst gesehen, und irgendwie hatten wir beide das ja auch – einen Wiedergänger aus der Welt, die wir fluchtartig verlassen hatten.

»Wenn Sie diesen Typen nicht loswerden, steige ich da nicht ein«, sagte ich der Urbanski, die inzwischen ausgestiegen war. Sie antwortete nicht, packte den Ärmel meines Mantels und zerrte daran.

»Bitte! Wir müssen uns beeilen.«

»Ich meine das ernst«, sagte ich, da flog die Beifahrertür auf, Jasper sprang heraus, packte mich und schob mich so unsanft in das Auto hinein, dass die rauchenden Familienväter annehmen mussten, ich würde entführt. Jasper sprang hinterher, dann gab die Urbanski Gas.

»Jasper darf nicht gesehen werden, die Polizei ist uns auf den Fersen«, sagte sie. Der Ton, in dem sie das gesagt hatte, verwunderte mich. Es klang nervös, hatte aber auch etwas Beschwingtes, als schien die Sache ihr Spaß zu machen.

»Das habe ich auch schon mitbekommen«, sagte ich.

»Aber gefährlich bin ich nicht«, sagte Jasper.

»Na, dann kann uns ja nichts mehr passieren«, sagte ich. Die Urbanski gab immer noch Vollgas, doch ich hatte das Gefühl, dass wir kaum vorankamen, so sehr sie sich auch nach vorne lehnte, als könnte sie das Auto zusätzlich beschleunigen, indem sie mit beiden Händen auf das Lenkrad drückte.

Da saß ich nun auf einer dreisitzigen Vorderbank, Meike Urbanski links, Jasper rechts. Sie zündete sich eine Zigarette an und gab auch Jasper eine, an mir vorbei, mit einer Geste, die größer und schnörkelhafter war, als die Handlung es erfordert hätte.

»Geschafft«, sagte sie »Sie haben uns nicht geschnappt.«

»Noch mal Glück gehabt«, sagte Jasper. »Da wimmelt es doch von Polizisten!«

Ich hatte in den ganzen Stunden am Flughafen keinen einzigen Polizisten gesehen, sagte aber nichts, während wir auf die Autobahn fuhren, alle drei auf die Straße starrend, wie Handwerker auf dem alltäglichen Weg zu einer Baustelle. Der Business-Boy und ich, Schulter an Schulter im Auto dieser verrückten Urbanski, der ich auf Gedeih und Verderb ausgeliefert war. Irgendwann hielt ich es nicht mehr aus und sagte:

»Herr Lüdemann, ich habe Sie gewarnt.«

»Sie kennen Jasper?«, sagte die Urbanski.

»Er ist mein Bankberater.«

»Bankberater? Ich hoffe, er hat Sie besser beraten als seine eigene Bank.«

»Das hat er nicht. Ich bin ruiniert. Finanziell. Und künstlerisch bin ich auch am Ende, ich werde nie wieder schreiben. Keine einzige Zeile.«

»Sie wollten ja unbedingt, dass ich Sie berate«, sagte Jasper.

»Ja, ich wollte das«, sagte ich. »Ich wollte Sie, weil Sie mir professionell erschienen. Und sympathisch auch, ich gebe es zu. Ich konnte ja nicht wissen, dass Sie zu unseren Verabredungen nicht erscheinen.«

»Was für Verabredungen?«, fragte Meike.

»Rein beruflich«, sagte ich.

»Ich hatte eben zu tun«, sagte Jasper.

»Ach, halten Sie Ihre Arbeitsbesprechungen jetzt im Palmenhaus im Lincoln Park ab? Mit irgendwelchen Frauen, die aus den Farnen kommen?«

»Sind Sie mir hinterhergelaufen?«

»Natürlich bin ich das. Ich wollte ja was von Ihnen. Mit Ihnen. Über Geldanlage sprechen.«

»Das im Palmenhaus war wichtiger«, sagte Jasper.

»Das im Palmenhaus war eine Frechheit!«, sagte ich.

»Was stellen Sie sich eigentlich so an, Sie haben mich doch auch versetzt«, sagte die Urbanski.

So ging das nicht. Ich konnte Jasper nicht zur Rede stellen, wenn sie sich dauernd einmischte. Ich überlegte, ob die Urbanski Jasper absichtlich eingeladen hatte, um mich zu demütigen. Ich wusste zwar nicht, wie sie das hätte hinbekommen sollen, aber eine meisterhafte Rache wäre es gewesen.

»Sie sind doch auch nicht zu unserer Verabredung im *Caribou* gekommen«, sagte sie.

»Na ja«, sagte ich, und die Urbanski beugte sich nach vorne, sodass sie an mir vorbei Jasper ansehen konnte:

»Und dann hat Mr. LaMarck mich aus seinem Hotelzimmer geschmissen.«

»Rausgeschmissen? Ich habe die nicht einmal hereingelassen«, sagte ich, nun auch Jasper zugewandt. »Und wollen Sie wissen, warum? Weil die meine Romane auseinanderrupft und nach Fehlern durchsucht.«

»Muss sie das nicht? Sie ist doch ihre Übersetzerin«, sagte Jasper.

»Was ... was machen Sie überhaupt hier?«, fragte ich.

»Meike versteckt mich.«

»Wir haben uns kennengelernt«, sagte Meike.

»Einfach so?«

»Durch Sie, um genau zu sein. Jasper ist ein Fan von Ihnen, und ich ...«

»Sie müssen mich auch verstecken. Nur ein paar Wochen. Dann erscheint das Taschenbuch von *Windeseile*, und ich habe wieder Geld, aber bis dahin müssen Sie mich ... muss ich Sie leider darum bitten, bei Ihnen wohnen zu dürfen.« Ich war heilfroh, dass ich die Kurve vom Befehl zur höflichen Bitte noch gekriegt hatte, schließlich war ich auf diese Menschen angewiesen. Was galt ich denn noch, jetzt, wo ich herausposaunt hatte, dass ich pleite war und nie wieder schreiben würde?

Meike und Jasper rauchten schweigend weiter. Gelegentlich segelte ein Ascheflöckchen auf mein Knie, weil der Aschenbecher, den sie beide benutzten, direkt vor mir war. Meike Urbanski war die Frau aus den Farnen. Natürlich. Sie hatten sich getroffen, meine Übersetzerin und mein Bankberater. Auf der Graham-Santos-Bank, wie ein kleiner Fanclub.

»Da hinten«, sagte Meike. Jasper fuhr herum, genau wie ich. Blaulicht.

»Keine Panik«, sagte Meike. »Scheißkarre.«

»Sobald sie uns anhalten, kurz bevor wir zum Stehen kommen, springe ich raus«, sagte Jasper. »Sie lenken die Polizei ab, bitte«, sagte er und fasst mir an die Schulter. »Ihnen fällt doch sicher was ein«, worauf ich keine andere Antwort wusste als ein lang gezogenes:

»Ich?«

Dann sah ich erneut durch die Rückscheibe und musste grinsen, wartete aber noch ein, zwei Sekunden, bevor ich sagte: »Für mich sieht das aus wie eine Feuerwehr.«

Da fuhr sie auch schon vorbei.

»Das war aber wirklich gefährlich«, sagte ich. »Wir rasen mit knapp über 100 Stundenkilometern durch Deutschland und werden von der Feuerwehr verfolgt, mir ist schon ganz schwindelig.«

»Sie glauben uns wohl nicht? Jasper wird gejagt. Vom FBI«, sagte die Urbanski.

»Das weiß ich, Herr Lüdemann ist ja in letzter Zeit oft genug in den Medien.«

»Neidisch?«, sagte sie, und ohne sie anzusehen, ahnte ich, dass sie grinste.

»Darauf, dass ich nicht mit einem Bein im Gefängnis stehe? Nein.«

»Wenn Sie mich nicht in die Bank verfolgt hätten, wäre das alles nicht passiert«, sagte Jasper.

»Ich musste Sie doch irgendwie warnen. Sonst säßen Sie jetzt in einer Zelle in Chicago.«

»Ohne Ihren peinlichen Auftritt wäre das denen gar nicht aufgefallen.«

»Peinlichen Auftritt?«, fragte Meike. Nun beugte Jasper sich Richtung Handschuhfach und sagte an mir vorbei zu Meike:

»Er ist mir in den Händlersaal gefolgt. Mit Sonnenbrille und Anzug. Er hat mich gestalkt.«

»Da will ich Ihnen helfen, und Sie denken so was!«, sagte ich und spürte schon während ich sprach, wie ich anfing, mich zu schämen. Natürlich hatte ich ihn gestalkt. Meine Recherche und die Anlageberater-Nummer waren nur Vorwände gewesen. Dass mein ganzes Geld zusammen mit Rutherford & Gold im Orkus der Finanzmärkte verschwunden war, war wohl die gerechte Strafe für mein Verhalten der letzten Zeit. Ich konnte das nicht mehr leugnen, noch nicht einmal mehr etwas sagen. Also sagte ich auch nichts, und damit meine Verlegenheit nicht zu sehr auffiel, schaltete ich das Radio an, hörte deutsche Stimmen, die ich immer wieder durch den Suchlauf wegdrückte, bis ich einen englischen Sender fand. Jemand sprach einen Wetterbericht, woraufhin die fußwippende Fröhlichkeit der Pretenders mit *Don't get me wrong* erklang. Danach folgte ein Bericht aus Amerika.

»... gibt es weitere Erkenntnisse über die amerikanische Pleitebank Rutherford & Gold, die für erhebliche Turbulenzen auf den Finanzmärkten gesorgt hat. Die Ermittlungsbehörden haben bekannt gegeben, dass es überraschenderweise *nicht* zur Ausstellung eines Haftbefehls gegen den Deutschen Jasper Lüdemann gekommen ist. Wir haben dazu unseren Rechtsexperten Professor Kenneth Dickinson befragt«, dessen Stimme nun eingespielt wurde: »Der Tatbestand des Betrugs wäre nur erfüllt, wenn Herr Lüdemann sich oder jemand anderen persönlich bereichert hätte. Dafür gibt es bisher keine Anzeichen. Herr Lüdemann hat ja noch nicht einmal seinen Bonus-Scheck eingelöst. Natürlich kann die Bank ihn wegen einer Reihe kleinerer Vergehen belangen: Untreue, Eindringen in Computersysteme – aber für einen Haftbefehl reicht das nicht.«

Die Urbanski streckte ihre Hand Richtung Jasper aus, ich dachte, sie wollte Jasper wieder eine Zigarette geben, doch sie legte die Hand auf sein Knie.

»Die Polizei sucht nicht nach mir«, sagte Jasper.

»Das klingt ja, als seien Sie enttäuscht«, sagte ich. Er sah in meine Richtung und doch an mir vorbei. Da war es wieder, das Gesicht, wie ich es zum ersten Mal gesehen hatte, in der *Tribune*, mit den Augen, die in die Ferne sahen, nur dass diese Ferne jetzt kein Händlersaal mehr war, sondern diese zersiedelte deutsche Landschaft, irgendwo zwischen Frankfurt und Hamburg.

»Lassen Sie ihn in Ruhe«, sagte die Urbanski und schaltete mit abrupten Bewegungen erst das Radio aus, dann den Scheibenwischer an, denn es hatte angefangen zu regnen. »Sie können uns ruhig ein bisschen dankbar sein.«

»Dankbar?«, fragte ich.

»Dass Meike und ich den ganzen Weg hierhergekommen sind, um Sie abzuholen«, sagte Jasper.

»Meike und ich. Meike und ich«, sagte ich. »Jetzt hören Sie endlich auf, einen auf Bonny & Clyde zu machen. Diese verliebte Gangster-Nummer mit der Sonnenbrille und dem …« Ich erinnerte mich daran, dass ich mir vorgenommen hatte, höflich zu sein, »… es ist doch schön. Sie werden nicht verhaftet.«

»Und Sie sind nicht ruiniert«, sagte Jasper.

»Wer sagt das?« fragte ich.

»Ja, was sollte das denn überhaupt?«, fragte die Urbanski. »Mit der Überweisung von Ihnen. Neun Millionen Dollar.«

»Ich habe Ihnen überhaupt nichts überwiesen.«

»Doch, das haben Sie«, sagte Jasper.

Ich schwieg.

»Das war so eine spontane Idee von mir, am Flughafen.«

»Du hast das gemacht?«, sagte die Urbanski und lächelte Jasper an. An mir vorbei. Er lächelte zurück.

»Eigentlich sollten es nur ein paar Tausend sein, aber dann …«

»Nur ein paar Tausend?«, sagte ich und hätte gern empörter

geklungen, aber es gelang mir nicht. Es fiel mir schwer genug, zu begreifen, was er gesagt hatte. Da hatte Jasper also Meike mein ganzes Geld überwiesen. Ich wusste nicht, wie ich reagieren sollte. Fragen, warum er es getan hatte? Dazu war ich viel zu überrascht.

Mein Geld war wieder da. Oscar Wilde, Friedrich Hölderlin, Edgar Allen Poe. Nun würde ich doch keiner von ihnen werden. Am liebsten hätte ich sofort ein Glas Champagner getrunken, dann ein zweites, dann ein drittes, vielleicht mit Aperol.

»Das müssen wir feiern«, sagte ich.

»Ja«, sagte Jasper.

»Wo ist denn hier was Schönes?«

»Hier ist überhaupt nichts«, sagte Jasper.

»Es muss ja nichts Besonderes sein. Eine nette Bar, etwas Champagner, ein paar Häppchen.«

»Hier ist wirklich nichts«, sagte Jasper.

»Das ist doch eine Stadt, dieses Leverkusen.«

»Da wollen Sie nicht hin«, sagte nun auch Meike.

»Wann kommt denn die nächste schöne Stadt?«, fragte ich, und Jasper antwortete:

»Hamburg.«

»Dann fahren wir eben da hin. Auf dem schnellsten Weg.«

»Ja, lasst uns in Hamburg ordentlich feiern«, sagte Jasper.

Meike sagte nichts.

MEIKE

Ich war froh, dass Jasper dabei war. Er war der lebende Beweis dafür, dass ich nicht so vereinsamt war, wie Henry LaMarck – und, ehrlich gesagt, auch ich selbst – angenommen hatte. Ich war Jaspers Komplizin. Zumindest gewesen, als wir noch dachten, er würde vom FBI gesucht.

Nachdem es anfänglich so aussah, als könnte Henry Jasper überhaupt nicht leiden, fingen sie im Laufe der Autofahrt an, sich ganz gut zu verstehen. Sie unterhielten sich und scherzten miteinander, trugen nun beide ihre Sonnenbrillen, und immer, wenn ich sie ansah, fand ich es schade, dass ich keine hatte. Nicht, weil die Sonne so blendete, wir fuhren ja Richtung Norden, einfach, weil das gut ausgesehen hätte, wir drei, mit Sonnenbrillen in meinem Renault – als ob wir in geheimer Mission unterwegs wären. Einer Mission, die so geheim war, dass selbst wir nichts von ihrem Zweck und ihrem Ziel wussten.

Nun musste ich nur noch dafür sorgen, dass wir an Hamburg vorbeikamen. Gerne hätte auch ich ein bisschen geschlafen, doch ich konnte Jasper nicht bitten, das Steuer zu übernehmen, aus Angst, irgendwo in Hamburg wieder aufzuwachen, womöglich noch im Schanzenviertel. Also hielt ich das Steuer so fest wie möglich, beschäftigte mich mit sinnlosen Kleinigkeiten, drehte an der Heizung herum, machte das Licht oder den Scheibenwischer an und wieder aus, nur um nicht einzuschlafen.

Kurz hinter Bremen drehte ich die Heizung hoch, stellte *Klassik-Radio* ein und sagte nichts mehr, in der Hoffnung, die beiden mögen einschlafen, und das taten sie auch, erst Henry, dann Jasper. Sie verschliefen Rotenburg, Buchholz/Nordheide; ich vermied jede plötzliche Lenkbewegung und erreichte bald darauf den Elbtunnel. Noch eine Viertelstunde, dann waren wir an Hamburg vorbei. Ich würde so tun, als hätte ich vergessen, dass wir dort halten wollten und ein Lokal in Husum vorschlagen. Hamburg kam nicht in Frage. Auf gar keinen Fall.

Als wir bereits das gelbe Dreieck passiert hatten, das an der Tunnelwand die Stelle markierte, ab der es wieder aufwärts ging, wachte Jasper auf.

»Henry, wach auf. Wir sind da.«

»Lass ihn schlafen«, sagte ich noch, hatte einen Moment lang das Gefühl, es könnte geklappt haben, dann fuhren wir aus dem Tunnel, es wurde hell, und er hob den Kopf.

»Hamburg. Endlich. Ich brauche unbedingt ein Glas zu trinken.«

»Ich habe noch eine bessere Idee«, sagte ich. »Wir fahren nach Husum.«

»Husum?«, sagte Jasper.

»Was ist das?«, fragte Henry.

»Eine kleine Stadt. Viel netter und schöner.«

»Ich will nach Hamburg«, sagte Henry.

»Husum hat viel ältere Häuser. Das ist viel typischer für Deutschland.«

»Ich will keine alten Häuser, ich will eine schicke Bar.«

»Ich glaube auch, dass Hamburg besser ist«, sagte Jasper.

»Sie haben doch bis vor Kurzem in Hamburg gewohnt, da können Sie uns doch was Nettes empfehlen«, sagte Henry.

»Du hast in Hamburg gewohnt?«, fragte Jasper. »Dann kannst du uns ja nach dem Essen die Stadt zeigen.«

»Genau«, sagte Henry. »Ich bin zum ersten Mal in Deutschland. Ich darf entscheiden. Wir müssen ja nicht gerade dorthin gehen, wo Sie jemandem begegnen können. Ihrem ...«

»Wir fahren nach Husum!«, sagte ich. Inzwischen hatten wir

die Ausfahrt Volkspark erreicht. Nur noch Stellingen und Schnelsen, dann stand auf den Schildern kein »Hamburg« mehr.

»Was hast du denn gegen Hamburg?«, fragte Jasper.

»Hamburg ist nicht gut.«

»Jeder sagt, dass Hamburg schön ist«, sagte Henry.

»Ich muss es ja wissen, ich habe jahrelang dort gelebt.«

»Aber warum denn, wenn es nicht gut war?«, fragte Jasper.

»Ich habe gedacht, das gehört dazu.«

JASPER

»Jasper Lüdemann ist der klassische kleine Angestellte. Ein Underdog, der mehr will, als er auf herkömmlichem Weg erreichen kann. Ein Mensch, der mehr Anerkennung braucht, als er sich erarbeiten kann«, sagte ein Psychologe im Radio in einer Sondersendung. Nicht gerade schmeichelhaft, so was zu hören, und dann noch in Gegenwart von Meike und Henry LaMarck. Das mit dem FBI hatte besser geklungen, aber auch diese Art von Berichterstattung gefiel mir. Ein Underdog, das war ich wohl. Aber immerhin einer, dessen Underdog-Sein einem Millionenpublikum verkündet wurde. Ich war kein Verbrecher, auch kein Held, sondern ein kleiner Angestellter, der ein Mal etwas Großes bewegt hatte. Sie sollten mir dankbar sein. Henry LaMarck sowieso, weil sein Geld ohne mich mit Rutherford & Gold den Bach runtergegangen wäre, und Meike, weil sie sonst immer noch in Chicago wäre. Ich hatte hier die wichtigste Rolle. Aber das musste ich den beiden ja nicht unbedingt erzählen.

Und wenn sich in ein paar Wochen niemand mehr für diese Pleite interessierte, war etwas anderes viel wichtiger: dass wir hier im Auto saßen.

Bis Husum hatten wir es nicht mehr geschafft. Ich hatte jetzt wirklich Hunger, Henry ließ sich von Champagner auf Prosecco runterhandeln, und es wurde eine Pizzeria in Itzehoe.

Auch in der Pizzeria lief das Radio, ein Bericht aus der Handball-Bundesliga, von einem Landesparteitag, und schließlich etwas über die Aktienmärkte. Sie hatten sich erholt.

Alle glaubten, dass nur die überstürzten Verkäufe von

Rutherford & Gold den Kurssturz ausgelöst hatten und es sonst keinen Grund zur Panik gab. Die Angst vor einer weltweiten Finanzkrise galt als übertrieben. Ein Experte räumte ein, dass es gewisse Irritationen auf dem amerikanischen Immobilienmarkt gab, und betonte dann, dass er auf die »Selbstheilungskräfte des Marktes« vertraue. Sagte, wie gut dieses System darin war, Fehlentwicklungen zu korrigieren. Ich hatte also recht: In zwei Wochen wird niemand mehr an diese Sache denken. Auch nicht an mich.

Erst als wir nach dem Essen alle drei wieder in das Auto einstiegen, überlegte ich, wo wir wohl schlafen würden. Alle drei in Meikes kaltem Schlafzimmer?

Als wir ihr Haus erreicht hatten, versuchte Henry auf geradezu rührende Weise zu verbergen, wie schockiert er war. Unschlüssig stand er im Wohnzimmer herum, während Meike in der Küche verschwand, dann ging er umher, unsicher wie eine Frau mit Stöckelschuhen auf einem Kiesweg.

»Meike ist gerade erst eingezogen. Man müsste hier noch ein bisschen was machen, aber die Lage ist sehr schön«, sagte ich.

»Lass nur«, sagte Meike aus der Küche.

»Wieso? Stimmt doch. Die Lage. Und die Aussicht«, sagte Henry, obwohl es bereits fast dunkel war. »Ein Haus mit Charakter.« Er hob zwei, drei Mal die Hand, um etwas anzufassen, die Fensterbank, eine Wand, einen der beiden Stühle, zog sie jedoch jedes Mal wieder zurück.

Schließlich zog er seinen Mantel aus, sah sich um, wusste nicht, wo er ihn hinhängen sollte. Legte ihn über den Arm und setzte sich vorsichtig auf das Sofa. Dann saß er da. Sehr gerade, wie im Wartezimmer beim Arzt, nachdem ihm jemand gesagt hatte, er käme gleich dran. Meike kam mit zwei Weinflaschen aus der Küche.

»Morgen überweise ich Ihnen das Geld zurück«, sagte sie.

»Aber doch nicht alles, oder?«, sagte Henry. »Sie können es doch hier …«

»Nein. Alles.«

»Behalten Sie ein paar Tausend. Für das Benzin. Und als Miete. Wer weiß, wie lange ich bleiben muss.«

»Ich weiß nicht«, sagte Meike, was mich wunderte. Wenn er mir dieses Angebot gemacht hätte, ich hätte sofort zugeschlagen. Schließlich hatte ich keinen Job mehr. Hätte wohl angefangen, darüber nachzudenken, wie es mit mir weitergehen würde, wenn ich nicht so müde gewesen wäre.

Auch Meike und Henry gähnten inzwischen mehr, als sie sprachen. Wir tranken den Wein nicht aus. Dann zeigte Meike Henry LaMarck das Schlafzimmer, kam zurück, holte einen Schlafsack und ein paar Wolldecken aus einer Umzugskiste und verwandelte das Sofa in ein Bett, auf das sie wortlos den Schlafsack und die Decken schmiss.

Von draußen schien etwas Licht ins Zimmer, vom Mond oder der einen Straßenlaterne in der Nähe des Hauses. Wir lagen eine Weile da, Seite an Seite, Kopf an Kopf. Dann wurde es dunkel vor meinen Augen. Meike küsste mich.

Für einen Moment sah ich mein Leben an mir vorbeiziehen, aber nicht meine Vergangenheit, sondern meine Zukunft. Wie es hätte sein können, wenn es mir gelungen wäre, meine Verluste auszugleichen, bevor sie mich erwischt hatten. Dann wäre ich in Chicago geblieben und hätte wohl wirklich Karriere gemacht. Wäre ein paar Jahre später in Alex' Position gewesen. Meine Mutter wäre in Rente. Ich hätte wohl Schlafstörungen und ein Magengeschwür und vielleicht sogar zwei Kinder und eine Frau, die froh wäre, dass ich kaum zu Hause war und viel Geld verdiente.

Stattdessen lag ich hier mit Meike unter dem Schlafsack und zwei Wolldecken, denn der Ofen war ausgegangen, und ich hatte vergeblich versucht, ihn wieder anzufeuern. Oder es nicht lange genug versucht, weil ich zurück zu Meike wollte. Die Kälte störte mich nicht, das war ja nur vorübergehend. Ich werde einen Job finden. Meike auch. Dann renovieren wir. Doch selbst, wenn alles so blieb wie jetzt, so unrenoviert und kalt – es würde mir genügen.

HENRY

Das Ländliche hatte mich schon immer angeödet. Schon früher und auch jetzt wieder, am Morgen nach meiner Ankunft hier in Tetenstedt, als ich in aller Frühe einen Spaziergang machte, durch das Grüngrau, das sich zu allen Seiten bis zum Horizont zog und dann irgendwo im Grau des Himmels endete.

Das war nun wirklich die Krone des Elends! Ein halb verfallenes Haus direkt an der Landstraße. Auf dem Grundstück keine Spur von gärtnerischer Gestaltung, kein immergrünes Bäumchen, kein Rasen, noch nicht einmal ein zerzauster Rhododendron, dafür ein Schuppen, der jeden Moment zusammenstürzen konnte, aber eine feuerfeste Tür hatte. Schubkarren mit Autobatterien, in denen sich Regenwasser sammelte. Kabeltrommeln, Farbeimer, Squashschlägertaschen. Ich ging bis zum Ende der Wiese, zu einer Reihe von Kiefern, die nur noch in den Kronen Äste hatten, sodass sie aussahen wie Fanfaren, die, vom Seewind gebeugt, ein Signal landeinwärts posaunten.

Ich traute mich nicht ins Wohnzimmer, denn dort schliefen Meike und der verzweifelte Business-Boy, der ja inzwischen gar kein Business-Boy mehr war und auch nicht mehr so verzweifelt.

Die Liebe als Auslaufmodell im 21. Jahrhundert. Diese These hatte ich in *Unterm Ahorn* vertreten. Sie war falsch. Der Beweis lag im Wohnzimmer auf einem Klappsofa.

So war es jetzt also gekommen. Der Junge bekam das Mädchen, die Jugend die Jugend. Doch war das wirklich so schlimm? Immerhin hätten sie sich ohne meine Bücher nie gefunden. Ich hatte hier die wichtigste Rolle gespielt. Aber das musste ich ihnen ja nicht unter die Nase reiben.

Wären wir in einer Oper, könnte ich jetzt eine Art Opfertod sterben: Mein Teil in dieser Handlung ist getan, lasst mich noch einmal in die Mitte der Bühne, leuchtet mich gut aus, gebt mir eine schmachtende Musik, ich singe eine letzte Arie, an deren Ende das Publikum tränenfeuchten Auges mit ansieht, wie ich zusammenbreche. Doch ich war nicht in einer Oper, sondern in einem norddeutschen Dorf. Mein einziges Publikum waren ein paar Schafe.

Ich kehrte zum Haus zurück. Neben Meikes Renault stand nun ein zweites Auto da, ein ziemlich neuer 1er-BMW, der so sauber war, als wäre er aus einer Hochglanzanzeige ausgeschnitten und in diese schlammige Landwelt eingeklebt worden. Das Kennzeichen begann mit denselben Buchstaben wie das von Meike, HH, was auch immer das bedeutete, und auf der Kofferraumklappe klebte ein Aufkleber in Regenbogenfarben mit der Aufschrift: *Rainbows are gay.*

Ich säuberte meine grauen Mokassins so gut wie möglich. Die Tür war nicht abgeschlossen, ich öffnete sie und hörte sofort aufgeregte Stimmen aus dem Wohnzimmer, ab und zu Meike oder Jasper, doch die meiste Zeit redete ein Mann, der schnell sprach und immer wieder Worte fallen ließ wie »Chicago«, »Henry«. Sonst verstand ich nicht viel. Ich schlich zur Wohnzimmertür, wartete eine Weile, ob ich sonst noch etwas verstehen könnte, doch so viel der Mann auch redete, es war nicht der Fall. Nur das Wort Henry erkannte ich immer wieder, einige Male schien er auch so was wie »fantastisch« zu sagen oder »gut«.

MEIKE

Nach dem Erlebnis mit Jasper überraschte es mich kaum noch, dass schon wieder eine Person vor der Tür stand, von der ich nie erwartet hätte, sie hier zu sehen.

»Warum hast du denn dein Handy nicht an?«, sagte Thorsten Fricke. »Ich hab gestern zehn Mal versucht, dich zu erreichen.«

»Ich war unterwegs«, sagte ich, sah dann auf mein Handy und stellte fest, dass die Batterie schlapp gemacht haben musste, irgendwann in der Nacht, auf dem Weg nach Frankfurt-Hahn.

Zu meinem Haus sagte Thorsten nichts. Entweder nahm er es nicht wahr, oder es schien ihm vollkommen normal, dass Übersetzer so wohnten. Abgesehen davon wusste ich natürlich, dass er nicht gekommen war, um sich anzusehen, wie ich hier lebte. Wenn er den ganzen Weg von Hamburg hierherfuhr, musste es etwas Wichtigeres geben.

Ich hatte gerade für Jasper und mich einen Kaffee gemacht und hastig das Schlafsofa hochgeklappt, nachdem es geklingelt hatte. Nun standen wir da und sagten nichts, was auch nicht nötig war, denn Thorsten Fricke hörte nicht auf zu reden.

»Den Pulitzerpreis. Zum zweiten Mal! Damit ist Henry La-Marck wirklich unsterblich geworden, das ist so fantastisch, ich kann es kaum glauben, und das Krasse ist, er weiß noch nicht mal davon. Die in Amerika bei *Parker* suchen einfach nicht nach ihm, wollen Henry nicht zu nahe treten. Ich glaube, die lügen. Die können ihn einfach nicht finden! Deswegen wollte ich auf

277

dein Angebot zurückkommen. Dass du nach Chicago fliegst und ihn suchst. Wir zahlen dir alles. So eine super Nachricht, das muss er doch wissen. So schnell wie möglich. Dann wird bestimmt auch mit dem neuen Roman alles gut.«

Irgendwann merkte Thorsten Fricke, dass wir nicht mehr ihn ansahen, sondern über ihn hinweg zur Tür schauten. Er warf einen kurzen Blick über die Schulter, als sei da irgendein Nachbar hereingekommen oder der Postbote, dann verstummte er mitten im Satz. Er drehte sich um, rief etwas, das niemand verstand, rannte auf Henry zu, der so unbewegt dastand, als wäre er seine eigene Wachsfigur bei Madame Tussauds, und fasste ihn bei den Armen.

»Ich bin Thorsten Fricke. Lektor bei *Farnsdorff*, ihrem deutschen Verlag.«

»Na so was«, sagte Henry.

»Sie haben ihn«, sagte Thorsten. »Den Pulitzerpreis!«

»Oh«, sagte Henry. »Zum zweiten Mal.«

»Ja«, sagte Thorsten. Zum zweiten Mal. Freuen Sie sich gar nicht?«

»Doch«, sagte Henry. »Natürlich. Sehe ich nicht so aus?«

»Ich weiß ja nicht, wie Sie normalerweise aussehen, wenn Sie sich freuen«, sagte Thorsten.

»Ungefähr so«, sagte Henry. Dann lächelte er. Jasper und ich gingen gleichzeitig auf ihn zu. Er umarmte Jasper, dann auch mich, dann klingelte sein Telefon. Er sah auf die Anzeige und hob ab.

»Guten Morgen. Ja, hier ist Morgen. Ich bin in Deutschland. Ach, verarmt war gestern … Woher weißt du das denn jetzt schon? Ich habe es ja selbst gerade erfahren. Ja, das kam überraschend, das kannst du wohl sagen. Bist du in London? Okay. Wir telefonieren später, ja?«

»Und jetzt feiern wir«, sagte Thorsten.

»Aber bitte nicht hier«, sagte Henry.

Also fuhren wir doch nach Hamburg. Ich quetschte mich ohne Widerrede mit Jasper hinten in Thorsten Frickes kleinen BMW, und schon auf der Landstraße waren wir schneller, als mein alter Renault es auf der Autobahn jemals geschafft hätte. Natürlich bestand die Gefahr, dass ich in Hamburg jemanden traf: Arthur, Gösta, Sabine, Regine oder Lars, doch früher oder später würde es ohnehin dazu kommen, und jetzt war ich wenigstens in guter Gesellschaft. In Begleitung eines Pulitzerpreisträgers mit blauem Auge, der immer wieder kichernd SMS beantwortete, eines Verlagslektors, der von wenig anderem als Champagner sprach, und eines Exbankers, der fast einmal vom FBI gejagt worden wäre und die ganze Fahrt über meine Hand hielt.

Je mehr SMS Henry bekam, desto besser wurde seine Laune.

»Das ist also mein Ehrenoscar«, sagte er schließlich.

»Sie bekommen den Preis genau zur richtigen Zeit«, sagte Thorsten. »Das pusht das neue Buch. Und alle, die noch kommen, die wird in Deutschland jeder lesen, das verspreche ich Ihnen.«

»Es wird keine neuen Bücher mehr geben.«

»Was?«, sagte Thorsten.

»Ich gehe in Rente. Das ist doch ein schöner Abschluss, so ein kleiner Pulitzerpreis.«

»Rente? Machen Sie keine Witze. Sie werden noch so viele schöne Bücher schreiben.«

»Und wenn nicht? Andere Leute gehen doch auch in Rente.«

»Aber Sie doch nicht. Sie können nicht einfach aufhören.«

»Ich habe bereits aufgehört.«

Thorsten schwieg eine Weile, sodass ich jetzt erst wahrnahm, dass die ganze Zeit sehr leise Musik gelaufen war, irgendetwas Elektronisches. Dann sagte Thorsten sehr viel ruhiger, fast vorsichtig:

»Könnten Sie das vielleicht erst nach der Preisverleihung öffentlich sagen?«

»Keine Sorge. Ich werde auf der Preisverleihung überhaupt nichts sagen«, sagte Henry. »Ich werde gar nicht hinfahren.«

»Henry will sich bei mir in Tetenstedt verstecken«, sagte ich.

»Nein, da gibt es eine winzig kleine Planänderung. Ich gehe nach London. Ich habe da einen Job bekommen.«

»Ich dachte, Sie gehen in Rente?«

»Ein Rentner-Job. Und den Preis werde ich stiften.«

»Ah«, sagte Thorsten. Nach all der Verwirrung, für die die letzten Sätze gesorgt hatten, konnte er das zumindest ansatzweise begreifen: »Charity?«

»Ich werde den Preis allen meinen Übersetzern schenken.«

»Ihren was?«

»Endlich mal was zurückgeben.«

»Warum denn das?«, fragte Thorsten.

»Warum denn nicht?«

»Könnte es nicht etwas sein, das mehr Öffentlichkeitswirkung hat? Kranke Kinder?«

»Um die kümmere ich mich ab jetzt auch.« Dann drehte er sich zu mir um.

»Würden Sie den Preis für mich entgegennehmen?«

»Ich?«

»Wie die Indianerin, als Marlon Brando keine Lust auf die Oscar-Verleihung hatte«, sagte Thorsten Fricke. Langsam schien er sich mit dem Gedanken nicht nur abzufinden, sondern regelrecht anzufreunden.

»So ähnlich«, sagte Henry.

»Aber ich übersetze Sie doch gar nicht mehr, wenn Sie nichts mehr schreiben. Wenn der Preis verliehen wird, werde ich wahrscheinlich schon wieder Hausfrauenpornos übersetzen.«

»Hausfrauenpornos?«, sagte Thorsten. »Du glaubst gar nicht, wie viele Autoren sich totfreuen würden, wenn du sie übersetzt. Wir haben da gerade einen neuen Inder. Inder gehen zurzeit total gut. Wir machen zusammen einen neuen Star.«

Der Rest der Fahrt verging damit, dass Thorsten Henry Dinge über Norddeutschland und Hamburg erzählte. Thorsten fuhr in Othmarschen von der Autobahn und dann an der Elbe entlang. Die Sonne schien, wir kurbelten die Fenster herunter, irgendwo tutete ein Schiff – der ganze Tag war wie eine Hamburg-Werbung, und je heller die Sonne schien, je blauer das Wasser der Elbe leuchtete, desto absurder musste es Henry und Jasper vorkommen, dass ich aus dieser Stadt weggegangen war, freiwillig, in dieses Haus.

Ich sagte nichts, als Thorsten Richtung Schanzenviertel fuhr, sagte auch nichts, als er direkt vor dem *Café unter den Linden* einen Parkplatz fand, keine 100 Meter von meiner ehemaligen Wohnung entfernt. Obwohl es erst März war, standen Tische draußen. Wir setzten uns. Gegenüber dem Café hatte jemand ein neues Graffito an eine Häuserwand gesprüht: *Ab 22 Uhr ist RUHE.*

Es war merkwürdig, wieder hier zu sein; merkwürdig, ja, aber nicht schlecht. Wir hatten die größte Bankenpleite der letzten dreißig Jahre erlebt, also würden wir es auch mit Salzmühlen und Bionade aufnehmen können. Wobei weder Jasper noch Henry jetzt hier wären, wäre ich nicht nach Chicago gefahren. Ich war der wichtigste Mensch in diesem Dreieck. Aber das mussten die anderen ja nicht unbedingt wissen. Ich bestellte zwei Flaschen Sekt.

»Mit wem simsen Sie sich da eigentlich die ganze Zeit?«, fragte Thorsten.

»Mit einem Bekannten aus London«, wollte Henry ganz beiläufig sagen, doch Thorsten hob die linke Augenbraue, und auch ich hatte das Gefühl, dass Henry seiner Antwort einen geheimnisvollen Unterton gegeben hatte.

Dann kam der Sekt. Wir stießen an, wie wir es in den nächsten Stunden noch oft tun sollten, am Anfang zwei Mal auf Henry, dann reihum auf jeden von uns, schließlich auch auf alle möglichen anderen Dinge, die Sonne, das Wetter, einen lustigen Halbsatz, besonders originelle Wörter, irgendwelche Wörter.

»Wusstet ihr, dass Hamburg die Partnerstadt von Chicago ist?«, sagte Henry.

»Ich dachte, das ist St. Petersburg«, sagte ich.

»Städte haben nicht nur einen Partner«, sagte Henry.

»Haben Sie auch etwas mit Literatur zu tun?«, fragte Thorsten Fricke und sah Jasper an, der gedankenverloren Salzkörner von den Brotstangen, die mit dem Sekt gekommen waren, in die Rillen des Holztisches bröselte.

»Nicht direkt«, sagte Jasper. »Ich bin eine Art Robin Hood.«

»Aha«, sagte Thorsten und kicherte jetzt schon, obwohl Jaspers Aussage an sich überhaupt nicht komisch war.

»Ich nehme das Geld der Reichen und überweise es an die Armen.«

»Und die überweisen es dann zurück«, sagte ich.

Thorsten sah uns an und schien einen Moment lang nicht zu wissen, ob wir ihn veralbern wollten, da ging Regine an uns vorbei. Ich hatte sie schon aus dem Augenwinkel erkannt und musste ein Gesicht gemacht haben, als wäre da hinten auf der Straße jemand erstochen worden, denn Henry und Thorsten, die mit dem Rücken zur Straße saßen, fuhren sofort herum. Den Kopf nach vorne gestreckt wie ein Hund, der an seiner Leine zerrte, schob Regine ihr Fahrrad neben sich her. Am Lenker hing eine Einkaufstüte, aus der eine Porreestange herausragte, der kleine Maximilian saß in einem Kindersitz auf dem Gepäckträger und kaute eine Dinkelstange. Da blieb Regine stehen. Sie griff in ihre Umhängetasche aus Lkw-Plane, kramte ihr Handy heraus, wobei sie den Lenker losließ, der zur Seite kippte. Die Einkaufstasche fiel herunter, Regine zischte ein Wort durch ihre zusammengebissenen Zähne, stampfte mit dem Fuß drei Mal auf, dann hob sie die Tüte auf, während sie in ihr Handy sprach.

Obwohl wir alles andere als unauffällig und garantiert nicht leise gewesen waren, bemerkte sie uns nicht.

»Wo in Hamburg haben Sie eigentlich gewohnt?«, fragte Henry. Ich zeigte auf die andere Straßenseite.

»Oh, vermintes Gelände?«

»Nein. Nicht mehr.«

Dann kam mehr Sekt. Henry erzählte eine Anekdote von einem Treffen des internationalen P.E.N., als er mit Borges, Grass und Mailer bei McDonald's gewesen war. Thorsten Fricke lachte Tränen. Wir bestellten eine Kleinigkeit zu essen, noch mehr Sekt, sahen in die Sonne, lachten und rauchten, vor der wahnsinnigen Klangkulisse von wohl hundert Spatzen, die in einem Busch neben uns saßen und tschilpten.

Thorsten Fricke suchte in der Zeitung nach einem Bericht über Henry, suchte zuerst im Feuilleton, und nachdem er dort nichts fand, überflog er noch schnell die Rubrik *Vermischtes*. Oben rechts sah ich ein Foto von Jasper vor dem Hintergrund der fallenden Kurve eines Aktienkurses. Ich wollte gerade darauf zeigen, da legte Thorsten Fricke die Zeitung weg und sagte: »Steht nichts Weltbewegendes drin.«

DANKSAGUNGEN

Allen voran möchte ich mich bei Gunnar Klack bedanken, ohne dessen gute Ideen, hartnäckige Kritik und liebevolle Ermutigung dieser Roman nie entstanden wäre. Weiterhin möchte ich danken: Jan Christophersen, Brian Falkner, Einar Kárason, Halldór Einarsson, Christoph Hochhäusler, Michael Kratz, Mareike Krügel, Sigurbjörg Thrastardóttir, Harold Therwanger, Julia Weitbrecht, Hannelore Weitemeier und Magnus Weitemeier-Magnusson. Ilka Kranefuß und Peter Scholz von der Frankfurt School of Finance & Management. Hugh Ferrer und Christopher Merrill von der University of Iowa.

© Verlag Antje Kunstmann GmbH, München 2010
Umschlaggestaltung: Gunnar Klack
Typografie + Satz: www.frese-werkstatt.de
Druck + Bindung: CPI – Clausen und Bosse, Leck
ISBN 978-3-88897-582-0
3 4 5 • 13 12 11 10